코로나19 바이러스 "친환경 99.9% 항균잉크 인쇄" 전격 도입

언제 끝날지 모를 코로나19 바이러스
99.9% 항균잉크(V-CLEAN99)를 도입하여 「**안심도서**」로
독자분들의 건강과 안전을 위해 노력하겠습니다.

항균잉크(V-CLEAN99)의 특징

- 바이러스, 박테리아, 곰팡이 등에 항균효과가 있는 산화아연을 적용
- 산화아연은 한국의 식약처와 미국의 FDA에서 식품첨가물로 인증받아 **강력한 항균력**을 구현하는 소재
- 황색포도상구균과 대장균에 대한 테스트를 완료하여 **99.9%의 강력한 항균효과** 확인
- 잉크 내 중금속, 잔류성 오염물질 등 **유해 물질 저감**

TEST REPORT

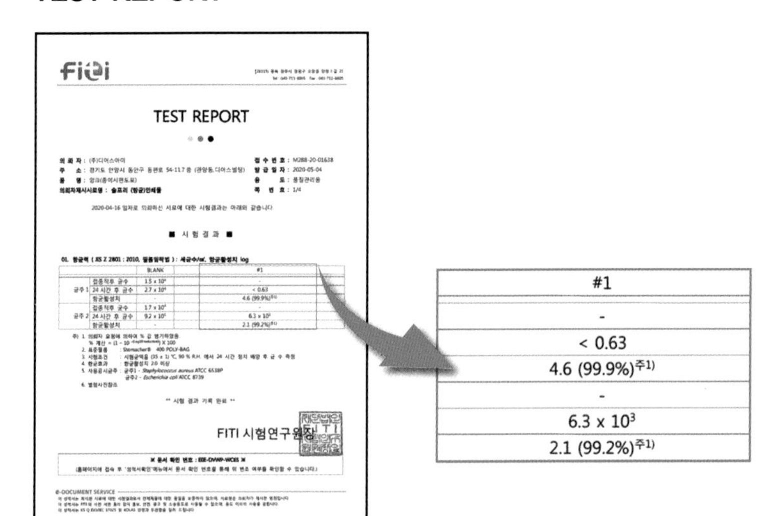

TEST REPORT

접수번호 : M288-20-01638
발급일자 : 2020-05-04
쪽 번 호 : 1/4

■ 시험결과 ■

		BLANK	#1
균주 1	접종직후 균수	1.5 x 10⁴	-
	24 시간 후 균수	2.7 x 10⁴	< 0.63
	항균활성치	-	4.6 (99.9%)주1)
균주 2	접종직후 균수	1.7 x 10⁴	-
	24 시간 후 균수	9.2 x 10⁵	6.3 x 10³
	항균활성치	-	2.1 (99.2%)주1)

5. 사용공시균주 : 균주1 - Staphylococcus aureus ATCC 6538P
균주2 - Escherichia coli ATCC 8739

** 시험 결과 기록 완료 **

FITI 시험연구원장

#1
-
< 0.63
4.6 (99.9%)주1)
-
6.3×10^3
2.1 (99.2%)주1)

해양경찰 면접 합격,
이번엔 내 차례!

MY TURN

해양경찰 면접

Always **with you**

사람이 길에서 우연하게 만나거나 함께 살아가는 것만이 인연은 아니라고 생각합니다.
책을 펴내는 출판사와 그 책을 읽는 독자의 만남도 소중한 인연입니다.
(주)시대고시기획은 항상 독자의 마음을 헤아리기 위해 노력하고 있습니다.
늘 독자와 함께하겠습니다.

머리말

안녕하세요. 이루다스피치학원 대표원장 배윤희입니다. 그동안 해양경찰 수험생분들을 오프라인 강의를 통해 만나왔는데요. 이 책을 통해 더 많은 독자 분들과 소통할 수 있게 돼서 매우 기쁘고 설렙니다.

저는 지난 2009년부터 해양경찰을 포함해 다양한 직렬의 공무원면접 강의를 진행했고, 2011년에는 이루다스피치학원을 개원해 현재까지 연 1,000회 이상의 공무원면접 강의를 진행하고 있습니다. 그중에서도 해양경찰 수험생들은 해경이라는 직업적 특성 덕분인지 성실하고, 사명감이 투철한 분들이 많았습니다. 휴가철에 물에 빠진 아이를 구한 후 느낀 '가슴벅참' 때문에 해경에 도전한 분도 계셨고, 일찍이 해양경찰이라는 꿈을 가지고 관련 학과에 진학해 성실하게 준비를 해온 분도 계셨습니다. 그러한 간절함을 잘 알기에 저 또한, 면접이라는 최종관문을 잘 이겨낼 수 있도록 책임감을 가지고 면접강의를 진행해왔고, 지금도 수험생의 '페이스메이커'가 되기 위해 노력하고 있습니다.

이 책은 해양경찰을 꿈꾸는 수험생들에게 실질적인 도움이 될 수 있도록 '해양경찰 면접교과서'와 같이 구성했습니다. 해양경찰 수험생들의 면접에 대한 부담을 덜 수 있도록, 오로지 '해양경찰면접 맞춤'으로 집단면접, 개별면접에 꼭 준비해야 할 필수질문과 이에 대한 모범답안을 제시했습니다. 특히 개별면접에 대해서는 모범답안을 바탕으로 본인만의 차별화된 답변을 만들 수 있도록 페이지를 구성해 스터디 효과도 볼 수 있게 구성했고요. 뿐만 아니라 전공 및 시사이슈에 대해서도 꼼꼼하게 정리해 올해 해양경찰면접에 바로 활용할 수 있도록 만들었습니다. 따라서 각 단계별로 제시되어 있는 질문과 답변을 여러분의 것으로 차근차근 만들어간다면, 당당하고 자신감 있게 해양경찰 면접에서도 좋은 결과가 있을 거라 확신합니다.

마지막으로 지금도 해양경찰이라는 목표를 위해 힘든 수험기간을 보내고 있는 수험생들에게 응원과 격려를 보내며, '해양경찰'이라는 소중한 꿈을 꼭 이루길 바라겠습니다.

집필에 함께 노력해준 이루다스피치 수석강사 김소연 강사, 전소연 강사, 그리고 뒤에서 든든하게 조력해준 이지웅 부원장에게도 이 자리를 빌려 감사의 인사를 전합니다.

이루다스피치학원 대표원장 배윤희

해양경찰이란?

해양경찰은 21세기 신 해양시대를 맞이하여 복잡하고 다양한 해상치안환경과 한·중·일 등 주변국을 둘러싼 국제질서에 능동적으로 대응함으로써 바다에서 국민의 생명과 재산을 지키고, 해양주권을 수호하는 집행기관으로서 그 역할을 다하고 있다. 또한 해양에 대한 국민들의 관심이 높아짐에 따라 향후 해양에서의 치안수요는 더욱 증대될 것으로 예상된다.

해양경찰 업무

해양주권 수호

- 독도, 이어도 등 해양 영토·주권 수호를 위한 경비활동
- 국민 권익과 수산자원 보호를 위한 불법조업 외국어선 단속
- 해양대테러 및 대량살상무기 확산 방지 활동

해양 수색·구조·연안안전관리

- 각종 선박사고 및 연안해역 안전사고 발생 시 구조 대응
- 태풍, 지진해일 등 해양재난에 대한 대비·대응
- 해양사고 예방 및 해양 레저활동에 대한 안전관리

선박교통관제 등 해상질서유지

- 해상교통관제(VTS) 및 선박 출·입항 관리
- 유·도선, 낚싯배 등 다중이용선박 안전관리
- 유조선, 유해물질(HNS) 운반선 등 위험선박 안전관리

해양관련 범죄 예방·진압·수사

- 해양범죄에 대한 수사·정보 활동
- 해양·수산 관련 민생침해범죄 수사
- 밀입·출국, 밀수, 해적 등 국제성 범죄 단속

해양오염 예방·방제

- 국가 해양오염방제정책 수립·운영
- 해양오염 예방·점검, 해양오염 조사
- 해양·해안오염 방제 총괄지휘 등 해양오염사고 대응

Keyword로 보는 해양경찰

since 1953

해양경찰은 1953년 '해양경찰대'라는 이름으로 창설된 이후 오늘날까지 이어져오고 있다.

해우리 & 해누리 

남성 경찰관인 해우리는 바다 "해(海)"와 나와 듣는 이를 포함한 여러 사람을 의미하는 일인칭 대명사인 "우리"의 합성어로 해양경찰이 바다 가족의 친구로서 봉사한다는 의미이다. 여성 경찰관인 해누리는 바다 "해(海)" 와 세상(世上)을 높여 부르는 말인 "누리"의 합성어로 해양경찰이 완벽한 임무수행으로 세계화 국제화시대 모든 해양종사자들의 바다 안녕과 번영에 기여하겠다는 의미이다.

해양경찰청 

2014년 세월호 침몰사고를 계기로 해양경찰이 국민안전처 소속의 해양경비안전본부로 조직이 개편되면서 사실상 그 기능이 축소되었다. 하지만 2017년 7월, 해양경찰청이 다시 신설됨으로써 해양수산부 산하에서 본래의 기능을 수행하고 있다.

흰꼬리수리 

전통 방패와 흰꼬리수리의 넓은 날개는 대한민국의 해양과 국민을 보호하는 의미를 담고 있으며 역동적으로 비상하는 흰꼬리수리를 통해 보다 적극적으로 국민에게 봉사하겠다는 해양경찰의 다짐을 표명하였다.

해양경찰청 소속 경찰공무원 시험안내

채용 절차

원서접수 ➜ 필기시험 ➜ 적성 · 체력검사 ➜ 서류전형 ➜ 면접시험 ➜ 최종합격자 발표

'22년 이후 시행되는 공채(간부후보·순경) 시험과목 변경 사전 공지

구분		시험과목	비고
간부후보	일반	◈ 7과목 : 필수 5과목 + 선택 2과목 -(필수) 해양경찰학개론, 형법, 형사소송법, 한국사(검정)·영어(검정) -(선택) 범죄학, 행정법, 행정학, 헌법 中 2과목	① 주관식 폐지 ② 한국사 검정 ③ 헌법 도입(일반간후선택)
	해양	◈ 7과목 : 필수 6과목 + 선택 1과목 -(필수) 해양경찰학개론, 해사법규, 형법, 형사소송법, 한국사(검정)·영어(검정) -(선택) 항해학, 기관학 中 1과목	
순경 공채		◈ 5과목 : 필수 4과목 + 선택 1과목 -(필수) 해양경찰학개론, 형사법, 한국사(검정)·영어(검정) -(선택) 해사법규, 헌법 中 1과목	① 전문과목 필수 ② 해양경찰학개론 필수 ③ 한국사·영어 검정제 ④ 헌법 도입(선택)

※ 따라서, 간부후보 변경 과목은 「'23년 간부후보 시험('22년 시행)」부터 적용됩니다.
※ 검정제 기준은 「해양경찰청 소속 경찰공무원 임용에 관한 규정」별표 7(영어), 별표 7의2(한국사)에서 확인하시기 바랍니다.

체력검사

4종목	100미터 달리기, 윗몸일으키기, 팔굽혀펴기, 50미터 수영

※ 시험에 대한 내용은 변경될 수 있으니 반드시 해양경찰청 홈페이지(gosi.kcg.go.kr)의 최신공고를 확인하시기 바랍니다.

2021년 상반기 경찰공무원 채용 일정

필기합격자 서류 제출기간 및 방법

- **서류 제출기간** : '21.6.25(금) ~ 7.9(금) 18:00(소인분까지 인정)
- **주소** : (21995) 인천광역시 연수구 해돋이로 130 해양경찰청 교육훈련담당관 인재선발계(032-835-2636)
  ※ 기한 내 미제출로 인한 불이익 등 모든 책임은 응시자 본인에게 있습니다.
- 서류제출은 등기우편을 원칙
- 제출기간 내 제출된 서류 중 서류 누락 및 추가서류 제출이 필요할 시 7.17.(토) 적성검사장에서 직접 제출 가능(적성검사장 세부장소는 추후 공지)

면접가산자격증 입력

- **가산자격증 입력** : '21.6.25(금) 18:00 ~ 7.9(금) 18:00
- 자격증 사본은 다른 서류들과 같이 반드시 제출 바라며, 미제출 자격증에 대해서는 가산점을 인정하지 않음
  ※ 응시생 본인의 면접가산점 확인은 서류전형(8.10.~8.12. 예정) 이후 별도 공지예정

군복무자(현역) 전역확인 방법 개선에 따른 제출서류 안내

- 軍 현역자들은 아래 서류를 7. 2(금) 18:00까지(소인분 인정) 등기우편으로 제출

면접 방식(2020년 기준)

- **1단계** : 2:2 집단면접, 10분 가량
- **2단계** : 2:1 개별면접, 10분 가량

면접 전형(2020년 기준)

총점(25점)의 40%(10점) 이상 득점자를 합격자로 결정. 단, 단계별 면접위원 과반수가 어느 하나의 평종요소에 대해서 1점으로 평정 시 불합격 처리

- **종합적성검사**(10점) : 직무수행에 필요한 능력, 발전 가능성, 성실성 등 종합평가
- **면접평가**(10점)
- **가산점**(5점)

※ 시험에 대한 내용은 변경될 수 있으니 반드시 해양경찰청 홈페이지(gosi.kcg.go.kr)의 최신공고를 확인하시기 바랍니다.

목 차

PART 01

해양경찰 채용 A to Z

CHAPTER 01 해양경찰 응시 요건

01 | 응시 가능 연령 및 자격

(1) 응시 가능 연령

응시 연령은 채용 분야별로 다릅니다. 또한 남자의 경우는 군 복무에 따라 기간 1년 미만 1세, 1년 이상 ~ 2년 미만 2세, 2년 이상 3세를 각각 연장합니다.

분야별	응시연령
공채순경	18세 이상~40세 이하
간부후보	21세 이상~ 40세 이하
전경	20세 이상~30세 이하
해기사, 함정운용	18세 이상~40세 이하
정보통신, 외국어, 잠수, 항공정비, 응급구조	20세 이상~40세 이하
해경학과, 감식, 관제	20세 이상~40세 이하
해군경위, 조사경감, 회계경위	23세 이상~40세 이하
항공조종	23세 이상~45세 이하
고시	27세 이상~40세 이하

이루다쌤의 응원 한마디!

우선, 응시요건부터 꼼꼼히 살펴봐야 겠죠?! 매년 달라질 수 있으니, 해양경찰청에 올라온 공고문을 꼭 확인하셔서 결격사유가 없도록 주의하시기 바랍니다.

(2) 경력경쟁채용 분야별 응시자격

구분	분야	응시자격
경정	5급공채	「국가공무원법」에 따른 5급 국가공무원의 공개채용시험에 합격한 후 중앙행정기관 근무경력이 2년 이상인 사람
경감	변호사	변호사 자격증을 소지하고 「변호사법」 제21조의2에 따른 법률사무에 종사하거나 연수를 마친 사람
	헬기조정 (신설)	다음 자격과 경력 모두를 충족하는 사람 <자격증> • 항공안전법」에 따른 운송용 또는 사업용 조종사 자격증명을 받은 사람 • 전파전자통신기사, 전파전자통신산업기사 또는 항공무선통신사를 소지한 사람 • 「항공안전법」에 따른 계기비행증명을 받은 사람 <경력> • 헬리콥터 조종시간 2,500시간 이상(모의비행장치 시간 제외)으로 최종 시험일을 기준으로 1년 이내 조종 경력이 있는 사람
	수사심사관 (신설)	다음 경력 중 하나 이상에 해당하는 사람 • 수사 분야 근무경력(공무원 경력 한정) 5년 이상으로 6급 이상 직급에서 2년 이상 근무한 사람 • 수사 분야 근무경력(공무원 경력 한정) 5년 이상으로 7급 이상 직급에서 4년 이상 근무한 사람 • 경찰공무원 경감 계급 이상으로 수사 분야 근무경력(공무원 경력 한정) 5년 이상인 사람
경위	경비작전	군(軍)에서 소령 이상 계급으로 복무 중이거나 퇴직한 사람으로 5년 이상 함정(항해 분야)에서의 근무경력이 있는 사람
	정책소통	다음 경력 중 하나 이상에 해당하는 사람 임용예정 직급(6급)과 같은 직급에서 2년 이상 관련분야 근무한 경력이 있는 사람 • 관련분야 : 언론지원(보도), 홍보기획, 홍보영상 기획 및 제작 – 관련분야 근무경력 6년 이상인 사람 • 관련분야 : 언론(취재기자), 방송(연출 또는 제작), 홍보기획 · 컨설팅(민간경력에 한함)
	해양기상	다음 자격 및 경력 중 하나 이상에 해당하는 사람 <자격증> • 기상기사 또는 기상감정기사 자격 취득 후 관련분야 근무경력이 5년 이상인 사람 <경력> • 관련분야 근무경력이 6년 이상인 사람 • 임용예정 직급(6급)과 같은 직급에서 2년 이상 관련분야 근무경력이 있는 사람 • 관련분야 : 기상(해양기상) 분석 및 예측, 시스템 개발
	헬기조종	사업용조종사 (헬리콥터 다발) 및 항공무선통신사 또는 전파전자통신기사, 전파전자통신산업기사 자격증을 취득한 사람으로 헬리콥터 총 비행시간이 1,000시간 이상(모의비행장치 시간 제외)으로 최종시험일 기준으로 3년 이내 비행경력이 있는 사람
경사	헬기정비 (신설)	항공정비사(헬기) 자격을 취득한 후 관련분야 근무경력이 6년 이상인 사람
	비행기정비 (신설)	항공정비사(비행기) 자격을 취득한 후 관련분야 근무경력이 6년 이상인 사람
순경	헬기정비	항공정비사(헬기) 자격을 취득한 사람으로 헬기정비 경력이 2년 이상인 사람
	함정요원	다음 자격 및 경력 중 하나 이상에 해당하는 사람 <자격증> 항해는 5급 항해사 이상, 기관은 5급 기관사 이상 면허를 소지한 사람 <경력> 항해는 군(軍)에서 부사관 이상으로 함정(항해사) 근무경력이 2년, 기관은 군(軍)에서 부사관 이상으로 함정(기관사) 근무경력이 2년 이상인 사람

순경	의무경찰	해양경찰청 소속 의무경찰 만기 전역 또는 최종시험 예정일(면접)까지 만기 전역 예정인 사람
	수사	경찰행정 또는 법학 관련 학과 학사학위 이상을 소지한 사람(복수전공 포함)
	구급	응급구조사 1급 자격증 취득 후 관련분야 근무경력 1년 이상인 사람 ※ 관련분야 • 「의료법」 제3조에서 규정한 의료기관 중 종합병원 · 병원 응급실에서 응급구조사로 근무한 경력 • 권역 · 지역응급 외상센터에서 응급구조사로 근무한 경력 • 응급의료종사자, 의료관리자 양성 관련 학과(교)에서 교원 · 강사로 응급의료 관련 교과목을 강의한 경력 • 소방기관(상황실, 상황관리센터 포함)에서 구급대원 또는 구급대원 대체인력으로 근무한 경력 • 국가(공공)기관(군(軍)은 의무부사관 이상) · 사업체 구급분야에서 근무한 경력 • 「응급의료에 관한 법률」 제2조와 제51조에 의한 이송업체에 상주하여 근무한 경력
	해경학과	다음 응시자격 요건에 하나 이상에 해당하는 사람 • 2년제 이상 대학의 해양경찰 관련학과를 졸업한 사람 • 2년제 이상 대학의 해양경찰 관련학과에 재학 중인(재학하였던) 사람으로 「해양경찰청 소속 경찰공무원 임용에 관한 규정」 별표 2의 과목을 45학점 이상 이수한 사람
	교통관제	5급 항해사 이상 자격증 소지한 후 승선경력이 1년 이상인 사람
	특공 (전술)	해양 대테러 작전에 능통한 사람으로 다음 중 하나 이상에 해당하는 사람 • 자격증 : 잠수기능사 이상 자격증을 취득한 사람 • 경력 : 특수부대에서 16개월 이상 해당 부대의 고유 업무 근무경력이 있는 사람 • 관련분야 학사학위 이상을 취득한 사람 ※ 관련학위 : 체육 · 무도 · 경호학 분야
	구조	잠수에 능통한 사람으로 다음 요건 중 하나 이상에 해당하는 사람 • 자격 : 수상구조사 · 잠수기능사 이상 자격증을 취득한 사람 또는 국민체육진흥법에 따른 체육지도자 자격 중 관련 종목 전문 스포츠지도사(2급) 또는 생활스포츠지도사(1급) 자격증을 취득한 사람 ※ 관련종목 : 수영, 스킨스쿠버, 철인 3종(트라이애슬론), 근대 5종 • 경력 : 특수부대에서 16개월 이상 해당 부대의 고유 근무경력이 있는 사람 • 관련분야 학사학위 이상을 취득한 사람 ※ 관련학위 : 체육 · 무도 · 경호학 분야
	통신	다음 자격 중 하나 이상에 해당하는 사람 • 정보통신 관련분야 산업기사 이상 자격증을 소지한 사람 • 관련분야 기능사 자격증을 취득한 후 관련분야 근무경력이 2년 이상인 사람 • 국제기능올림픽대회 또는 전국기능경기대회 입상(IT 관련) 후 관련분야 근무경력이 2년 이상인 사람 ※ 관련분야 : 통신설비, 무선설비, 전파전자통신, 정보통신, 방송통신, 정보처리, 사무자동화, 정보보안, 전자기기, 전자계산기
	홍보	다음 분야별 경력에 해당하는 사람 • 정책소통 : 관련분야 근무경력이 3년 이상인 사람 ※ 관련분야 : 홍보, 취재, 보도 • 디지털소통 : 관련분야 근무경력이 3년 이상인 사람 ※ 관련분야 : 디지털콘텐츠 제작, 기관 SNS 운영, 온라인 홍보, 영상기획 · 제작 · 촬영 · 편집
	조선기술	다음 경력 및 학위 중 하나 이상에 해당하는 사람 <경력> • 관련분야 근무경력이 3년 이상인 사람 <학위> • 조선(선박)공학 학사학위 이상을 취득한 사람 • 조선(선박)공학 전문학사학위를 취득한 후 관련분야 근무경력이 1년 이상인 사람

<table>
<tr><td rowspan="2">순경</td><td>건축</td><td>다음 자격증 중 하나 이상에 해당하는 사람
• 관련분야 산업기사 이상 자격증을 소지한 사람
• 관련분야 기능사 자격증을 소지한 후 관련 근무경력이 2년 이상인 사람
※ 관련자격증 : 건축설비, 건축일반시공, 건축, 건축목공, 방수, 실내건축, 건설안전, 소방설비
※ 관련경력 : 건축 설계 및 시공, 감리</td></tr>
<tr><td>항공관제</td><td>「항공안전법」에 따른 항공교통관제사 자격증을 소지한 사람으로 항공기 관제경력 3년 이상인 사람</td></tr>
<tr><td rowspan="3">주사보</td><td>선박항해
(신설)</td><td>• 항공정비사(헬기) 자격을 취득한 후 관련분야 근무경력이 6년 이상인 사람
• 필수자격을 갖추고 다음 경력 중 하나 이상에 해당하는 사람
– 관련분야 근무경력이 3년 이상인 사람
– 임용예정직급(7급)과 같은 직급에서 관련분야 근무경력이 2년 이상인 사람
※ 관련분야 : 선박운용 및 해양오염방제 업무</td></tr>
<tr><td>화공
(신설)</td><td>다음 자격증 중 하나 이상에 해당하는 사람
• 화공 · 화공안전 · 가스 기술사 자격증 중 하나 이상을 소지한 사람
• 위험물 · 가스 기능장 자격증 중 하나 이상을 소지한 사람
• 화약류제조 · 화공 · 산업안전 · 가스 · 화학분석 기사 자격증 중 하나 이상을 취득한 후 관련분야 근무경력이 3년 이상인 사람
• 화약류제조 · 위험물 · 산업안전 · 가스 산업기사 자격증 중 하나 이상을 취득한 후 관련분야 근무경력이 6년 이상인 사람
※ 관련분야 : 화공, 화학, 해양증거물 감식분석 및 연구개발 등 업무</td></tr>
<tr><td>일반환경
(신설)</td><td>다음 자격증 중 하나 이상에 해당하는 사람
• 해양 · 대기관리 · 수질관리 · 폐기물처리 기술사 자격증 중 하나 이상 소지
• 해양환경 · 대기환경 · 수질환경 · 폐기물처리 기사 자격증 중 하나 이상을 취득한 후 관련분야 근무경력이 3년 이상인 사람
• 해양조사 · 대기환경 · 수질환경 · 폐기물처리 산업기사 자격증 중 하나 이상을 취득한 후 관련분야 근무경력이 6년 이상인 사람
※ 관련분야 : 수질환경, 대기환경, 해양환경 분석 및 연구개발 등과 관련된 업무</td></tr>
<tr><td rowspan="5">서기보</td><td>선박항해</td><td>다음 자격증 중 하나 이상에 해당하는 사람
• 1급 항해사, 2급 항해사, 3급 항해사, 4급 항해사, 5급 항해사</td></tr>
<tr><td>선박기관</td><td>다음 자격증 중 하나 이상에 해당하는 사람
• 1급 기관사, 2급 기관사, 3급 기관사, 4급 기관사, 5급 기관사</td></tr>
<tr><td>화공</td><td>다음 자격증 중 하나 이상에 해당하는 사람
• 화공 · 화공안전 · 가스 기술사 자격증 중 하나 이상을 소지
• 위험물 · 가스 기능장 자격증 중 하나 이상을 소지
• 화약류제조 · 화공 · 산업안전 · 가스 · 화학분석 기사 자격증 중 하나 이상을 소지
• 화약류 제조 · 위험물 · 산업안전 · 가스 산업기사 자격증 중 하나 이상을 소지
• 화학분석 · 위험물 · 가스 기능사 자격증 중 하나 이상을 소지한 후 관련분야 근무경력이 2년 이상
※ 관련분야 : 화공, 화학, 해양증거물 감식분석 및 연구개발 등 업무</td></tr>
<tr><td>일반환경</td><td>다음 자격증 중 하나 이상에 해당하는 사람
• 해양 · 대기관리 · 수질관리 · 폐기물처리 기술사 자격증 중 하나 이상을 소지
• 해양환경 · 대기환경 · 수질환경 · 폐기물처리 기사 자격증 중 하나 이상을 소지
• 해양조사 · 대기환경 · 수질환경 · 폐기물처리 산업기사 자격증 중 하나 이상을 소지
• 환경 기능사 자격증 소지한 후 관련분야 근무경력이 2년 이상
※ 관련분야 : 수질환경, 대기환경, 해양환경 분석 및 연구개발 등과 관련된 업무</td></tr>
<tr><td>선박관제</td><td>다음 자격증 중 하나 이상에 해당하는 사람
• 1급 항해사, 2급 항해사, 3급 항해사, 4급 항해사, 5급 항해사 중 하나 이상을 소지한 후 승선경력이 1년 이상인 사람</td></tr>
</table>

서기보	전송 기술	다음 자격증 중 하나 이상에 해당하는 사람 • 전자응용, 정보통신, 컴퓨터시스템응용, 정보관리 기술사 자격증 중 하나 이상을 소지 • 전자기기, 통신설비 기능장 자격증 중 하나 이상을 소지 • 전자, 정보통신, 전파전자통신, 무선설비, 방송통신, 정보처리, 전자계산기, 전자계산기조직응용 기사 자격증 중 하나 이상을 소지 • 전자, 정보통신, 통신선로, 사무자동화, 전파전자통신, 무선설비, 방송통신, 정보처리, 전자계산기제어, 정보보안, 멀티미디어콘텐츠제작전문가 산업기사 자격증 중 하나 이상을 소지 • 전자기기, 통신기기, 통신선로, 정보기기운용, 전파전자통신, 무선설비, 방송통신, 정보처리 기능사 자격증 중 하나 이상을 소지한 후 관련분야 근무경력이 2년 이상인 사람 ※관련분야 : 통신시스템 구축 및 운영, 관리 등과 관련된 업무
	정보보호	다음 자격증 중 하나 이상에 해당하는 사람 • 컴퓨터시스템응용, 정보통신, 정보관리 기술사 자격증 중 하나 이상을 소지 • 전자계산기, 정보통신, 정보처리, 전자계산기조직응용, 정보보안 기사 자격증 중 하나 이상을 소지 • 전자계산기제어, 정보통신, 사무자동화, 정보처리, 정보보안 산업기사 자격증 중 하나 이상 소지한 사람

02 | 해양경찰 시험절차

해양경찰 시험은 다음의 과정으로 진행됩니다.

원서접수 → 필기시험 → 적성검사/체력검사 → 서류전형 → 면접시험 → 최종합격자발표 해양경찰 전형별 배점

구분	전형별 배점
간후, 공채, 해경학과, 전경, 해기사, 정보통신, 함정운용, 항공정비, 외국어, 조선기술	필기(50%)+체력검사(25%)+적성검사(10%)+면접(10%)+자격증(5%)
항공조종, 과학수사, 잠수	실기(75%)+적성검사(10%)+면접(10%)+자격증(5%)

(1) 필기시험(기존, 변경)

① 2021년까지 시험과목

구분			시험과목
공채	순경		• 필수 : 해양경찰학개론, 한국사(검정), 영어(검정), 형사법 • 선택 : 해사법규, 헌법 중 1과목
	간부후보	일반	• 객관식 : 해양경찰학개론, 한국사(검정), 영어(검정), 형법, 형사소송법 • 선택 : 헌법, 범죄학, 행정법, 행정학 중 2과목 – 주관식 폐지
		해양	• 객관식 : 해양경찰학개론, 한국사(검정), 영어(검정), 해사법규, 형법, 형사소송법 • 선택 : 항해학, 기관학 중 1과목 – 주관식 폐지

특채	고시	한국사, 영어, 행정법, 행정학, 형법, 형소법『주 : 항해 · 기관학, 국제법 중 택1』
	해경학과	해사영어, 해사법규, 형사법, 국제법, 선박일반
	해기사 · 전경	해사영어, 해사법규, 『항해술 · 기관술 중 택1』
	정보통신	한국사, 영어, 컴퓨터일반『통신이론, 정보관리론 중 택1』
일반직		• 화공 : 화학, 유기공업화학, 무기공업화학 • 일반선박 : 물리, 선박일반, 『선박기관, 항해 중 택1』 • 일반환경 : 환경공학개론, 화학, 환경보건

② 2022년 이후 변경 시험과목

㉠ 공채(간부후보와 순경)

구분		시험과목	
공채	순경	5과목 : 필수 4과목+선택 1과목 • 필수 : 해양경찰학개론, 형사법, 한국사(검정) · 영어(검정) • 선택 : 해사법규, 헌법 中 1과목	① 전문과목 : 필수 ② 해양경찰학개론 : 필수 ③ 한국사 · 영어 : 검정제 ④ 헌법 도입(선택)
간부후보	일반	7과목 : 필수 5과목+선택 2과목 • 필수 : 해양경찰학개론, 형법, 형사소송법, 국사(검정) · 영어(검정) • 선택 : 범죄학, 행정법, 행정학, 헌법 中 2과목	① 주관식 : 폐지 ② 한국사 : 검정 ③ 헌법 : 도입(일반간후 선택)
	해양	7과목 : 필수 6과목+선택 1과목 • 필수 : 해양경찰학개론, 해사법규, 형법, 형사소송법, 한국사(검정) · 영어(검정) • 선택 : 항해학, 기관학 中 1과목	

㉡ 경력채용

구분		이전	변경
경력채용	구조특공	필기시험 없음	해양경찰학개론, 잠수이론
	구급	필기시험 없음	해양경찰학개론, 응급구조실무
	수사	필기시험 없음	해양경찰학개론, 형법, 형소법
	항공정비	한국사, 영어, 비행이론, 항공법규	항공법규, 항공기 기체, 항공기 엔진
	전산	한국사, 영어, 컴퓨터일반, 통신이론 또는 정보관리론 중 택1	컴퓨터 일반, 정보관리론, 네트워크 보안
	통신		통신이론, 전자공학개론, 무선공학개론

(2) 실기시험(항공조종, 과학수사, 잠수 분야)

총점의 60% 이상을 득점한 사람 중 고득점순으로 선발예정 인원의 2배수를 선발합니다.

구분	평가방법	내용
항공조종	실기시험	운항조종능력(시뮬레이션) 및 항공실무지식(구술)
과학수사	서술평가 (서술 1문항, 약술 2문항)	관련분야 직무수행에 필요한 전문지식 및 실무능력
잠수	실기시험	체력능력(턱걸이, 왕복달리기 2km 달리기) 및 수영 잠수능력

(3) 적성검사 및 체력검사

① 적성검사

적성검사는 적성과 인성검사로 나뉩니다. 적성검사는 수험생의 지식을 묻고, 인성검사는 정직성과 일관성을 검사합니다. 종합적성검사 결과는 면접시험에 반영됩니다. 단, 문항 수가 많으므로 시간 분배를 잘 해야 한다는 점 참고하세요.

항목	영역 및 문항수		시간
적성검사	언어이해	150문항	총 90분
	언어비판		
	수열추리		
	도형추리		
	문제해결		
인성검사 I	8개 요인	111문항	총 60분
인성검사 II	14개 요인	218문항	총 30분

㉠ 적성검사

해양경찰에 요구되는 적성(언어능력, 수학능력, 도형추리, 자료점검, 문제해결, 상식)을 측정

㉡ 인성검사 I

- 해양경찰에서 요구하는 인재상에 부합하는 적합한 인재인지를 평가요소에 따라 측정
- 각 문항에 따라 가까운 것(MOST)와 가장 먼 것(LEAST)을 선택하는 형식의 검사로 구성

㉢ 인성검사 Ⅱ

- 인성적 부적합 요소를 파악하기 위한 검사
- 각 문항에 따라 예(Yes), 아니오(No)를 선택하여 검사

② 평가등급

평가등급	1등급	2등급	3등급	4등급	5등급
점수	10점	8점	6점	4점	2점

③ 체력검사

체력검사 종목의 구체적인 측정방법은 해양경찰청장이 정한 바에 따릅니다.

㉠ 종목 : 100m 달리기, 윗몸일으키기, 팔굽혀펴기, 50m 수영

㉡ 100m 달리기, 윗몸일으키기 및 팔굽혀펴기 중 한 종목 이상 1점을 받은 경우에는 불합격으로 합니다.

㉢ 100m 달리기의 경우에는 측정된 수치 중 소수점 둘째 자리 이하는 버립니다.

㉣ 50m 수영의 경우에는 측정된 수치 중 소수점 첫째 자리 이하는 버린 수치를 기준으로 남자 130초, 여자 150초 이내인 경우 해당 종목을 합격한 것으로 보며, 체력검사 점수에는 반영하지 아니합니다. 다만, 기준 시간 이내에 완주하지 못한 경우에는 체력검사에 불합격으로 합니다.

구분		10점	9점	8점	7점	6점	5점	4점	3점	2점	1점
남자	100m 달리기(초)	13.0 이내	13.1~13.5	13.6~14.0	14.1~14.5	14.6~15.0	15.1~15.5	15.6~16.0	16.1~16.5	16.6~16.9	17.0 이후
	윗몸 일으키기 (회/60초)	58 이상	57~55	54~51	50~46	45~40	39~36	35~31	30~25	24~22	21 이하
	팔굽혀펴기 (회/60초)	58 이상	57~54	53~50	49~46	45~42	41~38	37~33	32~28	27~23	22 이하
	50m 수영 (초)	130초 이내									
여자	100m 달리기(초)	15.5 이내	15.6~16.3	16.4~17.1	17.2~17.9	18.0~18.7	18.8~19.4	19.5~20.1	20.2~20.8	20.9~21.5	21.6 이후
	윗몸 일으키기 (회/60초)	55 이상	54~50	49~45	44~40	39~35	34~30	29~25	24~19	18~13	12 이하
	팔굽혀펴기 (회/60초)	50 이상	49~46	45~42	41~38	37~34	33~30	29~26	25~22	21~19	18 이하
	50m 수영 (초)	150초 이내									

(4) 서류전형

필기시험 합격자를 바탕으로 해양경찰청에서 요구하는 서류들을 제출하여야 합니다. 이때 응시자의 자격 등이 소정의 기준에 적합한 지 여부를 서면으로 심사하여 적격 여부를 판단합니다.

(5) 면접전형

직무수행에 필요한 능력, 발전가능성, 성실성 등을 평가하며 종합적성검사(10점), 면접평가(10점), 가산점(5점)을 합산하여 총점(25점)의 40%(10점) 이상 득점자를 합격자로 결정합니다. 단, 단계별 면접위원 과반수가 어느 하나의 평정요소에 대하여 1점으로 평정 시 불합격 처리됩니다. (면접전형은 2020년 시행된 면접을 기준으로 작성되었습니다. 자세한 내용은 해양경찰청 홈페이지 공고를 확인해 주세요)

① 단계별 면접유형 및 평가내용

2 : 2 집단면접	2 : 1 개별면접
의사발표의 정확성 및 논리성, 전문지식 평가	품행 예의, 정직성 성실성 등 직무수행에 필요한 능력, 발전가능성 및 심층 인성검증

② 가산 자격증

㉠ 수영능력 검정은 해양경찰청장이 별도로 실시한 검정기록으로 하며, 실시일로부터 2년간 유효합니다. 영법은 배영과 잠영을 제외한 모든 영법을 허용하나, 신체의 일부분이 바닥에 닿지 않고 완주해야 합니다.

㉡ 무도분야 자격증은 유도, 검도, 태권도의 경우 대한체육회 산하협회가 인정하는 것으로 합기도의 경우 법인으로서 중앙본부가 있습니다. 8개 이상의 광역자치단체에 그 지부를 등록하고 각 지부에 10개 이상의 체육도장을 갖추고 있으면서 3년 이상 활동 중인 단체가 인정하는 것을 말합니다.

㉢ 면접시험일을 기준으로 유효기간 또는 갱신기간이 도과한 자격증은 인정하지 않으며 어학능력자격증은 면접시험일을 기준으로 2년 이내의 것만을 인정합니다. 동일분야 자격증 복수 제출시 가산점수가 가장 높은 자격증만을 인정하고 채용자격요건과 동일분야 자격증에 대해서는 가산점을 인정하지 않습니다.

㉣ 인명구조강사 및 인명구조요원 자격증은 「수상레저안전법」에 따라 해양경찰청장이 지정한 교육기관에서 발급한 것만을 인정합니다.

㉤ 해기사면허를 자격요건으로 하는 채용분야에 응시한 경우, 소형선박조종사면허에 대해서는 가점을 인정하지 않으며 동력수상레저기구조종면허증 소지자에게 발급한 소형선박조종사면허(레저보트용)에 대해서도 가점을 인정하지 않습니다.

점수 분야	3점	2점	1점
수영(50m)	–	50초 이내	100초 이내
운전	–	–	1종대형, 특수면허(트레일러)
무도	–	무도 3단 이상 (유도, 검도, 태권도, 합기도)	무도 1 · 2단 (유도, 검도, 태권도, 합기도)
정보통신	• 통신설비, 자기기기능장 • 무선설비, 정보통신, 정보처리, 전파전자, 전파통신, 전자 · 전자계산기, 전자계산기조직응용기사	무선설비, 정보통신, 정보처리, 전자 · 통신선로 · 전파전자, 전파통신, 정보기술, 사무자동화, 전자계산기, 전자계산조직응용산업기사	통신선로 · 무선설비, 전파전자, 통신기기, 전자기기, 정보처리, 방송통신, 전파통신, 전자계산기, 정보기기운용기능사
사무관리	–	–	• 컴퓨터활용능력 1 · 2급 • 워드프로세서 1급
회계	공인회계사, 법무사, 세무사, 관세사	전산세무, 전산회계 1급	전산세무, 전산회계 2 · 3급
차량정비	자동차정비기사	자동차정비산업기사	자동차정비기능사
화약류	화약류제조 · 화약류관리기사	화약류제조 · 화약류관리 산업기사	–
재난 · 안전관리	인명구조(수상안전법) · 강사, 건설안전 · 산업안전 · 소방설비 · 가스 · 위험물관리기사	• 인명구조요원 • 건설안전 · 업안전 · 소방설비 · 가스 · 위험물산업기사, 응급구조사 1급	산업안전 · 가스 · 위험물기능사, 응급구조사 2급
국어	• 한국실용글쓰기검정 710점 이상 • KBS한국어능력시험 775점 이상 • 국어능력인증시험 169점 이상	• 한국실용글쓰기검정 630점 이상 • KBS한국어능력시험 665점 이상 • 국어능력인증시험 153점 이상	• 한국실용글쓰기검정 550점 이상 • KBS한국어능력시험 545점 이상 • 국어능력인증시험 137점 이상
외국어	• 토익 800점 이상 • 토플(IBT 92, PBT 580 이상) • 텝스 1급 이상 • J.L.P.T 1급 • J.P.T 850 이상	• 토익 700점 이상 • 토플(IBT 71, PBT 527 이상) • 텝스 2급 이상 • J.L.P.T 2급 • J.P.T 750 이상 • 신 H.S.K 6급	• 토익 600점 이상 • 토플(IBT 57, PBT 487 이상) • 텝스 3급 이상 • J.L.P.T 3급 • J.P.T 650 이상 • 신 H.S.K 5급

잠수 · 레저	–	잠수산업기사	• 잠수기능사 • 수상레저기구조종면허 1 · 2급
해양	해기사 1 · 2급(항해, 기관, 운항사)	해기사 3급(항해, 기관, 운항사)	해기사 4 · 5 · 6급 (항해, 기관, 운항사)
환경	대기환경 · 수질환경 · 폐기물처리기사	대기환경 · 수질환경 · 폐기물처리산업기사	환경기능사

CHAPTER 02

해양경찰 면접 방식

01 | 면접 절차 및 진행방법

(1) 면접 절차

2020년부터는 면접은 총 2단계로 이뤄지고 있습니다. 1단계는 2 : 2 집단면접, 2단계 2 : 1 개별면접입니다. 집단면접이 이뤄진 이후에 바로 이어서 개별면접이 진행됩니다.

코로나19 영향으로 특정지방청에서는 비대면 방식으로 면접이 진행됐습니다. 면접장소에서 비대면으로 마스크 착용 후 면접 진행됐으니, 정확한 면접방식은 해당공고를 참고하시기 바랍니다.

(2) 면접 진행 방법

① 1단계 – 2 : 2 집단면접

면접방식은 수험생 2명이 함께 들어가서 면접을 보게 됩니다. 이때 내부위원 2명이 면접관으로 참여합니다. 면접시간은 약 10분 정도 소요가 됩니다. 집단면접은 블라인드 면접으로 수험생 모두 동일한 질문을 받습니다. 면접장에 따라 꼬리 및 압박질문이 있을 수 있습니다.

② 2단계 – 2 : 1 개별면접

수험생들은 집단면접이 끝나게 되면 이어서 개별면접을 하러 이동하게 됩니다. 개별면접은 집단면접과 달리 수험생 혼자 면접장에 들어가서 면접을 보고, 면접관들은 2명으로 진행됩니다. 이때 면접관은 심리위원(프로파일러)도 포함이 되어 있습니다. 그리고 면접시간은 약 10분 정도입니다. 개별면접은 인적성 검사 등 여러 가지 정보를 바탕으로 질문을 하고, 의외의 질문을 받을 수 있습니다.

02 | 평정 요소

(1) 집단면접

평정요소	정의	Key Point
전문성	해당 분야에 대한 전문지식을 향상시키기 위해 얼마나 노력했는지 또는, 해당 분야에 대한 전문지식을 업무에 효과적으로 적용시킬 수 있는지 여부를 판단	해양경찰 및 법령 숙지
		전공지식 이해
		전공지식 활용능력
논리성	자신의 의사를 논리적이고 설득력 있게 제시할 수 있는 능력을 판단	논리적 전개
		주장의 일관성
		명확한 근거 제시
의사발표의 정확성	자신의 의사를 자신감 있고 명확하게 전달할 수 있는 표현 능력을 판단	간결한 문장 구사력
		자신감 있는 말투
		당당한 자세

(2) 개별면접

평정요소	정의	Key Point
봉사성	개인의 이익보다는 국가 및 사회, 조직의 발전을 더 우선하며, 이에 기여하고자 하는 정신자세를 판단	사회적 약자에 대한 배려
		봉사 및 희생정신
		사회 정의 실현
성실성	주어진 역할과 책임을 완수하기 위해 정진하는 태도 및 어떠한 어려움 속에서도 이를 극복하기 위해 끊임없이 노력하는 자세 판단	열정 및 주도적인 자세
		책임 완수
		지속적인 자기계발
정직성	거짓 없이 사실에 입각하여 면접에 임하는 지 또는 자신의 실수 및 부족함을 모면하기보다 솔직히 인정하고 수정하려 노력하는 지 판단	진실한 자세
		솔직한 표현
		겸손한 태도
품행/예의	태도가 단정하고, 예의 바르며 공무원으로서 품위를 유지할 수 있는 지 여부 판단	예의 바른 자세
		진지한 태도
		용모단정

(3) 질문 유형

① 2 : 2 집단면접

집단면접은 의사 발표의 정확성, 논리성, 전문지식 등을 평가합니다. 따라서 자신의 답변을 자신감 있고, 명확하게 표현하는 것이 중요합니다. 주로 직렬 관련 전공지식과 해양경찰업무에 대한 이해 및 윤리의식, 업무수행 중 발생할 수 있는 상황대처능력을 평가합니다. 뿐만 해양경찰 공무원으로서의 기본자세, 그리고 개별면접에서 주로 출제되는 인성질문도 간간이 출제되는 편입니다.

2:2 집단면접 질문 영역 비율

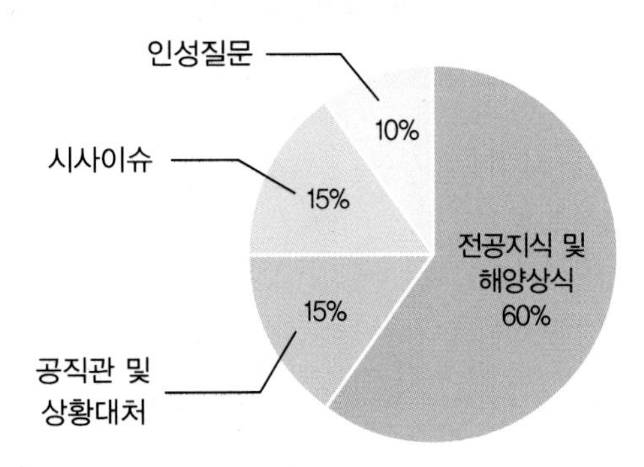

㉠ 전공지식 및 해양상식 영역 질문 : 60%

- 공해란?
- 해양범죄와 육상범죄의 차이점을 말해보세요.

㉡ 공직관 및 상황대처 질문 : 15%

- 경찰관으로서 가져야 하는 덕목은 무엇인가요?
- 동료가 다른 동료를 성추행하는 것을 목격했다면 어떻게 할 건가요?

㉢ 시사이슈 질문 영역 질문 : 15%

- 공수처가 무엇인가요?
- 비정규직 정규직 전환에 대해 어떻게 생각하나요?

㉣ 인성질문 영역 질문 : 10%

- 힘들었던 경험 말해보세요.
- 사회생활 경험 말해보세요.

② 2 : 1 개별면접

개별면접은 기존 1 : 1 개별면접과 1 : 1 프로파일러 면접이 합쳐진 형태로 품행 · 예의, 정직성, 성실성 등을 평가합니다. 따라서 겸손하면서도 올바른 대도로 임해야 하며, 자신의 생각을 거짓 없이 진실되게 표현해야 합니다. 특히 프로파일러 면접관의 경우 수험생 답변에 대해 꼬리질문을 하여 진위여부뿐만 아니라 심리상태를 확인하게 됩니다. 따라서 무엇보다 침착하게 대응하는 것이 중요합니다. 주로 수험생의 생각 또는 경험을 묻는 인성질문이 출제되며, 이외에 조직생활에서 발생할 수 있는 상황대처질문, 사회이슈, 해양경찰 업무에 관한 질문 등이 출제됩니다.

2:1 개별면접 질문 영역 비율

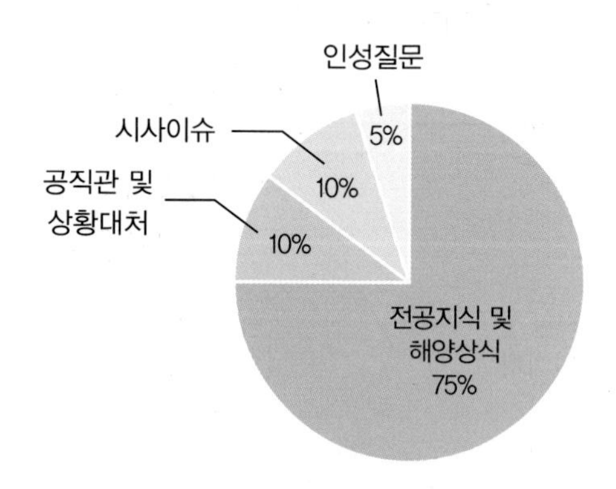

㉠ 인성 및 프로파일러 영역 질문 : 75%

- 최근 화났던 경험 말해보세요. 어떻게 극복했는지 말해보세요.
- 장점이 무엇인가요? 그럼 부족한 점은 무엇인가요? 왜 부족하다고 느끼나요?

㉡ 공직관 및 상황대처 영역 질문 : 10%

- 가라앉는 배에 '노약자 10명과 부모님 2명 타고 있는 상황'인데, 구명선에는 4명밖에 탈 수 없는 상황인데 자신이 담당 경찰이라면 누구를 태울 건가요?
- 언어능력과 수리능력 중 탁월하다고 생각하는 부분을 말해보고, 그 능력을 해양경찰업무에 어떻게 활용할 수 있을까요?

㉢ 시사이슈 영역 질문 : 10%

- 공유경제 관련해서 대한민국이 취하고 있는 정책 말해보세요.
- 국가에 대해 평소 어떻게 생각하나요?

㉣ 전공지식 및 해양상식 영역 질문 : 5%

- 해경배톤수 아는 대로 말해보세요.
- 영해는 몇 해리이고, 1해리는 몇 미터(m)인가요?

PART 02

면접 합격전략

CHAPTER 01

합격전략 1. 인성 및 프로파일러 질문

이루다쌤의 응원 한마디! 

인성 및 프로파일러 질문은 주로 2:1 개별면접에서 출제되는 질문입니다. 수험생의 경험과 생각을 묻고, 이에 대한 추가 질문이 이어질 수 있으니 이에 당황하지 않고 침착하게 대응하는 자세가 중요합니다. 또한, 전공지식처럼 정답이 있는 질문이 아닌 만큼, 자신의 생각에 대해 확신을 가지고 자신감 있게 답변하는 자세가 필요합니다. 책에 나와 있는 필수질문과 답변예시를 참고하여, 여러분만의 차별화된 답변을 만들어보시기 바랍니다.

인성 및 프로파일러 질문은 수험생의 그동안의 삶과 가치관, 경험 등을 면밀히 파악하기 위함입니다. 따라서 수험생 입장에서는 면접 전, 예상질문에 대한 답변을 미리 준비하는 것이 필요합니다. 자칫 답변을 하다 보면, 구구절절 늘어지게 되거나 또는 장황하게 말할 수 있으니, 핵심 위주로 짧고 간결하게 표현하는 것이 좋습니다. 특히 두괄식 표현으로 핵심을 먼저 말하고, 그다음 사례 또는 이유를 답변하는 연습이 필요합니다. 해양경찰 면접시간은 매우 짧은 시간에 이뤄지는 만큼 답변이 30초를 넘지 않도록 유의하시기 바랍니다. 또한, 수험생의 생각을 심층적으로 파악하기 위해 또는 진실성 여부를 판단하기 위해 답변에 대한 추가질문이 압박 형태로 이어질 수 있으니, 당황하지 않고, 침착하게 답변하는 연습을 반복적으로 해보시기 바랍니다.

01 | 필수질문&답변예시

질문 Q. 자기소개해보세요.

| 답변예시 |

A.
안녕하십니까. 수험번호 0번 OOO입니다. 저는 책임감과 봉사정신, 두 단어로 저를 소개하겠습니다. 저는 특전사로 복무하며 해상구조 활동을 하였습니다. 힘든 일도 많았지만, 하면 된다는 강한 책임감으로 임무를 완수하였습니다. 또한, 저는 사랑의 장기기증 운동본부에 사후 장기기증을 서약하였습니다. 누군가의 생명을 살릴 수 있다는 마음 때문이었습니다.
이러한 경험을 바탕으로 해양수호와 국민의 안전을 위해 일하는 자랑스러운 대한민국의 해양경찰이 되겠습니다. 이상입니다.

A.
안녕하십니까. 저만의 해양경찰 헌장을 외쳐보겠습니다.
하나! 성실한 해양경찰이 되겠습니다. 저는 대학 시절 전액장학금을 받으며 수석 졸업을 하였습니다. 따라서 성실함 하나만큼은 자신 있습니다.
둘! 소통하는 해양경찰이 되겠습니다. 학창시절 축구부 주장, 군 시절 분대장을 하며 소통능력을 키워왔습니다.
셋! 강한 해양경찰이 되겠습니다. 저는 힘든 수험생활을 설악산, 한라산, 태백산 등을 다니며 강한 의지로 이겨낼 수 있었습니다.
앞으로도 저만의 헌장을 가슴에 새기며, 해양주권 수호에 기여하는 해양경찰이 되겠습니다. 이상입니다

답변 가이드

보통 1분 자기소개로 많이들 알고 있지만, 이는 1분 동안 말하라는 의도가 아닌 그만큼 간결하게 자기소개를 하라는 의미입니다. 따라서 약 40초 이내로 답변할 수 있도록 간결하게 준비하시기 바랍니다. 자신의 강점을 표현할 수 있는 키워드와 이에 대한 사례, 그리고 한 줄 포부로 정리해보시기 바랍니다. 단, 블라인드 채용인만큼 평가에 영향을 주는 출신 대학명, 부모님 직업, 고향 등을 직접적으로 언급하는 것은 피하는 것이 좋습니다. 또한, "가족소개 해봐라, 성장과정을 말해봐라"와 같은 질문도 자주 물어보니, 별도로 준비하시기 바랍니다.

| 연계질문 |

- 30초 내로 간략한 성장과정과 가족소개 해보세요.
- 어릴 때부터 지금까지 어떻게 살아왔나요?
- 해양경찰이 되기 위해 노력했던 일은 무엇인가요?

나만의 답변 구성하기

질문 Q. **해양경찰 지원동기를 말해보세요.**

| 답변예시 |

A.
저는 친구와 함께 속초로 배낚시를 하러 간 적이 있습니다. 배를 타기 전 해양경찰 분께서 안전수칙을 알려주시고 친절하게 도움을 주시는 모습을 보고, 해양경찰에 대해 관심을 가지게 되었습니다.
그 후에 수상레저기구면허를 취득하고 인명구조요원 자격증을 취득하며 해양경찰을 준비하게 되었습니다.

A.
저는 공익에 도움이 되는 일을 하고 싶었습니다. 그러던 중 다큐멘터리를 통해 해양경찰 선배님들의 영상을 보게 되었습니다. 불철주야 단속과 안전점검 등을 하는 모습을 보면서 자부심을 엿볼 수 있었습니다. 저 또한 바다를 지키는 해양경찰이 되고 싶고, 저의 활동적인 성격과 강한 체력이 해양경찰 업무에 잘 맞을 것이라 생각해 지원하게 되었습니다.

A.
중동에서 승선 기간 동안 응급환자가 발생한 적이 있습니다. 당국에 사실을 알리고 도움을 요청했지만 조치가 늦어 끝내 그 환자 분은 다시 돌아오지 못하였습니다. 하지만 한국에서 응급환자가 발생했을 당시 해양경찰의 도움으로 신속하게 인근 병원으로 이송하여 적절한 조치를 받을 수 있었습니다. 이를 계기로 해양경찰을 피부로 느낄 수 있었고, 저 역시 제가 가진 능력을 발휘하여, 국민의 생명을 지키는 명예로운 일을 하고자 해경에 지원하게 되었습니다.

답변 가이드

지원동기는 해양경찰에 대해 알게 된 계기나 관심을 갖게 된 구체적인 에피소드가 있다면 이를 언급하는 것이 좋습니다. 또한, 해양경찰이 공익을 위해 일하는 일인만큼 자신의 직업관을 어필하는 것도 하나의 방법입니다. 단, 안정적이어서 지원했다거나 수당이 붙어 급여가 높아서 지원했다는 등의 공직관에 맞지 않는 답변은 피하는 것이 좋습니다. 특히, 면접관 입장에서는 지원동기 답변이 너무 형식적이라고 느낄 경우 추가질문을 통해 진짜 지원동기를 듣기 원할 수 있습니다. 따라서 이에 대한 꼬리질문도 대비하시기 바랍니다.

| 연계질문 |

- 지원동기와 포부를 말해보세요.
- 경찰 월급이 많지 않다고 보는데 경찰에 지원한 이유는 무엇인가요?
- 교과서적인 답변 말고 진짜 해양경찰에 지원한 이유가 무엇인가요?
- 언제부터 해양경찰이 되고 싶었나요?
- 육경이 아닌 해경을 선택한 이유가 있나요?
- 육경 시험 본 적 있나요?
- 수험생활 동안 다른 직렬 시험 친 적 있나요?(육경 및 기타 등등)

나만의 답변 구성하기

질문 Q. 다른 사람에 비해서 특별히 뛰어난 강점이 있다면 무엇인가요?

| 답변예시 |

A.

저는 조직 적응력이 뛰어나다고 생각합니다. 저는 학창시절까지 태권도 선수 생활을 하였고, 군에서 사령관 경호팀 임무 수행을 하며, 팀에 대한 중요성을 많이 느꼈습니다. 이러한 조직 적응력을 바탕으로 해양경찰 조직에 잘 녹아들 수 있는 경찰관이 되겠습니다.

A.
저는 친구와 함께 속초로 배낚시를 하러 간 적이 있습니다. 배를 타기 전 해양경찰 분께서 안전수칙을 알려주시고 친절하게 도움을 주시는 모습을 보고, 해양경찰에 대해 관심을 가지게 되었습니다.
그 후에 수상레저기구면허를 취득하고 인명구조요원 자격증을 취득하며 해양경찰을 준비하게 되었습니다.

A.
저는 책임감 하나만큼은 자신 있습니다. 저는 대학 시절 택배아르바이트를 한 적이 있습니다. 고된 일이었기에 많은 사람들이 쉽게 그만두었지만, 저는 저 자신과의 약속을 지키기 위해 목표한 일정을 모두 소화하였습니다. 그 결과 상사로부터 성실하다는 칭찬도 들을 수 있었습니다.
앞으로도 맡은 임무에 강한 책임감을 가진 해양경찰이 되겠습니다.

답변 가이드

해양경찰이 갖춰야 할 자질 또는 역량과 관련하여 자신이 어필할 수 있는 강점을 찾아야 합니다. 또한, 모호하고 막연하게 키워드만 나열하기보다는 구체적인 사례를 통해 진실 되게 표현하면 좋습니다. 마무리에는 이러한 강점을 활용할 수 있는 해양경찰로서의 포부로 표현하면 좋은 답변을 만들 수 있습니다. 만약 지원한 직렬과 관련된 경력이 있거나 전공지식을 가지고 있으면 이를 어필해도 좋습니다.

| 연계질문 |

- '이것만은 내가 최고다' 하는 것이 있나요?
- 자신의 자랑을 해보세요. 성격이 어떻다는 것 말고 진짜 잘났다고 생각하는 걸 말해보세요.
- 100명 중에 본인이 1등을 할 수 있는 것은 무엇인가요?
- 자신의 경쟁력 향상을 위해 노력하는 것은 무엇인가요?
- 자신의 어떤 성격이 경찰에 어울린다고 생각하나요?
- 만일 본인이 면접감독관이라면 어떤 사람을 채용할 것 같나요?
- 면접관과 수험생의 입장을 바꾼다면 무엇을 물어보고 싶은가요?
- 자기 전공이 어떤 면에서 해경을 발전시킬 수 있다고 생각하나요?
- 대인관계나 자기계발 등을 위해서 무슨 노력을 했나요?

나만의 답변 구성하기

질문 Q. 본인 성격의 장점과 단점은 무엇인가요?

| 답변예시 |

A.
저의 성격의 장점은 강한 인내심입니다. 대학시절 학교를 다니면서 편입을 준비한 적이 있습니다. 학과 공부와 편입시험 둘 다 준비해야 하는 어려움이 있었지만, 포기하지 않고 노력하여, 편입에 성공하였습니다.
해양경찰이 되어서도 어떤 어려움이 있더라도 반드시 이겨내겠습니다.

A.
저의 성격의 단점은 꼼꼼하다 보니, 다소 시간이 지체될 때가 있습니다. 해양경찰 업무는 정확성만큼이나 신속성이 중요하다고 생각합니다. 이를 위해 우선순위를 세워 중요한 일부터 빠르게 해결하려고 노력하고 있습니다.

답변 가이드

성격의 장 · 단점은 해양경찰로서의 직무 역량보다는 성향을 파악하기 위한 질문입니다. 따라서 자신이 생각하는 성격의 장 · 단점, 또는 다른 사람이 자신을 평가하는 장 · 단점을 생각해보면 좋습니다. 또한, 장점은 극대화하기 위해 관련 사례로 증명하고, 단점은 최소화하기 위해 이를 보완하기 위해 어떤 노력을 하고 있는 지 말하는 것을 추천 드립니다. 단, 단점을 장점처럼 포장하는 수험생들이 있는데, 이는 솔직하게 보이지 않을 수 있습니다. 세상에 단점이 없는 사람은 없죠. 따라서 치명적이지 않은 범위 내에서 적절한 단점을 준비해두기 바랍니다. 또한, 장점과 단점을 연계해서 준비해도 좋습니다. 예를 들어, 장점을 꼼꼼함으로 준비하고, 단점을 꼼꼼해서 느린 것으로 어필해도 설득력 있는 좋은 답변이 되니 참고하시기 바랍니다.

| 연계질문 |

- 자신의 어떤 성격이 경찰에 어울린다고 생각하나요?
- 장점을 살려서 자신을 한마디로 표현해보세요.
- 주위 사람들이 말하는 지원자의 성격은 어떤가요?
- 장점을 구체적으로 말해보세요.
- 준비한 거 말고 나쁜 버릇 말해보세요.

나만의 답변 구성하기

질문 Q. 해양경찰 공무원이 되었을 때의 포부를 말해보세요.

| 답변예시 |

A.
저는 전문성을 갖춘 해경이 되고 싶습니다. 이를 위해 교육원에서 진행하는 과정에 성실히 임할 것이며, 체력관리와 자기계발을 게을리하지 않을 것입니다.
또한, 항상 자부심과 사명감을 가진 모범경찰이 되겠습니다.

A.
제가 해양경찰이 된다면 해양경찰의 중요한 임무인 해양수호와 국가와 국민에게 봉사하는 것에 최선을 다하겠습니다. 또한 그 임무를 생각만 하는 것이 아닌 실천을 할 수 있도록 선배님들에게 많이 배우고 저 또한 스스로 끊임없이 노력하겠습니다.

답변 가이드

해양경찰이 되었을 때, 어떤 마음가짐으로 업무에 임할지 또는 어떤 해양경찰이 되고 싶은 지 각오를 답변하면 됩니다. 이 질문은 면접시간 마지막쯤에 자주 묻는 질문이니 핵심 있게 간결하게 표현하면 좋습니다. 또한, 자신의 직렬과 관련한 자격증 취득이나 자기계발해야 하는 부분이 있다면, 이를 구체적으로 언급해도 좋습니다.

| 연계질문 |

- 어떤 경찰이 되고 싶나요?
- 어느 계급까지 올라가고 싶나요?
- 본인 합격하고 교육원 들어가면 배우고 싶은 것이 있나요?
- 마지막으로 하고 싶은 말 해보세요.

나만의 답변 구성하기

질문 Q. 희망하는 부서와 기피하는 부서 있나요?

| 답변예시 |

A.
저는 항공대와 함정에 지원하고 싶습니다. 항공기에서 레펠을 타고 환자에게 다가가 한줄기 빛과 같은 도움을 주고 싶습니다. 또한, 함정에서는 상대적으로 환자의 곁에서 오랜 시간 환자를 돌볼 수 있다고 생각합니다.

A.
저는 어느 부서를 맡든 잘 할 자신이 있습니다. 하지만, 기회가 된다면, 외사업무에서 일해보고 싶습니다. 저는 국제관계에 관심이 많고, 무척 흥미로운 영역이라 생각합니다.
또한, 국제법에도 자신이 있고, 주도면밀하고 계획적인 제가 잘 어울리는 일이라 생각합니다.

A.
저는 구조업무를 맡아 보고 싶습니다. 저는 수상구조사로 일한 적이 있으며, 예전 수영장에서 익수자를 구조한 경험이 있습니다. 따라서 이러한 경험을 바탕으로 구조업무에 빠르게 적응할 수 있다고 생각합니다.

A.
기피부서는 없습니다. 저에게 주어진 소임에 책임을 다할 것입니다.

A.
신입경찰은 배우는 자세로 임해야 한다고 생각합니다. 그렇기 때문에 기피부서를 정하는 것은 조금 어려운 것 같습니다. 하지만, 굳이 고르자면, 전문적인 법을 다루는 부서입니다.
하지만 법을 다루는 과에 들어간다면 제가 더 열심히 공부하여 부족한 부분을 채우겠습니다.

A.
저는 어떤 어려운 일도 해낼 각오가 되어 있습니다. 따라서 저에게 기피부서란 없습니다. 다만, 꼭 하나를 선택해야 한다면, 전문성이 필요한 부서는 관련 지식이 부족하기 때문에 오히려 조직에 피해를 드릴 수 있을 것 같습니다.

답변 가이드

어느 조직이든 상대적으로 어렵고 힘든 일이 있기 마련입니다. 하지만, 신입 해양경찰로서 기피부서나 희망부서를 고집하기 보다는 어떤 주어진 임무도 책임감을 가지고 성실히 임하겠다고 언급하는 것이 좋습니다. 다만, '그래도 말해봐라!'라는 후속질문에 대비해 자신이 잘 할 수 있고, 강점을 가진 부서를 희망부서로, 자신의 전문성과 거리가 먼 부서를 기피부서로 준비해보시기 바랍니다.

| 연계질문 |

- 만약 기피하는 부서로 배정이 된다면 어떻게 할 건가요?
- 만약 여자라는 이유로 희망하는 부서에 가지 못하게 된다면, 어떻게 할 건가요?
- 해양경찰이 되었을 때, 가장 예상되는 어려움은 무엇인가요?
- 해양경찰 조직에 기피부서는 무엇이라고 생각하나요?

나만의 답변 구성하기

질문 Q. 원하는 부서에 배정받지 못한다면 어떻게 할 건가요?

| 답변예시 |

A.
원하는 부서가 아니더라도 저는 그 부서에서 업무를 충실히 할 것입니다. 상사 분께서 저의 능력을 보고 더 잘 맞는 부서에 배정을 해주셨을 것이라 생각하기 때문입니다. 따라서 해당 부서에서 맡은 업무에 충실히 임하겠습니다.

A.
발령받은 부서에 충실히 업무에 임하겠습니다. 제가 원했던 부서가 아니더라도 새로운 업무를 하게 된다면, 저에게도 도전의 기회가 될 것이라 생각합니다. 따라서 처음 원했던 부서에 간다는 전제하에 세웠던 계획은 잠깐 미루고, 성실히 일하겠습니다. 그 뒤 원하는 부서에 갈 수 있는 기회가 다시 주어진다면 그 부서에 지원하도록 하겠습니다.

답변 가이드

어떤 조직이든 선호부서와 기피부서가 있습니다. 따라서 규모가 큰 조직에 입직을 하게 되면, 당연히 적성 및 흥미와 맞지 않는 부서에 배정을 받을 수도 있습니다. 그때, 수험생이 어떻게 대처할 것인지를 묻는 질문입니다. 당연히 배정된 부서에서 성실히 일하겠다는 긍정적인 자세를 보여주면 좋습니다.

| 연계질문 |

- 희망하는 부서와 그 이유 말해보세요.
- 희망하는 부서에서 일을 잘 하기 위해 어떤 노력을 해야 할 것 같나요?
- 기피하는 부서에 배정받는다면 어떻게 할 건가요?
- 한 번도 해보지 않은 일을 상사가 시킨다면 어떻게 할 건가요?

나만의 답변 구성하기

질문 Q. 존경하는 인물과 그 이유를 말해보세요.

| 답변예시 |

A.
제가 존경하는 인물은 유성룡 선생님입니다. 유성룡 선생님은 임진왜란이 일어나기 1년 전부터 전쟁을 예상하셨다고 합니다. 그래서 이순신 장군을 임명하고, 군비를 확충하는 등 전쟁에 대한 대비를 적극적으로 실행에 옮겼습니다. 이처럼 국민의 생명에 직접적으로 영향을 주는 일은 최악의 상황을 가정하고 조금의 방심도 없이 선제적으로 대비해야 한다고 생각합니다.

A.
인생에서 가장 영향을 끼친 사람은 어머니입니다. 제가 어렸을 때 아버지가 돌아가신 후 전업주부였던 어머니께서는 저희 가족의 생계를 위해 많은 고생을 하셨습니다. 또한, 힘든 상황에서도 항상 긍정적인 마음을 유지하셨습니다.
저는 이러한 모습을 보고 매우 존경스러웠으며 저 또한 어머니를 본받아 어떤 어려움이 오더라도 포기하지 않고 극복하기 위해 노력하고 있습니다.

A.
제가 존경하는 인물은 고려시대 거란과 외교 담판으로 강동6주를 획득한 서희 장군입니다. 제가 서희 장군을 존경하는 이유는 국제사회 질서가 힘에 의해 유지되는 현실주의적 관점에서 우리나라의 주변국과의 분쟁에 대한 해결책을 제시하고 있기 때문입니다. 독도 문제, NLL 문제 그리고 중국어선 문제 등 국력에 의해 우리 정부가 원하는 만큼 적절한 대응책을 실행할 수 없다는 점에서 저는 서희 장군처럼 해양경찰로서 주변국과의 분쟁에 조금이나마 도움이 되는 사람이 되고 싶습니다.

A.
제가 존경하는 인물은 안중근 의사의 어머니입니다. 안중근 의사의 어머니는 안중근 의사에게 구차하게 목숨을 구걸하지 말라고 충고했습니다. 누구에게나 자신의 자식은 소중함에도 안중근 의사의 어머니의 단호한 자세는 아들의 대한 신념이 있었기에 가능했다고 생각합니다. 이는 제가 부모된 입장에서 지향하고 싶은 태도이기도 합니다. 대의를 위해 또 국가를 위해 아들의 당당한 죽음을 응원한 그녀의 태도는 제게 큰 교훈을 남겼습니다.

답변 가이드

수험생의 가치관을 판단하는 질문으로, 무엇을 가장 중요하게 생각하고 살아가는지를 파악할 수 있습니다. 보통, 존경하는 인물 하면, '부모님'이 떠오르기 마련이지만, 질문에 '부모님을 제외하고 말하라'라고 하는 경우도 있기 때문에 이에 대한 답변 준비도 필요합니다. 또한, 은사님, 친척 등 수험생 개인적으로만 아는 사람보다는 면접관도 충분히 알 수 있는 공인을 언급하는 것이 좋으며, 잘 알려지지 않은 인물의 경우 간단한 소개를 곁들여 이해를 돕는 것도 좋습니다.

| 연계질문 |

- 부모님을 제외하고 인격 형성에 도움을 준 사람은 누구인가요?
- 인생에서 가장 영향을 끼친 사람은?
- 살면서 힘든 일이 생길 때, 누구와 상의하나요?
- 아버지가 가장 존경스러웠을 때는 언제인가요?
- 자신이 보는 아버지상은 어떠한가요?
- 공부 기간 동안 본인의 멘토가 있었다면 누구인가요?
- 본인의 가치관에 영향을 미친 책이나 영화가 있다면 이야기해보세요.

나만의 답변 구성하기

질문 Q. 감명 깊게 본 책이나 영화 있나요?

| 답변예시 |

A.
정약용의 『흠흠신서』가 가장 기억에 남습니다. 제가 해양경찰에 지원한다고 하니, 지인의 추천으로 읽게 되었습니다. 특히 나라의 정치적 혼란을 극복하고 정의로운 사회를 이뤄나가려면 관료들이 솔선하여 도덕적 책임감을 갖고 임해야 한다는 구절이 인상 깊습니다. 저 역시 해양경찰이 된다면, 항상 정의로운 경찰이 되겠습니다.

A.
제가 가장 인상 깊게 본 영화는 『가디언』입니다. 가디언은 미국연안경비대를 다룬 영화로 재난해양구조를 보여주는 훌륭한 영화입니다. 저는 영화를 통해 안전을 위해 힘쓰는 구조대원의 정신을 깊이 공감하고 느낄 수 있었습니다.
특히 구조대원인 주인공은 지금까지 몇 명이나 구조했냐는 제자의 질문에 22명이라고 답합니다. 이는 자신이 구해내지 못한 사람 수이며, 이를 기억하며 일하는 주인공의 사명감에 감명을 받았습니다.

답변 가이드

감명 깊게 본 영화나 책은 인성면접에서 빈출되는 질문입니다. 해경 또는 공직자와 관련된 책이나 영화를 준비하면 면접관에게 더 좋은 인상을 심어줄 수 있습니다. 이 질문에는 간단한 인물이나 영화에 대한 소개와 함께 특히 감명 깊었던 구절이나 장면을 추가한다면, 더 진솔한 답변이 될 수 있습니다.

| 연계질문 |

- 해양경찰이 나오는 영화 중 감명 깊게 본 영화는 무엇인가요?
- 본인이 본 재난영화와 느낀 점을 말해보세요.
- 본인의 가치관에 영향을 미친 책이나 영화가 있다면 이야기해보세요.

나만의 답변 구성하기

질문 Q. 당신의 좌우명은 무엇인가요?

| 답변예시 |

A.
'일체유심조'입니다. 이 말은 모든 일은 마음먹기에 달렸다는 의미입니다. 아무리 힘든 상황도 포기하지 않고 긍정적으로 생각하면 좋은 결과를 얻을 수 있다고 믿습니다.

A.
'내가 하기 싫은 일은 남들도 하기 싫다.'입니다. 서로 맞물려 일하는 조직 내에서 하기 싫은 일을 미루다 보면 생산성도 떨어지고 조직원들과의 관계도 틀어지기 마련입니다. 그래서 저는 제가 조금 희생을 하더라도 먼저 나서서 일을 처리하려고 노력하는 편입니다.

답변 가이드

좌우명은 삶을 살아가는 데 중요한 지표가 됩니다. 따라서 면접관에게 가치관이나 인생관을 표현하면 좋습니다. 좌우명은 사자성어, 명언, 가훈, 유명인의 말, 책이나 영화에서 감명 깊은 구절 등 다양한 부분에서 소재를 찾아도 좋습니다. 그러한 좌우명을 가진 이유와 앞으로 해경이 되어서도 어떻게 노력할 것인지 한 줄 포부로 마무리해도 좋습니다.

| 연계질문 |

- 인생에서 가장 중요하게 생각하는 것은 무엇인가요?
- 생활신조는 무엇인가요?
- 성공한 삶이란 무엇인가요?
- 인간관계에서 가장 중요한 것은 무엇인가요?

나만의 답변 구성하기

질문 Q. 스트레스 해소법 있나요?

| 답변예시 |

A.
저는 스트레스가 쌓이면 수영을 합니다. 스트레스 해소뿐만 아니라 체력증진에도 도움이 되어서 약 3년 정도 꾸준히 수영을 하고 있습니다. 또한, 취미에서 그치지 않고, 인명구조사 자격증까지 취득할 수 있었습니다

A.
저는 운동을 즐겨 합니다. 헬스장에 가서 열심히 운동을 하면 잡념이 없어지고 머리가 맑아져서 스트레스 해소에 도움이 되는 것 같습니다.

답변 가이드

워라밸이라는 단어가 있듯이 일과 삶의 조화를 이루는 것은 매우 중요합니다. 특히 해양경찰은 힘들고 위험한 일일 수 있는 만큼 면접관 입장에서는 평소 스트레스를 어떻게 해소하는 지 궁금할 수 있습니다. 또한, 민원인을 상대하거나 조직생활에서 다양한 갈등이 발생할 수 있기에 자신의 감정을 컨트롤 하는 것은 매우 중요한 요소입니다. 따라서 여가생활에 하는 운동이나 자신의 취미 등을 스트레스 해소법 답변으로 준비하면 좋습니다. 또한, 단체생활에 잘 어울리는 점을 어필하고 싶다면, 혼자 하는 것보다는 단체로 함께 즐길 수 있는 취미생활을 언급하는 것도 좋습니다.

| 연계질문 |

- 운동을 좋아하나요?
- 취미는 무엇인가요?
- 화를 낼 때 참는 편인가요? 말하는 편인가요?
- 본인이 스트레스 받고 있을 때 주변 반응은 어떤가요?
- 최근 화났던 경험 있나요?

나만의 답변 구성하기

질문 Q. 살면서 가장 힘들었던 적 있나요?

| 답변예시 |

A.
군 시절 특전사로 복무하며 3.6km의 장거리 수영을 한 적이 있습니다. 수경이나 장비가 없이 맨몸으로 수영을 했기 때문에 많이 힘들었습니다. 하지만, '안 되면 되게 하라'는 특전사의 신조를 되새기며 완수했습니다. 이를 통해 강한 신념만 있다면, 해낼 수 있다는 자신감을 배웠고, 앞으로도 어떤 힘든 상황이 오더라도 끝까지 맡은 바 임무를 해내도록 하겠습니다.

A.
고등학교 시절 아버지께서 뇌출혈로 쓰러지신 적이 있었습니다. 힘들어 하시는 아버지의 모습을 보면서 아무 도움도 되지 못한다는 점이 심적으로 많이 힘들었습니다.
다행히 아버지께서는 건강을 회복하실 수 있었고, 당시에는 힘들었지만, 가족의 소중함을 느낄 수 있었던 계기가 되었습니다.

A.
서울에서 사회생활을 처음 할 때 가장 힘들었습니다. 연고도 없는 곳에 맨몸으로 올라와 생활하다 보니, 의지할 사람도 없었고, 금전적으로도 어려움이 많았습니다.
하지만 직장에서 좋은 분들을 만나 도움을 많이 받았고, 일도 익숙해지면서 이후에는 즐겁게 생활할 수 있었습니다.

답변 가이드

누구든지 한 번쯤은 힘든 시기를 겪을 텐데요. 이를 긍정적으로 이겨내본 수험생은 해양경찰로서의 어려움도 잘 이겨낼 수 있을 겁니다. 그래서인지 해양경찰뿐만 아니라 모든 면접에서 빈출되는 질문인데요. 아주 사소한 경험이라도 좋으니 솔직하게 표현하고, 특히 힘든 상황을 어떻게 이겨냈는지 구체적으로 답변하는 것이 좋습니다. 이와 같이 수험생의 경험을 묻는 질문은 상황설명을 너무 자세하게 하다 보면, 자칫 지루해질 수 있으니, 핵심 위주로 간결하게 표현해보세요.

| 연계질문 |

- 살면서 어려웠던 점을 말해보세요.
- 지금까지 살면서 가장 슬펐던 적은 언제인가요?
- 가장 후회되었던 적은 언제인가요?

나만의 답변 구성하기

질문 Q. 수험기간 동안 가장 힘들었던 점은 무엇이었나요?

| 답변예시 |

A.
저 자신과의 싸움이 가장 힘들었습니다. 시험 성적이 잘 나오지 않을 때는 과연 이 길이 맞는 길인가 스스로에게 질문을 던지기도 했고, 떨어질지도 모른다는 불안한 마음도 들기도 했습니다. 하지만 제 자신은 저 자신만 다잡을 수 있다고 생각하였고, 그럴 때일수록 '할 수 있다'는 생각만 하였습니다. 그 결과 필기부터 체력까지 최선을 다해 이 자리까지 오게 되었습니다.

A.
막연한 불안감이 가장 힘들었던 것 같습니다. 친구들은 취업도 하고, 결혼도 하는데, 저는 수험생활을 하고 있다는 것에 또래에 비해 뒤처지는 것은 아닌 지 걱정이 많이 되었습니다. 하지만, 가족과 친구들의 응원이 있었고, 저 역시 해양경찰이라는 목표 하나만을 바라보며, 더욱 정진하였고, 그 결과 필기시험에 합격할 수 있었습니다.

답변 가이드

수험기간은 참 힘든 시기죠. 초시생이라면 방법을 잘 몰라 불안하고, 최불경험이 있거나 장수생들은 더욱 초조해질 텐데요. 면접관들도 수험기간이 힘든 시기라는 것을 잘 알고 있기 때문에 수험기간 동안 힘들었던 점을 종종 질문합니다. 이런 질문에는 진솔하게 힘든 점과 어떻게 이겨냈는지를 구체적으로 표현하면 좋습니다.

| 연계질문 |

- 가장 어려웠던 과목은 무엇이었나요?
- 수험기간 때, 가장 도움을 준 사람은 누구인가요?
- 수험기간 생활비는 어떻게 충당했나요?

나만의 답변 구성하기

질문 **Q. 실패해본 경험 있나요?**

| 답변예시 |

A.

검도대회 단체전에서 우승에 실패한 경험이 있습니다. 저희의 상대팀은 이미 지난 대회에서 저희가 이겼던 상대였습니다. 그래서 쉽게 이길 것이라 생각했지만, 연장전까지 가는 고전 끝에 패배를 하게 되었습니다. 이를 통해 어떤 상황에서도 자만하는 어리석은 행동은 하지 말아야 한다고 다짐하였습니다.

A.

제가 실패라고 생각하는 경험은 지난 해양경찰 시험에서 최종불합격했을 때입니다. 필기와 체력, 면접 모두 최선을 다했지만, 만족스럽지 못한 결과를 얻었고, 그 결과 최종불합격을 하게 되었습니다. 하지만, 저는 좌절하지 않고, 부족한 점을 채워 이번에 다시 도전하였고, 지난해보다 더 향상된 실력으로 이 자리에 다시 올 수 있었습니다.

A.

저는 손목 수술을 하여 해양경찰로서의 꿈이 좌절된 적이 있었습니다. 취미로 하던 축구대회에서 심하게 다쳐 병원에서 장애판정을 받을 수 있다는 말까지 들었습니다. 하지만, 긍정적인 자세로 재활하여 이번 체력시험에서 고득점할 수 있었습니다. 저의 이러한 경험을 바탕으로 해양경찰로서 어려움에 직면하였을 때 긍정적인 자세로 극복하겠습니다.

답변 가이드

힘든 시기 질문과 비슷해 보이는 질문 유형이지만, 실패경험은 좋지 않은 결과로 좌절하는 등 결과의 실패가 잘 드러나도록 답변하는 것이 좋습니다. 실패를 말하는 것이 면접관에게 부정적인 이미지를 심어주는 것은 아닌가 걱정을 할 수도 있지만, 면접관이 실패를 말하라고 한다면, 이에 맞는 답변을 하는 것이 좋습니다. 오히려 이를 교묘하게 피해가려고 하는 것은 진실성이 부족해 보일 수 있습니다. 면접은 솔직한 자세로 임해야 한다는 것을 명심하시기 바랍니다. 단, 실패경험에서는 이를 통해 배운 교훈점이나 시사점을 언급해주면 좋습니다.

| 연계질문 |

- 지금 말한 건 실수한 경험이지, 실패한 경험이 아닌데, 실패한 적 없나요?
- 실패의 원인이 무엇이라고 생각하나요?
- 실패한 경험에서 얻은 교훈을 바탕으로 성공한 경험 말해보세요.

나만의 답변 구성하기

질문 Q. 살면서 언제 가장 행복했나요?

| 답변예시 |

A.
대학 시절 외국인 근로자 자녀들에게 한글을 가르치는 봉사활동을 한 적이 있습니다. 아이들과 말이 잘 통하지 않아 어려움이 있었지만 같이 뛰어놀면서 미술, 음악수업을 하며 아이들과 친구가 될 수 있었습니다. 즐거워하는 아이들의 모습을 보며 보람을 느낄 수 있었고, 그 때 다른 사람에게 도움을 줄 수 있어서 행복했습니다.

A.
저는 학창시절 몸무게가 세 자릿수를 육박하는 초고도비만이었습니다. 심각성을 느끼고 수능을 본 후부터 체중 감량을 하기로 마음을 먹었습니다. 하루 5시간씩 매일 꾸준히 운동을 한 결과 20kg 감량에 성공할 수 있었습니다. 그때, 신체적으로나 정신적으로 건강해진 저를 보며 뭐든지 해낼 수 있다는 자신감에 행복했습니다.

A.
저의 부모님께서는 제가 어렸을 적부터 맞벌이를 하셨습니다. 그래서 외할머니께서 저희 남매를 많이 돌봐주셨습니다. 얼마 전 외할머니 생신 때, 저희 남매가 돈을 모아 선물을 드렸는데, 눈물을 흘리면서 기뻐하시는 모습을 보며, 뿌듯하면서도 행복했습니다.

A.
가장 최근 행복했던 점은 약 두 달간의 체력준비 기간 때입니다. 힘든 시간이었지만, 목표를 향해 땀 흘리며 운동했던 그 순간이 가장 행복했던 것 같습니다.

답변 가이드

행복이란 기쁨, 보람, 자랑스러움, 성취 등 여러 가지 긍정적인 감정을 포함합니다. 거창한 답변이 아니어도 소소한 일상에서 느꼈던 행복한 순간을 답변으로 준비하면 좋습니다. 면접관 입장에서는 수험생이 생각하는 행복의 기준을 알 수 있기에 빈출되는 질문입니다.

| 연계질문 |

- 수험생활을 제외하고 어떠한 계획을 세우는 등 노력을 하여 목표를 달성한 경험이 있으면 말해보세요.
- 무언가에 열중하거나 빠져본 경험 있나요?
- 살면서 언제 가장 행복했나요?
- 본인에게 행복이란 무엇인가요?

나만의 답변 구성하기

질문 Q. 갈등경험과 그 해결책에 대해 말해보세요.

| 답변예시 |

A.

대학 시절 조별과제를 할 때 조장을 맡은 적이 있습니다. 한 팀원이 잘 참여를 하지 않아, 다른 팀원들의 불만이 많았습니다. 조장을 맡은 저는 조원들을 잘 이끌어야 한다는 책임감을 가지고 해당 팀원과 대화를 하였습니다. 대화를 통해 팀원은 자신이 맡은 역할에 많은 어려움을 겪고 있다는 것을 알게 되었습니다. 그래서 각자 자신이 잘하는 분야에 대해 역할분담을 다시 하였고, 부족한 면은 서로 보충해주었습니다. 그 결과 좋은 분위기 속에서 조별과제를 마무리할 수 있었습니다.

A.

저는 부모님과 진로에 대해서 갈등을 겪어본 적이 있습니다. 군 전역 후 아버지께서는 대학교를 복학해 회사에 취업하길 원하셨습니다. 하지만, 저는 해양경찰 공무원 시험 준비를 하고 싶었습니다. 그래서 저는 아버지를 설득하기 위해 해양경찰이 되고 싶은 이유와 앞으로 공부계획을 자세하게 설명 드렸습니다. 또한, 목표를 위해 성실히 노력하는 모습을 보여드려, 지금은 누구보다 저를 믿고 지지해주십니다.

답변 가이드

조직생활이나 단체생활을 하면, 가치관 및 성격 등의 차이로 다양한 갈등이 존재합니다. 이러한 갈등을 회피하지 않고, 대화를 통해 해결해나가는 모습은 해경생활을 할 때도 필요한 자세겠죠? 조직 및 단체생활에서 갈등을 어떻게 슬기롭게 해결했는지 구체적으로 표현하시기 바랍니다. 갈등의 직접적인 당사자가 아니라면, 이를 중재한 경험도 좋습니다.

| 연계질문 |

- 윗사람과의 갈등은 어떻게 해결하는 편인가요?
- 싫어 하는 사람과 일을 해본 경험이 있으면 말해보세요.
- 싫어 하는 사람 유형 3가지 말해보세요.
- 같이 일하기 싫은 유형을 말하고, 그 유형과 함께 일을 한다면 어떻게 할 건가요?
- 사회생활하면서 트러블 있었던 적 있는지 말해보세요.
- 의견 대립 경험 있나요?

나만의 답변 구성하기

질문 Q. 함께 일하고 싶은 사람과 일하고 싶지 않은 사람에 대해 말해보세요.

| 답변예시 |

A.
저는 소통이 잘 되는 사람과 함께 일하고 싶습니다. 함정 또는 항공대의 근무는 급박한 순간이 많을 것이라 생각합니다. 평소에 소통이 잘되던 동료라면 서로에 대한 이해도가 높아지고 효율성도 높아져 급박한 상황에서도 좋은 팀워크를 발휘할 수 있을 것이라 생각합니다. 저 역시 소통이 잘되는 해양경찰이 되도록 노력하겠습니다.

A.
저는 어느 누구와도 잘 지내는 편입니다. 따라서 일하고 싶지 않은 사람의 유형은 없습니다. 다만, 팀의 분위기를 깨트리는 사람이랑은 같이 일하는 것이 힘들 것 같습니다. 출동을 나가면 눈빛만 봐도 마음이 통해야 하는 것이 팀이라고 생각합니다. 팀의 분위기를 흐린다면 팀워크는 깨질 것이고, 더욱 일에 대한 의욕도도 감소할 것이라고 생각합니다.

답변 가이드

조직생활에서 어떤 동료, 어떤 상사와 같이 일하느냐는 업무 만족도뿐만 아니라 삶의 질에도 영향을 줄 수 있는 매우 중요한 지표입니다. 또한, 지금까지 다양한 단체생활 및 조직생활을 하면서 수험생과 잘 맞는 유형과 잘 맞지 않는 유형을 경험해봤으리라 생각합니다. 이를 유추해서 함께 일하고 싶은 사람의 유형과 그렇지 않은 사람의 유형을 답변하시기 바랍니다. 또한, 이는 곧 자신이 조직생활에서 가장 중요하게 생각하는 가치관을 드러내는 답변이 될 수 있습니다. 따라서 자신이 왜 그러한 생각을 했는지 논리적인 근거를 준비하시기 바랍니다.

| 연계질문 |

- 만약 상사가 본인이 일하기 싫은 사람의 유형이라면 어떻게 하겠습니까?
- 싫어 하는 사람과 같이 일해본 경험 있나요?
- 조직생활에서 중요한 것은 무엇인가요?
- 만약 동료가 싫어 하는 사람인데, 내가 오해한 것이라면 어떻게 할 건가요?

나만의 답변 구성하기

질문 Q. 리더십을 발휘한 경험이 있나요?

| 답변예시 |

A.
대학 시절 축구동아리의 회장을 맡은 적이 있습니다. 저는 실력 있는 동아리를 만들고 싶었습니다. 그래서 회원들의 팀워크를 다지기 위해 동아리 MT를 추진하였고, 축구학과 선배의 도움을 받아 자체적으로 훈련도 진행하였습니다. 팀원들과 합심하여 열심히 준비한 결과 다음 리그에서 우승을 할 수 있었습니다.

A.
군 시절 분대장으로 리더십을 발휘한 경험이 있습니다. 저희 부대는 노후화된 부대라 편의시설이 많이 부족한 편이었습니다. 저는 후임들과 즐거운 병영생활을 만들 수 있는 방법을 고민하였고, 컨테이너 노래방을 간부님께 제안 드렸습니다. 간부님의 허락하에 주도적으로 설계하여, 컨테이너 노래방을 완성할 수 있었고, 덕분에 힘든 군 생활을 즐겁게 할 수 있었습니다.

답변 가이드

어떤 조직이든 맡은 임무를 적극적이고 능동적으로 일하는 인재를 좋아하겠죠? 그런 의미로 해양경찰 면접에서도 리더십 발휘경험 질문이 자주 등장하는데요. 조직이나 단체생활에서 리더의 역할을 해본 경험이 있다면, 구체적으로 어떤 리더십을 발휘했는지 답변으로 준비해보세요. 단, 리더의 역할을 해본 경험이 없다면, 자신만의 리더십을 정의해보는 것도 좋습니다. 주어진 역할을 더 잘 수행하기 위해 노력한 경험이라든지, 다른 사람들을 위해 희생해본 경험, 또는 솔선수범해본 경험도 일종의 리더십이 될 수 있습니다.

| 연계질문 |

- 본인은 리더형인가요? 팔로워형인가요?
- 본인이 생각하는 리더십이란 무엇인가요?
- 해양경찰에 필요한 리더십이란 무엇인가요?
- 리더십 발휘로 인해 동아리에 끼친 영향은 무엇인가요?
- 다른 사람의 실수를 남모르게 덮어준 경험 있나요?
- 자신의 공로를 남에게 양보한 경험이 있으면 말해보세요.

나만의 답변 구성하기

질문 Q. 팀워크를 발휘한 경험이 있나요?

| 답변예시 |

A.
대학교 조별과제 중 팀워크를 발휘한 경험이 있습니다. 조별 과제 형식이 PPT 파일이었으나 아무도 PPT를 다룰 줄 몰랐습니다. 처음에는 개인별로 각 파트씩 자료 조사와 PPT 파일을 작성하기로 하였지만 그렇게 해서는 정해진 시간 안에 과제를 끝낼 수 없다고 판단하였습니다. 그래서 조장인 제가 PPT를 공부해서 작성하는 것을 맡았고 나머지 인원들이 제 몫까지 자료 조사 업무를 분담하였습니다. 각자 서로의 몫까지 협업한 결과 제 시간 안에 조별 과제를 완수할 수 있었습니다.
이러한 경험을 바탕으로 어떤 어려움이 오더라도 동료들과 협력을 통해 이겨내는 해양경찰이 되겠습니다.

A.
군 복무 시절 큰 규모의 연합훈련에 부대 대표로 참가한 경험이 있습니다. 훈련은 컴퓨터를 통한 모의 전투로 이루어졌고, 팀별로 이루어졌습니다. 저희 팀은 보병과, 포병, 기갑 및 특전사와 항공부대까지 여러 부대로 이루어져있었습니다. 모의전투를 하는 과정에서 각자의 역할에 충실할 뿐만 아니라 상황에 따라 여러 부대의 연합 시너지를 내는 방식으로 전투를 진행했고, 결과적으로 좋은 성적을 거두었습니다.
이를 통해 팀워크의 중요성을 더욱 체감할 수 있었습니다.

답변 가이드

해양경찰에게 팀워크는 매우 중요한 키워드입니다. 긴급하고 위험한 현장에서 발빠르게 효과적으로 대처하기 위해서는 조직원과의 협업능력이 매우중요한데요. 그렇기 때문에 과거 팀워크를 발휘한 경험도 면접에서 종종 출제됩니다. 리더십 경험 질문은 지원자가 어떻게 주도적으로 리더십을 발휘했느냐를 묻는 질문이라면, 팀워크 경험 질문은 조직원들과 어떻게 역할분담을 했는가를 묻는 질문입니다. 따라서 팀원들과 어떻게 협력해서 어려움을 이겨낸 과정을 구체적으로 준비하시기 바랍니다.

| 연계질문 |

- 팀워크란 무엇인가요?
- 다른 사람에게 민폐를 끼친 경험 있습니까?
- 어려움을 다른 사람과 협력하여 좋은 결과를 내본 경험이 있나요?
- 팀워크 경험에서 나는 어떤 역할을 맡았습니까?
- 업무능력과 팀워크능력 둘 중 무엇이 더 중요한가요?

나만의 답변 구성하기

질문 Q. 조직의 문제나 관행을 개선해본 경험이 있습니까?

| 답변예시 |

A.

대학 시절 동아리에서 임원을 맡은 적이 있습니다. 저희 동아리는 매우 오래된 동아리로 한 학기에 한 번씩 대선배님들과의 자리가 있었습니다. 하지만 그 자리에서 신입생들이 무조건 장기자랑을 준비해야 하는 관행이 있었습니다. 당시 신입생들의 강한 반발도 있었고 저를 비롯한 임원진들도 강제로 하는 것은 문제가 있다고 판단하였습니다. 저희는 대선배님들께 정중히 현재 상황을 말씀드린 뒤 장기자랑 대신 선배님들과 질의응답하는 프로그램으로 진행하였습니다.

A.

군대에서 전역한 선임에게 후임들이 전역모자를 사 주는 관행을 없앴습니다. 그 선임과 함께 오래 근무하며 관계가 돈독한 사람은 자발적으로 참여하지만, 그렇지 않은 신병들에게는 갹출이 일종의 강요가 될 수 있었습니다. 그래서 제가 최고선임이 되었을 때 후임들과 상의해서 더 이상 모자 구매를 하지 않도록 했습니다. 아쉬워하는 후임도 있었지만, 제가 제 전역 기념으로 밥을 사 주면서 달랬습니다.

답변 가이드

최근 갑질문화가 사회적으로 큰 이슈가 되면서 '갑질'에 대한 질문도 면접에서 자주 등장하는데요. 대표적으로 '조직의 부조리함을 개선해본 경험'이 있습니다. 비효율적인 프로세스를 효율적으로 개선해본 경험도 좋고, 위 답변예시처럼 오랫동안 이어져온 좋지 않은 관행을 개선해본 경험도 좋습니다. 다만, 조직 차원의 비리나 부정, 또는 특정인물에 대한 비판은 좋지 않은 이미지로 비춰질 수 있기 때문에 신중하게 답변을 준비해야 합니다. 또한, 단도직입적으로 "갑질을 받아본 적 있나요?"라는 질문도 하는데요. 이럴 경우에는 굳이 답변을 만들기보다는 "없습니다."처럼 간결하게 답변을 해도 좋습니다.

| 연계질문 |

- 갑질이란 무엇이라고 생각하나요? 원인과 해결책을 말해보세요.
- 관행을 개선할 때, 다른 사람들의 반발은 없었나요?
- 해양경찰이 되어서 조직에 불합리한 점이 있다면 어떻게 하겠습니까?

나만의 답변 구성하기

질문 Q. 다른 사람에게 도움을 준 경험 있습니까?

| 답변예시 |

A.
운동을 가는 길에 교복을 입은 학생이 카카오택시를 불러달라고 한 적이 있습니다. 저는 이유를 물어봤고, 교복치마가 찢어졌는데 카카오택시를 부르는 방법을 몰라서 도와달라고 했던 것이었습니다. 그래서 저는 제 차로 집까지 데려다 준적이 있습니다. 그 친구가 이 도움을 어떻게 갚으면 되겠냐고 물어서 다음에 너도 도움이 필요한 사람에게 도움을 주라고 한 적이 있습니다. 비록 운동은 조금 늦게 갔지만 그 학생에게 도움을 줘서 뿌듯했습니다.

A.
저는 봉사활동을 한 경험이 있습니다. 저는 야학, 장애우 활동 보조, 장애인 탁구대회 진행요원 등 다양한 봉사활동을 했습니다. 또한, 최근에는 코로나19로 헌혈하는 사람이 많이 부족하다고 해서 최근까지 헌혈을 꾸준히 하고 있습니다. 작은 도움이지만, 누군가에게는 꼭 필요한 도움이 되었으면 하는 바람입니다. 앞으로 해양경찰이 되어서도 작은 나눔을 계속 실천하고 싶습니다.

A.
저는 길거리에서 취객 3명이 여성을 폭행하는 장면을 목격한 적이 있습니다.
저는 목격 즉시 경찰에 신고하였고, 경찰이 올 때까지 취객들에게 말을 걸며 흥분을 가라앉힐 수 있도록 했습니다. 나중에 경찰분이 오셔서 저에게 침착하게 잘 대응했다는 이야기를 해주셨을 때, 뿌듯함을 느꼈습니다.

답변 가이드

해양경찰 공무원은 봉사정신과 희생정신이 필수적인 직렬입니다. 따라서 면접에서도 봉사정신을 평가하는 질문을 종종 하게 됩니다. 꼭 단체나 기관을 찾아가 봉사점수로 인정받는 봉사활동이 아니더라도 일상에서 누군가에게 도움을 준 경험이 있다면 답변으로 준비하시기 바랍니다. 또한 이를 통해 어떤 점을 느꼈는지도 간결하게 언급해주세요.

| 연계질문 |

- 가장 기억에 남는 봉사활동과 그 이유를 말해보세요.
- 다시는 하기 싫은 봉사활동이 있었나요?
- 봉사정신과 희생정신은 어떤 차이가 있나요?
- 해양경찰이 되면 어떻게 봉사할 계획인가요?

나만의 답변 구성하기

질문 Q. 진정한 친구란 무엇인가요?

| 답변예시 |

A.
제가 생각한 진정한 친구는 제가 필요로 할 때, 당장 달려와 줄 수 있는 친구라고 생각합니다. 저희 아버지께서는 제가 힘들 때 바로 달려와 줄 수 있는 친구가 3명만 있어도 성공한 인생이라고 말해주셨습니다. 저 역시 주변 친구들이 즐거운 일이 있거나 힘든 일이 있을 때, 달려갈 수 있는 친구가 되려고 노력하고 있습니다.

A.
진정한 친구는 옆에서 힘이 되어 주는 친구라고 생각합니다. 제가 힘들 때, 저에게 충고나 조언을 해주기보다는 저의 이야기를 묵묵히 들어주는 친구가 있었습니다. 그 친구를 보면서 옆에서 이야기를 들어주는 것만으로도 큰 힘이 된다는 것을 알게 되었습니다. 저 역시 주변사람에게 진정한 친구가 되고 싶습니다.

답변 가이드

친구는 가족만큼이나 수험생에게 많은 영향을 끼치는 사람입니다. 따라서 해양경찰 면접에서 친구관계를 묻는 질문이 자주 등장하곤 하는데요. 이런 질문은 너무 길지 않도록 진솔하게 표현하시기 바랍니다.

| 연계질문 |

- 위급한 순간에 당장 달려와 줄 수 있는 친구는 몇 명이나 되나요?
- 친구가 많은가요? 만나서 무엇을 하나요?
- 이성에게 고백했을 때 차이게 된다면 몇 번까지 고백할 건가요?
- 친구에게 돈 200만 원 빌린 것과 은행 돈 300만 원 빌린 것 중 무엇을 먼저 갚을 건가요?
- 이전에 이성친구와 헤어진 이유는 무엇인가요?

나만의 답변 구성하기

질문 Q. 법이나 규율을 어겨본 적 있나요?

| 답변예시 |

A.
어렸을 적 급한 마음에 무단횡단을 한 적이 있습니다. 하지만, 성인이 된 이후부터는 작은 법규도 지키려고 노력하고 있습니다.

A.
고등학교 때 수능을 본 후 나태해진 마음에 무단결석을 한 적이 있습니다. 그때, 선생님께 크게 혼이 난 후부터는 단 한 번도 규칙을 어겨본 적이 없습니다.

답변 가이드

법을 집행하는 기관으로서 준법정신은 매우 중요한 공직가치입니다. 그렇기에 예비 경찰관으로서 법에 대한 경각심은 필수일 텐데요. 하지만, 살면서 법규나 규칙을 어기지 않은 사람은 드물 것입니다. 준법정신을 어필하기 위해서 거짓말을 하기보다는 솔직하게 지난 잘못을 인정하고, 반성하는 태도를 보이는 것이 더 중요합니다. 프로파일러 면접관은 수험생의 답변의 진위여부를 파악하기 때문에 거짓말은 절대 금물임을 명심하세요.

| 연계질문 |

- 타인의 불법행위를 막은 적이 있나요?
- 살면서 일탈해본 적 있나요?
- 음주 후 실수를 해본 적 있나요?
- 자신이 성실하다고 생각하나요?

나만의 답변 구성하기

질문 Q. 자신을 동물로 표현해보세요.

| 답변예시 |

A.
저를 동물로 표현한다면 카멜레온이라고 생각합니다. 카멜레온은 숲속이나 사막 등 어디에서도 주변과 잘 동화된다고 알고 있습니다. 저 역시 낯선 환경에도 금방 적응을 하기 때문에 제 자신을 카멜레온이라고 생각합니다.

A.
저는 진돗개로 표현하고 싶습니다. 진돗개는 충직, 용맹, 총명의 상징으로 알고 있습니다. 저 역시 국가와 국민을 위해 충성하는 해양경찰이 되고 싶습니다.

A.

저는 저 자신이 돌고래와 같다고 생각합니다. 돌고래는 무리를 이루며 생활하고, 인간과 친화력이 높다고 합니다. 저 역시 팀활동을 좋아하며, 사람과도 쉽게 친해지는 편이기 때문에 저 자신을 돌고래라고 비유하고 싶습니다.

A.

저는 반려견 중 리트리버라고 표현하고 싶습니다. 장애인 안내견으로 많이 활동하고 있는 리트리버는 사람들에게 매우 친근하고 화를 잘 내지 않는 반려견입니다. 사회적 약자를 위해 일하고 싶고, 누구와도 잘 지내는 저의 모습과 잘 닮았다고 생각합니다.

답변 가이드

위와 같은 질문은 돌발성 질문으로 수험생의 입장에서는 당황스러울 수 있습니다. 순간 당황하다보면, 흐트러지기 쉽죠. 그러다보면, 면접용이 아닌 평소 자신의 본 모습을 보일 수 있는데, 면접관 입장에서는 그런 수험생의 진짜 모습을 보고 싶어 합니다. 그래서 면접에서는 돌발 질문이 자주 있습니다. 너무 당황하지 말고, 자신의 성격이나 강점을 잘 나타낼 수 있는 키워드를 생각해보고 이에 대한 근거를 제시하면 좋습니다. 자칫 말이 길어질 수 있으니, 핵심만 간결하게 표현하는 것, 잊지 마세요!

| 연계질문 |

- 자신을 한 단어로 표현해보세요.
- 자신을 사물로 표현한다면 무엇인가요?
- 자신을 색깔로 비유해보세요.
- 자신의 별명은 무엇인가요?

나만의 답변 구성하기

질문 Q. 죽기 전에 꼭 해보고 싶은 것은 무엇인가요?

| 답변예시 |

A.
저는 지인들과 식사를 하고 싶습니다. 그리고, 제가 어떤 사람이었는지 물어보고 싶습니다. 제가 좋아하는 책 구절에 '본인이 죽기 전에 주변 사람들이 당신이 어떤 직업을 가졌으며 얼마나 많은 자산을 가졌는지가 궁금한 게 아니라 지금까지 어떤 사람으로 살아왔는지에 대해서 궁금하다'라는 문구가 가장 기억에 남았습니다. 저는 많은 사람들에게 도움을 줄 수 있는 조력자로서의 삶을 살아가고 싶었는데, 정말 그런 삶을 살았는지 지인들에게 물어보고 싶습니다.

A.
저는 부모님께 사랑한다고 말하고 싶습니다. 무뚝뚝한 성격이다 보니, 마음은 아닌데, 그동안 부모님께 잘 표현하지 못했던 것 같습니다. 그래서 부모님께 사랑한다는 저의 마음을 꼭 전달하고 싶습니다.

답변 가이드

인성 및 프로파일러 면접에서 자주 등장하는 질문입니다. 정해진 답이 있는 면접질문이 아니기 때문에 진솔하게 자신의 생각을 표현하시면 좋습니다. 인생에서 중요하게 생각하는 가치관이나 소중한 사람 등을 생각하면서 답변을 준비해보세요.

| 연계질문 |

- 죽기 전에 하고 싶은 것 5가지를 말해보세요.
- 버킷리스트를 말해보세요.
- 삶이 내일 아침 9시에 끝난다면 지금 무엇을 할 건가요?

나만의 답변 구성하기

질문 Q. 원칙과 융통성 중 무엇이 더 중요한가요?

| 답변예시 |

A.
저는 원칙이 더 중요하다고 생각합니다. 해양경찰은 법을 집행하는 기관이기 때문에 원칙을 준수해야 합니다. 또한, 만약 원칙을 소홀히 한다면, 그 피해는 국민에게 돌아갈 것이고, 이는 곧 해경 조직에 대한 신뢰도로 이어진다고 생각합니다.

A.
둘 다 중요하지만 원칙이 더 중요하다고 생각합니다. 융통성도 원칙이라는 틀 안에서 발휘할 수 있다고 생각합니다. 원칙을 벗어난 융통성이란 남용 · 월권이기 때문입니다. 따라서 원칙을 우선 명확히 하고, 그 테두리 안에서 융통성을 적절히 발휘해야 한다고 생각합니다.

답변 가이드

가치판단형 질문입니다. 두 개의 가치가 상충될 때, 무엇을 더 중요하게 생각하는 질문에는 반드시 하나를 선택하는 것이 좋습니다. 왜냐하면, 둘 다 중요한 가치라는 것은 전제조건이기 때문이죠. 따라서 하나를 선택하고 그 이유를 명확하게 표현하시기 바랍니다. 둘 다 중요한 가치관이기 때문에 어느 쪽을 선택하든 상관없지만, 가급적 공직관에 맞는 판단을 하는 것이 좋습니다.

| 연계질문 |

- 과정과 결과 중 무엇이 더 중요한가요?
- 신속성과 정확성 중 무엇이 더 중요한가요?
- 법집행과 서비스 중 무엇이 더 중요한가요?
- 승진과 경험 중 무엇이 더 중요한가요?
- 창의성과 정직 중 무엇이 더 중요한가요?
- 도덕이 중요한가요? 법이 중요한가요?
- 인성과 능력 중 무엇이 더 중요한가요?

나만의 답변 구성하기

질문 **Q. 과정과 결과 중 무엇이 더 중요한가요?**

| 답변예시 |

A.
저는 양자 모두 중요하다고 생각합니다. 하지만, 장기적 관점에서 과정이 보다 중요하다고 생각합니다. 실패에는 두 가지 실패가 있는데 하나는 그냥 실패로 끝나버리는 실패와 향후 성공의 밑거름으로 되는 실패가 존재한다고 생각합니다. 과정이 좋다면, 결과가 잘못되더라도 그 과정 속에서 얻은 교훈과 실패의 경험을 잘 살릴 수만 있다면 지금의 성공보다 더 큰 성공을 도모할 수 있다고 생각합니다.

나만의 답변 구성하기

질문 **Q. 신속성과 정확성 중 무엇이 더 중요한가요?**

| 답변예시 |

A.
저는 둘 다 중요하지만, 신속성이 더 중요하다고 생각합니다. 해양경찰은 긴급한 사고현장에 투입되는 경우가 많습니다. 그때, 골든타임을 놓친다면, 국민의 생명을 지킬 수 없다고 생각합니다. 하지만, 아무리 신속한 대처도 정확한 준비가 되어 있지 않다면, 더 큰 사고로 이어질 수 있다고 생각합니다. 따라서 저는 신속성과 정확성 둘 다 고려하며 일하는 해양경찰이 되겠습니다.

나만의 답변 구성하기

질문 Q. 법집행과 서비스 중 무엇이 더 중요한가요?

| 답변예시 |

A.
저는 법집행도 서비스 대상을 달리 해야 한다고 생각합니다. 범죄자에게는 공권력을 사용하여 엄격한 법집행을 해야 하고, 도움을 필요로 하는 국민과 민원인에게는 따뜻한 자세로 서비스를 제공해야 한다고 생각합니다. 그래야 민원인 분들이 위험에 처했을 때, 해양경찰을 신뢰하고 도움을 요청할 것이라 생각합니다.

나만의 답변 구성하기

질문 **Q. 승진과 경험 중 무엇이 더 중요한가요?**

| 답변예시 |

A.
저는 경험이 더 중요하다고 생각합니다. 저는 아직 신입 해양경찰로서 많이 부족하기 때문에 다양한 경험을 쌓아야 한다고 생각합니다. 또한, 경험을 통해 전문성을 발휘할 수 있고, 그렇게 된다면, 승진은 자연스럽게 따라온다고 생각합니다.

나만의 답변 구성하기

질문 **Q. 창의성과 정직 중 무엇이 더 중요한가요?**

| 답변예시 |

A.
저는 정직이 더 중요하다고 생각합니다. 물론 창의성을 발휘하여, 더 효율적인 방안을 제시한다면 조직 발전에 도움이 될 것입니다. 하지만, 이보다 더 선행되어야 하는 것은 매뉴얼을 신뢰하고, 이를 정직하게 수행해야 공적업무를 잘 수행할 수 있다고 생각합니다. 또한, 해양경찰의 업무는 국민의 생명과 안전과 직결된 만큼 정직하지 않은 일 처리는 곧 국민에게 피해를 줄 수 있기 때문에 무엇보다 정직한 자세로 성실히 임해야 한다고 생각합니다.

나만의 답변 구성하기

질문 Q. **도덕이 중요한가요? 법이 중요한가요?**

| 답변예시 |

A.
저는 도덕이 더 중요하다고 생각합니다. 도덕은 서로가 살아가는 데 더 필요하고 지켜야 하는 것이라고 생각합니다. 따라서 도덕이 지켜진다면, 준법도 자연스럽게 유지될 것이라고 생각합니다.

나만의 답변 구성하기

질문 Q. 인성과 능력 중 무엇이 더 중요한가요?

| 답변예시 |

A.
저는 인성이 더 중요하다고 생각합니다. 능력은 시간이 지나면 얼마든지 향상시킬 수 있지만, 인성은 시간으로 해결할 수 없고, 개인의 마음가짐이 중요하다고 생각합니다. 또한, 해양경찰은 법을 집행하는 기관으로서 국민에게 더욱 모범이 되어야 한다고 생각합니다. 따라서 인성이 우선되어야 한다고 생각합니다.

나만의 답변 구성하기

질문 Q. 마지막으로 하고 싶은 말 해보세요.

| 답변예시 |

A.
"포기해야 겠다는 생각이 들 때야 말로 성공에 가까워진 때이다. 포기하지 말라"
제가 좋아하는 말입니다. 이 자리에 오기까지 쉽지 않았지만 해양경찰이라는 목표 하나만을 바라보며 이겨낼 수 있었습니다. 만약 저에게 기회를 주신다면 지금의 초심을 잃지 않고 국가가 정말로 원하는 해양경찰이 되겠습니다. 감사합니다.

A.
면접을 준비하면서 해양경찰에 대해 더 애정이 생겼습니다. 거칠고 차가운 파도에도 굴하지 않고 희생정신과 봉사정신으로 무장한 해양경찰의 정신이 자랑스럽습니다. 선배님들의 발자취를 이어받아 저 역시 자랑스러운 해경이 되겠습니다.

A.

합격을 하게 된다면 해양경찰 정복의 무게감을 잊지 않겠습니다. 해양경찰 마크가 부끄럽지 않게 항상 정직하고 성실하게 생활하겠습니다. 감사합니다.

A.

평범한 아들, 평범한 시민으로 살아온 제가 도움이 필요한 누군가에겐 특별한 사람이 되고 싶습니다. 국가를 위해, 국민을 위해 항상 낮은 자세로 봉사하겠습니다. 감사합니다.

답변 가이드

면접 마지막 부분에 가장 많이 물어보는 질문입니다. 면접관 입장에서도 수험생이 면접시간 동안 얼마나 떨고 긴장했을지 잘 알고 있기 때문에 마지막으로 어필할 수 있는 질문을 하는 것이겠죠. 물론 이 하나의 답변에 합격의 당락이 좌우되지는 않겠지만, 마무리까지 자신감 있고, 열정 있는 모습을 보여야겠죠. 해양경찰로서의 마음가짐이나 포부를 임팩트 있게 어필하시기 바랍니다.

나만의 답변 구성하기

02 | 기출질문 리스트

그간 해양경찰 면접에서 자주 출제되었던 질문들을 모았습니다. 앞에서 언급한 질문들 외에도 기출질문들을 보여 답변을 연습해두면 기습질문에 당황하지 않고 답변할 수 있습니다.

- 자기소개 해보세요.
- 본인의 이름의 뜻을 풀어서 말해보시오.
- 30초 내로 간략한 성장과정과 가족소개를 해보시오.
- 어릴 때부터 지금까지 어떻게 살아왔는지 말해보세요.
- 지원동기와 포부를 말해보세요.
- 바다가 좋은 이유를 말해보세요.
- 해당 지역을 지원한 이유를 말해보세요.
- 지원한 지역에 연고가 있습니까?
- 도서 지역 사는 데 괜찮나요?
- 이번이 해경시험 처음인가요?
- 집에 현재 손을 벌리고 있는 상태인가? 왜 그런가?
- 스터디 했나요?
- 긴장도 1~10까지 골라보세요.
- 앞 수험생들이 질문 알려줬나요?
- 다른 사람에 비해서 특별히 뛰어난 강점이 있다면 무엇인가요?
- 자신의 어떤 성격이 경찰에 어울린다고 생각하는가?
- 만일 본인이 면접감독관이라면 어떤 사람을 채용할 것 같나요?
- 여기에 있는 2명의 면접자 중 한 명만 붙고 한 명이 떨어져야 한다면, 누가 붙어야 할까요?
- 옆 지원자와 서로 평가해보세요.
- 면접관과 수험생의 입장을 바꾼다면 무엇을 물어보고 싶은가요?
- 자신이 면접관이라면 창의성과 관련하여 어떤 부분을 중점적으로 볼 것인가요?
- 내 면접 점수 몇 점 줄 수 있겠냐?
- 대학전공이 어떤 면에서 해경을 발전시킬 수 있다고 생각하나요?
- 중국어 할 줄 알면 사기업 갈 생각은 없었나?
- oo자격증을 취득한 이유가 무엇인가요?
- 원래 경찰이 되고 싶었나요?
- 해양경찰이 되기 위해 노력했던 일은 무엇인가요?
- 다음 생에는 어떤 직업을 가지고 싶나요?
- 본인의 성격의 장점은 무엇인가요?
- 장점을 살려서 자신을 한마디로 표현한다면?
- 본인의 성격의 단점은 무엇인가요?
- 본인의 성격 중 버리고 싶은 것 3가지 말해보세요.
- 본인의 취약점은 무엇인가요?
- 함정 잘 탈 수 있나요? 큰 배 말고 작은 배 타본 적 있습니까?
- 약해 보이는데 경비함정 근무할 수 있겠습니까?
- 특별히 가기 싫은 부서는 어디인가요?
- 특별히 가고 싶은 부서는 어디인가요?
- 육지와 바다 중 본인이 선호하는 근무지역은 어디인가?
- 만약 나이가 많아서 경찰 시험에 응시할 수 없게 된다면 무엇을 할 건가요?
- 어느 계급까지 올라가고 싶나요?

- 앞으로 공직생활을 하면서 여러 가지 못 해본 경험을 할 텐데 근무를 하면서 가장 부족할 것 같은 것은 무엇인가요?
- 수험공부는 얼마나 했나요?(시험은 몇 번째 보는 것인가요?)
- 제일 잘하는 과목은 무엇인가요?
- 해양경찰학 공부할 때, 본인만의 노하우는 무엇인가요?
- 언어와 수리 중 어느 과목을 더 잘하나요? 그것이 해양경찰 생활에 어떤 도움이 되나요?
- 수험생활 동안 다른 직렬 시험 친 적 있어요?(육경 기타 등등)
- 육경과 해경 중에 육경 붙으면 갈 건가요?
- 바다에 빠진 익수자를 구조할 수 있을 만큼 수영을 잘 하나요?
- (회사 다닌 경력이 있다면) 퇴사한 이유는 무엇인가요?
- 군대 어디에서 근무했나요?
- 특급 전사는 무엇인가요?
- 봉사활동한 경험 있나요?
- 면접 끝나고 무엇을 할 건가요?
- 마지막으로 하고 싶은 말은 무엇인가요?
- 본인 합격하고 교육원 들어가면 배우고 싶은 것이 있나요?
- 해양경찰 공무원이 되었을 때의 포부를 말해보세요(어떤 경찰이 되고 싶나요?).
- 해양경찰이 나오는 영화 중 감명 깊게 본 영화는 무엇인가요?
- 과거의 경찰상과 현재의 경찰상을 비교했을 때 무엇이 다르며, 수험생 입장에서 현재 경찰이 되기 위해 할 수 있는 일은 무엇인가요?
- 신문의 어느 면을 보나요?
- 가장 최근에 본 신문기사는 무엇이고, 종이신문으로 보나요? 스마트폰으로 보나요? 그 이유는 무엇인가요?
- 리더십을 발휘해본 경험 있나요?
- 동아리 활동을 해봤나요? 거기서 자신의 리더십이 발휘되었던 적이 있었나요? 있었다면 리더십 발휘로 인해 동아리에 끼친 영향은 무엇인가요?
- 리더십이 있다고 했는데, 경찰 조직에서 윗분들과 어떻게 지낼 건가요?
- 리더십, 협조성, 성실성 중에서 자신이 있는 것은 어느 것인가?
- 해양경찰에게 필요한 덕목 3가지 말해보세요.
- 해경에 들어가서 필요한 정서는 무엇인가요?
- 최근 화났던 경험 있나요?
- 살면서 가장 화났을 때 말해보세요.
- 화를 낼 때 참는 편인가요? 말하는 편인가요?
- 하기 싫었던 일을 해본 적 있나요?
- 남들 모르게 누군가를 도와준 경험이 있나요?
- '나눔'을 정의해보세요.
- 살면서 후회된 적 또는 힘들었던 경험 말해보세요.
- 방황해본 경험 있나요?
- 시험을 준비하며 가장 힘들었던 점 말해보세요.
- 다른 사람의 실수를 남모르게 덮어준 경험 있나요? 이유는 무엇인가요?

CHAPTER 02

합격전략 2.
공직관 및 상황대처 질문

이루다쌤의 응원 한마디! 

공직관 및 상황대처 질문은 집단면접과 개별면접에서 골고루 출제되는 질문입니다. 공직관 질문이란 해양경찰 및 공무원으로서 가져야 할 자세나 태도 등을 묻는 질문이고, 상황대처 질문은 업무를 수행하면서 발생할 수 있는 다양한 상황에서 수험생의 문제해결능력을 평가하는 질문입니다. 따라서 자신의 판단에 대한 구체적인 근거를 제시하면서 설득력 있게 표현하는 것이 중요하겠죠? 특히 답변에 대한 추가질문도 자주 있으니 이에 대한 대비도 필요합니다.

해양경찰은 국가공무원으로서 공직가치를 함양해야 합니다. 따라서 면접관은 예비 해양경찰관들에게 공무원에 걸맞는 관점이나 견해를 가지고 있는지 판단하겠죠. 지식형 질문보다는 '해당 사안에 대해 어떻게 생각하는지'를 묻는 질문이 많습니다. 따라서 자신의 생각과 그 이유, 그리고 보완점을 제시하면 좋습니다. 특히 상황대처 질문에서는 '가장 먼저' 무엇을 할 것인지, 그리고 '그다음'에는 어떻게 행동할 것인지처럼, 우선순위를 두어 답변하는 것이 필요합니다.

01 | 필수질문&답변예시

질문 Q. 해양경찰이 가져야 할 덕목은 무엇이라고 생각하나요?

| 답변예시 |

A.
저는 전문성이 중요한 덕목이라고 생각합니다. 해양경찰 공무원은 법을 집행하기 때문에 작은 실수라도 생긴다면 국민의 안전에 위협이 될 수 있습니다. 그렇기 때문에 직무에 대한 전문성 가져야 하고 끊임없이 향상시켜야 한다고 생각합니다.

A.
저는 해양경찰이 가져야 할 덕목으로 헌신을 뽑고 싶습니다. 공무원은 국민들의 공복입니다. 따라서 항상 선공후사의 마음가짐으로 제 개인의 안전보다는 국가와 국민의 안전을 최우선으로 하는 헌신하는 자세가 중요하다고 생각합니다.

A.
전문성, 봉사정신, 책임감 다양한 것이 있지만, 저는 그중에서도 청렴이 가장 중요하다고 생각합니다. 정약용은 '검소해야 청렴할 수 있고, 청렴해야 백성을 사랑할 수 있다'고 말했습니다. 저 또한 청렴한 자세를 갖추기 위해 항상 노력하겠습니다.

답변 가이드

'해양경찰이 어떤 자세를 가지고 일해야 할까?'라는 질문과 같다고 생각하면 쉽게 답을 찾을 수 있습니다. 책임감, 봉사정신, 청렴함, 팀워크, 전문성 등등 굉장히 많은 키워드가 생각날텐데요. 이 중 수험생 자신이 가장 중요하다고 생각하는 키워드를 선택하면 됩니다. 선택에는 이유가 있어야겠죠? '왜냐하면 ~ 때문입니다'처럼 자신의 생각을 뒷받침할만한 근거를 간결하게 표현하시기 바랍니다. 만약 키워드를 정하기 어렵다면, 공무원의 6대 의무인 '성실, 청렴, 복종, 친절공정, 비밀엄수, 품위유지'에서 찾아도 좋고요. 9개 공직가치인 '애국심, 민주성, 다양성, 책임성, 투명성, 공정성, 청렴성, 공익성, 도덕성'에서 힌트를 얻어도 좋습니다. 답이 없는 질문이기에 어떤 키워드를 선택할까에 너무 고민하기보다는 왜 그 덕목이 중요한지를 설명하는 데 더 집중해보시기 바랍니다.

| 연계질문 |

- 지원자는 해당 덕목을 갖추기 위해서 어떤 노력을 했나요?
- 지원자가 말한 해당 덕목에 대해 말해보세요(예 청렴이란 무엇인가요?).
- 지원자가 말한 해당 덕목과 관련하여, 해양경찰은 몇 점이라고 생각하나요?
- 해양경찰이 공정하게 법을 집행하고 있다고 생각하나요?

나만의 답변 구성하기

질문 Q. 해양경찰의 문제점은 무엇이라고 생각하나요?

| 답변예시 |

A.
인명구조에 필요한 인명구조용 소형보트의 부족을 들 수 있습니다. 중국어선 단속을 위해 필요한 대형함정을 신조하기 위해 예산을 많이 투자하고 있는 것으로 알고 있습니다. 하지만, 이에 반해 인명구조에 필요한 예산은 부족한 실정입니다.
미국의 경우 인명구조용 소형보트만 1,600척이 넘는다고 합니다. 따라서 인명사고 제로화라는 목표달성을 위해서는 소형보트를 위한 투자가 더 필요하다고 생각합니다.

A.
해양경찰의 문제점은 없다고 생각합니다. 다만, 4차 산업 시대를 맞아 좀 더 전문화된 체계를 갖추면 좋을 것 같습니다.
청장님께서도 현재 경비함정과 항공기를 이용한 순찰형 경비활동에서 탈피해 위성과 무인기 등을 활용하여, 실시간 감지능력을 향상할 계획이라고 말씀하신 것을 보았습니다. 좀 더 전문성을 강화한다면, 더욱 신뢰받는 해양경찰이 될 것이라고 생각합니다.

A.
현재 해경은 수사권개혁의 당사자로서 변화된 「해양경찰법」과 「형사소송법」에 따라 더욱 국민이 신뢰할 수 있는 해양 전문 수사기관으로서 빠르게 안착해야 한다고 생각합니다.

A.
해양정보종합센터가 없는 것이 문제점이라고 생각합니다. 외국의 경우 해양과 관련된 정보를 종합적으로 수집 관리 및 제공하여 재생산하는 센터를 가지고 있습니다. 그래서 우리나라도 해상교통관제 부서와는 별도로 선박동정, 해양안전 위해요소 및 해양테러 등을 모니터링하고 정보를 축적 · 분석하는 것이 필요합니다. 따라서 해양재난 · 치안정보를 생산하는 '해양정보종합센터'를 신설하는 방안을 고려할 필요가 있다고 생각합니다.

답변 가이드

해양경찰의 문제점을 말하라는 질문은 수험생 입장에서는 매우 곤란할 수 있습니다. 해양경찰을 비판해도 되는지 걱정도 되고, 그렇다고 없다고 하자니, 압박이 들어올 것 같고, 참 곤란할 텐데요. 그럴 때는 해양경찰의 단점이나 부정적인 부분을 지적하기보다는 앞으로 해양경찰이 나아가야 할 방향에 대해 생각해보면 좋습니다. 앞으로 더욱 전문성 있고 신뢰받는 해경이 되기 위해 어떤 점이 보완되면 좋은지 생각해보시기 바랍니다.

| 연계질문 |

- 앞으로 해양경찰이 나아가야 할 방향은 무엇인가요?
- 해양경찰의 문제점을 인력, 홍보를 제외하고 말해보세요.
- 경찰이 바꿔야 할 점은 무엇인가요?
- 부정부패가 생기는 원인은 무엇이라고 생각하나요?
- 경찰 관련 사건사고 아는 것 말해보세요.

나만의 답변 구성하기

질문 **Q. 해양경찰이 나아가야 할 길은 무엇인가요?**

| 답변예시 |

A.
해양경찰법 시행 이후 현장에 강한, 신뢰받는 해양경찰로 거듭나야 한다고 생각합니다. 또한, 4차 산업혁명 기술을 빠르게 흡수하여 역동적이고 첨단기술을 활용한 경찰 조직이 되어야 한다고 생각합니다.

나만의 답변 구성하기

질문 Q. **해양경찰 홍보방안에 대해 말해보세요.**

| 답변예시 |

A.
해양경찰을 주인공으로 한 드라마나 유튜브 컨텐츠를 제작하면 많은 홍보가 될 것입니다. 제가 군생활 당시 '태양의 후예'라는 특전사 배경의 드라마가 화제가 되어 특전사에 많은 홍보가 되었습니다. 또한 많은 정보를 모바일로 접하는 요즘 시대에 유튜브 관련 컨텐츠를 제작하여 홍보한다면 더 큰 효과가 있을 것으로 생각합니다.

A.
최근 해양경찰 대표 마스코트인 '해우리'와 '해누리' 캐릭터가 개선된 것으로 알고 있습니다. 새롭게 바뀐 해양경찰의 복장을 반영했고, 큰 귀와 큰 눈으로 현장에 신속히 출동하겠다는 의지를 보이고 있습니다. 이러한 캐릭터를 활용하여 애니메이션이나 웹툰 등을 제작한다면, 더 많은 사람들에게 친숙한 이미지로 다가갈 수 있을 것이라 생각합니다.

답변 가이드

공직사회는 국민과 소통하는 친숙한 이미지로 변화하기 위해 다양한 시도를 하고 있습니다. 이와 관련해 해양경찰도 긍정적인 이미지로 다가가기 위해 많은 노력을 하고 있는데요. 해양경찰 일원으로서 해양경찰 홍보방안에 대해 한 번쯤 고민해본다면, 면접에서도 좋은 답변을 할 수 있습니다. 홍보 하면 다양한 매체나 수단이 떠오를 텐데요. 자신만의 차별화된 답변을 만들어보시기 바랍니다.

| 연계질문 |

- 해양경찰 홍보관이라면, 국민들에게 어떻게 홍보할 건지 말해보세요.
- 해양경찰 하면 제일 먼저 떠오르는 이미지는 무엇인가요?
- 해양경찰에 대해 국민들의 신뢰도는 어느 정도라고 생각하나요?
- '해양경찰은 OOO이다.' 한마디로 정의한다면?

나만의 답변 구성하기

질문 Q. **미국 해경과 우리나라 해경 비교해보세요.**

| 답변예시 |

A.
미국연안경비대는 해양경비 및 구난을 목적으로 하는 준군사 조직입니다. 육해공해병대 다음으로 제5군이라 불리고 평시에는 우리나라 해양경찰과 같은 임무를 하지만 전시 때는 해군의 보조역할을 하게 됩니다.
이에 반해 대한민국 해양경찰은 해양수산부 소속으로, 경비구난, 해상교통안전관리, 해상치안, 해상환경보전, 해상오염방제, 국제교류협력 등의 업무를 주로 합니다. 또한, 일반사법권을 가진 경찰입니다.

답변 가이드

해양경찰 조직에 대한 이해를 묻는 질문은 자주 출제됩니다. 특히 제시된 질문처럼 비교대상을 물으며 그 차이점을 묻는 경우가 많이 있는데요. 두 개념의 공통점과 차이점을 구별하여 이해한다면, 더 수월하게 답변을 할 수 있습니다.

| 연계질문 |

- 해양경찰과 육지경찰의 차이는 무엇인가요?
- 해양경찰과 해군의 차이점은 무엇인가요?
- 해양경찰과 같은 중국과 일본, 미국의 기관은 무엇인가요?
- 해양경찰 파출소와 육지경찰 파출소가 하는 일의 차이점은 무엇인가?
- 해양범죄와 육상범죄의 차이점은 무엇인가요?
- 공조직과 사조직의 차이점이 무엇인가요?

나만의 답변 구성하기

질문 Q. 남자경찰관과 여자경찰관의 차이가 있나요?

| 답변예시 |

A.
업무에 있어 차이는 없다고 생각합니다. 다만, 남녀의 특성상 남자경찰관은 형사업무, 단속업무 등 현장업무에 더 능숙하고, 여자경찰관은 특유의 섬세함과 꼼꼼함으로 행정업무에 더 뛰어나다고 생각합니다.

나만의 답변 구성하기

질문 **Q. 해양경찰은 특별경찰입니까? 일반 경찰입니까?**

| 답변예시 |

A.

해양경찰은 국민의 생명 재산을 보호하고 사회 공공의 안녕을 유지하는 일반 경찰입니다.

나만의 답변 구성하기

질문 **Q. 해양경찰과 해군의 차이점은 무엇인가요?**

| 답변예시 |

A.

해양경찰과 해군은 바다의 주권을 지키는 공통적인 역할이 있습니다. 차이점은 해양경찰은 치안유지기능을 가지고 있으며 해군은 군사력을 보유하여 교전권을 갖고 있습니다.

나만의 답변 구성하기

질문 **Q. 해양오염이 심각한데, 해경에 근무하게 된다면 어떤 방법으로 대처할 건가요?**

| 답변예시 |

A.
최근에도 폐유가 담긴 기름통을 바다에 버린 선장이 적발됐다는 뉴스를 보았습니다. 어선 윤활유 실명제가 있어 해당 선박을 적발하는 데 큰 도움이 됐다고 알고 있습니다. 이처럼 무단투기를 막기 위한 단속을 강화하는 한편, 어민을 대상으로 어선윤활유 실명제에 대한 교육을 강화하여 해양오염을 선제적으로 대응하겠습니다.

A.
해양오염은 선박좌초에 의한 기름이 해상에 유출되는 것이 가장 큰 원인이라고 생각합니다. 이는 해양환경오염뿐만 아니라 어장 및 해양관광에도 막대한 피해로 이어질 수 있습니다. 따라서 정박 급유선에 고위험선박 표시를 부착하고, 안전교육 및 순찰 강화를 통해 선제적 안전관리를 하는 것이 중요하다고 생각합니다.

답변 가이드

최근 해양환경에 대한 중요성이 커지면서 해양오염에 대해 해경으로서의 역할을 묻는 질문도 자주 나오고 있습니다. 이에 대해 알고 있는 사건을 사례로 들면서 해결방안을 제시하거나 해경으로서 예방 차원에서 대처방안을 답변으로 하면 좋습니다.

| 연계질문 |

- 해양 관련법에는 무엇이 있나요?
- 해양경찰에서 해양이 중요하나요? 경찰이 중요하나요?
- 해양환경에 대해 말해보세요.
- 바다의 날은 언제이고, 왜 있다고 생각하나요?
- 해양에 쓰레기 투기장을 만드는 것에 대해 어떻게 생각하나요?

나만의 답변 구성하기

질문 Q. 해양경찰의 장점과 단점에 대해 말해보세요.

| 답변예시 |

A.

드넓은 대한민국의 바다를 수호하는 해양경찰의 업무는 그 어떤 일보다 의미 있고, 가치 있는 일이라고 생각합니다. 대한민국 국민의 생명과 재산을 지키는 중대한 책임이 있기 때문에 자부심을 가지고 일할 수 있다는 것이 가장 큰 장점이라고 생각합니다. 때로는 악천기상과 고된 업무로 힘들 수도 있지만, 저는 맡은 임무에 사명감을 가지고 일하겠습니다.

A.

발전가능성이 무궁무진한 해경에서 일하는 만큼 저 자신의 가치도 발전시킬 수 있다는 점이 장점이라고 생각합니다. 단점으로는 업무 특성상 근무지가 자주 바뀔 수 있다는 점입니다. 하지만, 저는 새로운 환경에 잘 적응하는 편이기 때문에 저에게는 단점이 되지 않는다고 생각합니다.

답변 가이드

해양경찰이라는 직업적 장점과 단점을 묻는 질문입니다. 해양경찰 역시 공무원인만큼 정년보장이 되기 때문에 오랫동안 전문성을 가지고 일할 수 있다는 장점이 있죠. 또한, 위험수당이 붙는다면 육경에 비해 연봉이 더 높고, 승진에 있어서도 육지직보다 더 많은 우대를 받을 수 있습니다. 하지만, 이러한 부분을 면접 답변으로 말하기보다는 답변예시처럼 면접에서 통용될 수 있는 답변을 말하는 것이 좋습니다. 또한, 단점은 자신이 어떻게 극복할 것인지, 또는 단점을 어떻게 생각하는 지처럼 보완을 한다면, 더 유연한 답변을 할 수 있습니다.

| 연계질문 |

- 공무원의 장점과 단점을 말해보세요.
- 관료제에 대해 말해보세요.
- 해양경찰의 보수에 대해 어떻게 생각하나요?
- 해양경찰 증원에 대해 어떻게 생각하나요?

나만의 답변 구성하기

질문 Q. 중국어선 불법조업 근절을 위한 방법에는 무엇이 있나요?

| 답변예시 |

A.
내부적으로는 어업지도선과 해경의 대형함정을 증강배치하는 방안이 있습니다. 또한, 법 제도적으로는 필요시에는 고무탄이나 실탄사용과 같은 좀 더 강력한 대응을 하고, 재범자에 대한 담보금을 더욱 가중시킬 필요가 있다고 생각합니다. 뿐만 아니라 국제여론을 환기하여, 중국어선 불법조업에 대한 올바른 인식을 유도하는 것 또한 필요하다고 생각합니다.

답변 가이드

해양경찰의 주요 업무 중 하나는 중국어선 불법조업에 대한 단속입니다. 따라서 이에 대한 올바른 대처법과 필요성을 인지해야 하는 것은 매우 중요합니다. 따라서 법적근거, 단속 시 꼭 확인해야 할 사항, 대처법 등을 정확하게 숙지하기 바랍니다.

| 연계질문 |

- 중국어선 단속할 때, 당신의 어떤 역량이 도움이 될까요?
- 중국어선 불법조업이 성행하는 이유는 무엇인가요?
- 중국어선 단속 시 어떻게 할 건가요?
- 중국어선 무기사용의 법적 근거를 말해보세요.

나만의 답변 구성하기

질문 Q. 상사가 부당한 지시를 내리면 어떻게 할 건가요?

| 답변예시 |

A.
위법한 지시가 아니라면 상사의 지시를 따르겠습니다. 상사는 저보다 경험이 많고, 그러한 지시를 내리는 데는 그만한 이유가 있다고 생각합니다. 하지만, 위법한 지시거나 조직에 해를 끼치는 지시라면 상사 분에게 지시를 철회해주실 것을 정중히 부탁 드리겠습니다.

A.
저는 업무 이해가 부족한 초임경찰이기 때문에 정확한 판단을 내리기 어려울 것 같습니다. 따라서 상사에게 제가 가진 의문점에 관하여 말씀 드리고 조언을 구한 후 업무를 수행하겠습니다.

A.
부당한 지시가 있어도 지시를 따르겠습니다. 위법적이지 않고 도덕적으로 문제가 없다면 「국가공무원법」 제 57조 복종의 의무에 따라 최대한 지시대로 이행하겠습니다. 하지만 반복적인 부당한 지시를 하게 된다면, 공손히 사유를 이야기하고 상관의 상급자와 상의하여 결정하도록 하겠습니다.

나만의 답변 구성하기

질문 Q. 상사가 개인적인 심부름을 시킨다면 어떻게 할 건가요?

| 답변예시 |

A.
개인적인 심부름이어도 저는 기쁜 마음으로 하겠습니다. 상사께서 바쁘셔서 저에게 도움을 요청하셨을 것이라 생각합니다. 또한, 상사 분과 개인적인 친분을 쌓을 수 있는 좋은 기회라 생각하고 상사의 심부름을 하겠습니다.

답변 가이드

공무원 면접에서 자주 등장하는 질문입니다. 공무원 사회는 조직사회이고, 계급사회입니다. 또한 복종의 의무가 있기 때문에 개인의 자의적인 판단보다는 상사의 결정을 존중하고 따라야 할 의무가 있습니다. 이러한 가치관을 정확하게 이해하고 면접 답변을 하는 것이 필요합니다. 특히, 수험생의 답변이 다소 뻔하게 들릴 수 있기 때문에 면접관 입장에서는 이에 대한 꼬리질문을 통해 수험생의 생각을 더 명확하게 파악하려고 합니다. 흔들리지 않고, 원칙을 우선하는 태도를 견지하시기 바랍니다.

| 연계질문 |

- 상사의 부당한 명령이 자신의 신념과 어긋날 경우 어떻게 할 건가요?
- 위법한 지시를 거절함에도 지속적으로 위법한 지시를 내린다면 어떻게 할 건가요?
- 본인이 위법한 지시를 거절해서 상사와 사이가 안 좋아지면 어떻게 할 건가요?
- 내부고발할 건가요?
- 상사가 갑질을 한다면 어떻게 할 건가요?

나만의 답변 구성하기

질문 Q. 능력 없는 상사를 만난다면 어떻게 대처할 건가요?

| 답변예시 |

A.
저는 능력 없는 상사는 없다고 생각합니다. 비록 능력이 부족한 상사가 있다 하여도 배울 점이 있다고 생각합니다. 그래서 저보다 많은 경험과 지식을 가진 상사이기 때문에 배움의 자세로 일하도록 하겠습니다.

A.
해양경찰 조직에 능력 없는 상사는 없다고 생각합니다. 모든 해양경찰 선배님들께서는 유능하고 이를 인정받고 있다고 생각합니다. 따라서 후배로서 상사 분들의 좋은 점을 본받아 배워나가겠습니다.

답변 가이드

조직생활을 하다 보면, 나보다 나이가 어리거나 경험이 없거나 능력이 부족한 상사도 있을 수 있습니다. 이러한 이유로 상사의 지시를 따르지 않으면, 조직 내 갈등이 발생할 수 있는데요. 공무원은 관료사회이고 계급사회이기 때문에 상사의 명령을 존중하고 우선하는 태도를 가져야 합니다. 따라서 어떤 상사라도 잘 따르고 배워나갈 것이라는 마음가짐을 어필하는 것이 중요합니다.

| 연계질문 |

- 업무능력이 뛰어난 상사와 친화력이 좋은 상사 중 어떤 상사를 모시고 싶나요?
- 상사가 나보다 나이도 어리고 경험도 없다면 어떻게 할 건가요?
- 같은 시간에 본인이 5명을 응대하는데 상사는 1명을 응대하는 상황이면 어떻게 하겠습니까?
- 상사 자신은 쉬운 일만 하려고 하고, 어려운 일은 수험생에게 시킨다면 어떻게 하겠습니까?

나만의 답변 구성하기

질문 Q. 상사와 갈등이 발생한다면 어떻게 할 건가요?

| 답변예시 |

A.
우선 갈등의 원인이 저에게 있는지 저 자신을 돌아보겠습니다. 그리고, 저에게 부족한 점이 있다면, 빠르게 고쳐나가겠습니다. 하지만, 갈등의 원인을 잘 모르겠다면, 상사 분께 정중히 대화를 요청해 갈등을 해결해나가겠습니다.

답변 가이드

해양경찰은 단합력과 조직력이 강한 조직입니다. 따라서 상사 또는 동료와의 관계에서도 협력을 우선해야 합니다. 또한, 조직생활에서 갈등은 업무적인 갈등과 개인적인 갈등으로 나뉠 수 있습니다. 업무적인 갈등은 상사의 방식을 존중하는 자세를 갖고, 인간관계적인 갈등은 오해에서 비롯될 수 있으니, 대화를 통해 해결하는 자세를 가지는 것이 중요합니다.

| 연계질문 |

- 상사는 a라는 해결책이 있고, 본인에겐 b라는 해결책이 있는데 사실 본인 해결책이 맞습니다. 어떻게 할 건가요?
- 동료가 업무를 자꾸 나에게 떠넘긴다면 어떻게 할 건가요?
- 불성실한 동료가 나보다 먼저 승진하면 어떻게 할 건가요?
- 발령지에 사람들이 서로 사이도 안 좋고, 분위기 좋지 않으면, 어떻게 할 건가요?

나만의 답변 구성하기

질문 Q. 동료가 불성실하다면 어떻게 할 건가요?

| 답변예시 |

A.
이유 없이 불성실한 동료는 없을 것이라 생각합니다. 무슨 사정이 있는지 대화를 통해 물어보겠습니다. 그리고 사정이 있다면, 제가 도울 수 있는 범위 내에서 돕도록 하겠습니다. 하지만, 아무 사정이 없이 불성실한 태도를 보인다면, 동료에게 저의 고충을 이야기하고, 함께 열심히 업무를 하자고 진심 어린 조언을 하겠습니다.

나만의 답변 구성하기

질문 Q. 동료가 부정을 저지르는 것을 목격했다면 어떻게 하겠습니까?

| 답변예시 |

A.
동료가 뇌물을 받는 것을 목격했다면 먼저 동료에게 간접적으로 부패방지 뉴스에 대해 이야기하고 동료의 반응을 살피겠습니다. 간접적으로 이야기하여도 반응이 없다면, 동료에게 뇌물을 받은 적이 있는지 물어보아서, 동료가 자발적으로 신고할 수 있도록 이야기하겠습니다. 이러한 노력에도 불구하고, 회피한다면 제가 직접적으로 신고할 것 같습니다.

A.
우선 제가 본 것이 맞는지 동료에게 확인해보겠습니다. 제가 잘못 본 것일 수도 있고, 오해했을 수도 있기 때문입니다. 하지만, 부정을 저지른 것이 맞다면, 자진신고할 것을 권유하고, 그럼에도 개선이 되지 않는다면, 상사 분께 보고 드리겠습니다.

답변 가이드

해양경찰은 청렴함과 공정성이 매우 중요한 집단입니다. 따라서 부정부패나 비리상황에 대해 어떻게 대처할 것인지를 자주 묻습니다. 동료의 부정을 감싸주기보다는 공정한 법집행을 통해 단호하게 대처하는 것이 중요합니다. 단, 동료가 스스로 자진신고할 수 있도록 우선 권하고, 그럼에도 고쳐지지 않을 경우 방관하기보다는 상사에게 조언을 구하는 태도가 필요합니다.

| 연계질문 |

- 동료가 겸직을 하는 것을 목격했습니다. 어떻게 하겠습니까?
- 동료가 돈봉투를 받는 것을 목격했는데, 알고 보니 아이의 수술비가 없어서 부정을 저지른 것을 알게 된다면 어떻게 하겠습니까?
- 친한 동료가 자신의 비리를 상사에게 말하지 말라고 한다면 어떻게 하겠습니까?

나만의 답변 구성하기

질문 Q. 공익과 사익 중 무엇이 더 중요한가요?

| 답변예시 |

A.
저는 공익이 더 중요하다고 생각합니다. 해양경찰은 국가와 국민을 위해 봉사하는 공직자입니다. 따라서 제 개인의 이익보다는 공공의 이익을 우선해야 한다고 생각합니다.

A.
저는 당연히 공익이 더 우선되어야 한다고 생각합니다. 만약 해양경찰이 공익보다 사익을 우선한다면, 그 피해는 곧 국민에게 돌아갈 것입니다. 그렇게 된다면, 해양경찰 조직에 대한 신뢰도 떨어지고, 안전한 해양수호에도 공백이 생길 수 있습니다.

A.

저는 공익이 더 중요하다고 생각합니다. 제 개인의 책임보다는 해양경찰로서의 책임감이 더 크기 때문입니다. 하지만, 갑작스럽게 집에 일이 발생하여, 제가 꼭 가야만 하는 상황이라면, 상사 분께 양해를 구하고 가정사를 처리하겠습니다. 그리고 빠르게 업무에 복귀하여, 일에 차질 없도록 하겠습니다.

답변 가이드

공직자로서 공공의 가치를 더 중요하게 생각해야 하는 것은 당연하겠죠. 왜 그렇게 생각하는 지, 당위성에 대해 설명할 수 있도록 답변을 준비하시기 바랍니다. 하지만, 꼬리질문으로 "아이가 갑자기 수술을 해야 하는 상황이라면?", "부모님께서 갑자기 돌아가셨다면?"처럼 개인적으로 중대한 사건에서 어떻게 대처할지 질문할 수도 있습니다. 이러한 질문은 주로 프로파일러 면접관이 진행합니다. 이때에는 무엇보다 솔직하게 대답하는 것이 중요합니다. 따라서 원칙을 중시하되, 상사나 동료에게 도움을 청하는 등 유연함을 갖는 것도 필요합니다.

| 연계질문 |

- 본인이 생각하는 공과 사의 기준을 말해보세요.
- 경찰 임무에 충실하다 보면, 가정에 소홀하게 되는 경우가 많은 데 괜찮나요?
- 야근을 하는 도중 집에 갑자기 중요한 일이 생겼다면 어떻게 할 건가요?
- 개인약속이 있는데 상급자가 업무 지시를 한다면 어떻게 할 건가요?

나만의 답변 구성하기

질문 Q. 개인의 가치관과 조직의 가치관이 충돌한다면 어떻게 할 건가요?

| 답변예시 |

A.
조직의 가치관을 따르도록 노력하겠습니다. 왜냐하면 개인이기 이전에 해양경찰관으로서 해양주권을 수호하고 국민의 안전을 책임지는 공직자이기 때문입니다. 따라서 조직의 가치관을 충실히 따라 국민에게 봉사하도록 노력하여 해양경찰의 역할에 최선을 다하겠습니다.

A.
저는 조직의 가치관을 우선하겠습니다. 해양경찰은 계급사회이고 상명하복의 원칙을 따라야 한다고 생각합니다. 따라서 조직의 가치관에 저의 가치관을 맞추겠습니다.

답변 가이드

앞서 공익과 사익에 대한 질문의 연장선에서 자주 등장하는 질문입니다. 개인의 신념과 조직의 신념이 다를 경우 어떻게 대처할 것인지를 판단하는 질문인데요. 공적인 업무를 수행하는 해양경찰로서 개인의 가치관보다는 조직의 가치관을 우선해야겠죠? 자신만의 답변을 잘 만들어보시기 바랍니다.

| 연계질문 |

- 조직의 가치관과 국민의 안전 둘 중 무엇이 더 중요합니까?
- 조직에서 지시한 일로 수험생이 책임을 져야 한다면 어떻게 하겠습니까?
- 조직의 목표를 위해 자신을 희생해본 경험 있습니까?

나만의 답변 구성하기

질문 Q. 당신에게 하기 싫은 일이나 능력 이상 의무가 주어진다면 어떻게 할 건가요?

| 답변예시 |

A.
해양경찰관으로서 하기 싫은 일은 있어서는 안 된다고 생각합니다. 왜냐하면 해양주권을 수호하고 국민의 안전을 위한 막중한 책임이 있기 때문입니다. 그리고 능력 이상의 의무가 주어진다면 제가 부족한 점은 동료 및 선배에게 질문하여 배우는 자세로 익히도록 노력하겠습니다.

| 연계질문 |

- 주변에 도움을 줄 사람이나 매뉴얼이 없다면 어떻게 할 건가요?
- 해양경찰이 되었을 때, 가장 힘들 것으로 예상되는 부분은 무엇인가요? 그 업무를 맡게 된다면 어떻게 하겠습니까?
- 해양경찰이 되어서 기피하는 일이나 하기 싫은 일이 있나요?

나만의 답변 구성하기

질문 Q. 한 번도 안 해본 일을 상사가 시킨다면 어떻게 하겠습니까?

| 답변예시 |

A.
한 번도 해보지 않은 일이지만, 오히려 배움의 기회로 삼고 최선을 다하겠습니다. 만약 업무에 어려움이 있다면, 상사에게 여쭤보거나 선례나 매뉴얼 등을 참고하면서 맡은 업무를 완수해나가겠습니다.

답변 가이드

해양경찰은 법을 집행하는 기관으로서 무엇보다 청렴과 공정이 중요한 가치입니다. 따라서 이러한 공직관을 파악하기 위한 면접질문에 대한 답변은 필수적으로 준비해야 합니다. 가족, 부모님, 지인, 은사님, 상사, 동료 등 누구를 막론하고, 법 앞에는 원칙대로 공명정대하게 집행해야 한다는 것을 명심하시기 바랍니다.

| 연계질문 |

- 가족이나 형제가 부당한 부탁을 한다면 어떻게 할 건가요?
- 불법조업어선 단속 시 자신과 인척관계에 있는 선원이 있을 경우 어떻게 대처할 건가요?
- 지인이 합법적인 청탁을 한다면 어떻게 할 건가요?
- 힘들 때, 나를 많이 도와주었던 지인이 청탁을 한다면 어떻게 할 건가요?

나만의 답변 구성하기

질문 Q. 지인이 불법청탁을 한다면 어떻게 할 건가요?

| 답변예시 |

A.

단호하게 거절하겠습니다. 불법청탁은 의무에 반하는 행위이며 처벌의 대상이 될 수 있는 점을 말씀 드려 경각심이 생길 수 있도록 하겠습니다.

A.

저는 아무리 지인이어도 단호히 거절하겠습니다. 해양경찰은 법과 원칙을 우선해야 하는 사람입니다. 만약 지인의 청탁을 받아준다면, 공정한 업무수행에 차질이 생길 수 있습니다. 따라서 저는 지인의 부정청탁을 단호히 거절하겠습니다.

A.
만약 제 가족이라면 그 행위를 하기 전에 제가 먼저 하지 말라고 조언을 하였을 것입니다. 하지만 저의 조언을 듣지 않고 불법어로 행위를 하였다면 당연히 법대로 처벌하여야 한다고 생각합니다. 다만, 벌금 때문에 생활에 어려움이 생긴다면, 제가 대신 벌금을 내줄 수는 있을 것 같습니다.

나만의 답변 구성하기

질문 Q. 파도 상황이 좋지 않은데, 시민이 물에 빠졌습니다. 어떻게 할 건가요?

| 답변예시 |

A.
저는 일초의 망설임 없이 시민을 구하겠습니다. 해경은 국민의 생명과 안전을 위해 존재하는 기관입니다. 물에 빠진 시민을 보고 저의 안위를 먼저 걱정하는 것은 대한민국 해경이 아니라고 생각합니다.

A.
저는 시민의 목숨을 구하겠습니다. 저는 위험에 처한 국민의 목숨을 구하는 일을 하기 위해 해경에 지원했습니다. 하지만, 아무 장비도 없이 구하러 가게 되면, 저 자신뿐만 아니라 시민도 더 위험에 처할 수 있습니다. 따라서 주변상황을 파악한 후 구조물품을 확보 후 구조하거나 주변에 필요한 물품들이 없다면 시민들에게 협조를 구하겠습니다.

A.
빠르게 구조하도록 노력하겠습니다. 바로 구조하기 전에 주변 사람에게 신고를 요청하고, 구조하기 위한 도구가 있는지 주변을 빨리 살펴 빠르게 구조하도록 하겠습니다. 그래서 골든타임을 지켜 해양경찰의 본분의 자세로 국민의 생명을 수호해야 한다고 생각합니다.

답변 가이드

해경은 다소 위험한 상황에 자주 직면할 수 있죠. 그렇기 때문에 어떤 상황에서도 희생정신을 발휘할 수 있는지를 자주 묻곤 합니다. '나의 안전을 우선 생각하겠다.'라고 답변하는 사람은 아마 아무도 없을 겁니다. 따라서 가장 중요하게 생각하는 해경으로서의 정신자세를 답변으로 잘 대답하시기 바랍니다.

| 연계질문 |

- 동료가 말린다면 어떻게 하겠습니까?
- 구조상황이 좋지 않은데, 상부에서 구조하라고 한다면 어떻게 하겠습니까?
- 내가 살면, 더 많은 사람을 살릴 수 있지 않나요?
- 휴가 중 물에 빠진 아이를 발견했다면 어떻게 할 건가요?
- 바다에 빠진 사람을 구조하기 어려운 상황입니다. 부하직원에게 구조지시 할 건가요?
- 내가 상사인데, 구조지시를 내렸지만, 부하직원이 거절하면 어떻게 하겠습니까?

나만의 답변 구성하기

질문 **Q. 가라앉는 배에 노약자 10명과 부모님 2명이 타고 있는 상황입니다. 구명선에는 4명밖에 탈 수 없는데, 자신이 담당 경찰이라면 누구를 태울 것인가요?**

| 답변예시 |

A.
저는 부모님을 태우고 다른 두 자리에 노약자 분을 태우겠습니다. 만약 다른 분을 태워서 부모님께서 사고를 당하신다면, 자식으로서 죄송한 마음과 죄책감에 힘들 것 같습니다. 다른 분들께는 죄송하지만, 저는 부모님을 우선 태우고 싶습니다.

A.
저는 다른 노약자 분들을 태우겠습니다. 자식으로서 부모님을 살리고 싶은 마음은 크지만 저는 누구의 자식으로서가 아닌 국민의 안전을 지키는 해양경찰로서 임무를 수행하는 것입니다. 따라서 저의 부모님보다 더 약자인 노약자 분들을 우선 태우겠습니다.

답변 가이드

매우 곤란한 상황질문이 자주 등장합니다. 자식으로서의 도리를 우선할 것인가? 해경으로서의 역할을 우선할 것인가? 참 어려운 질문인데요. 이러한 가치판단 질문에서는 어떤 선택을 하든 추가적인 질문이 나올 수밖에 없습니다. 예를 들어 '부모님을 우선 태우겠다'고 하면, '다른 노약자의 생명은 중요하게 생각하지 않는 거냐?'라는 질문이 있겠죠. 또한, '노약자 분들을 선택'하면, '부모님이 돌아가셔도 괜찮냐?', '본인은 안 탈 거냐?'라는 압박질문이 이어질 수 있습니다. 따라서 추가적인 압박질문에 일관성 있게 자신의 생각을 표현하는 것이 매우 중요합니다. 추가적인 질문을 받았다고 해서 앞서 답변한 방향을 변경하는 행동은 감점요인이 될 수 있습니다. 진실되게 자신의 생각을 일관성 있게 표현해보세요.

| 연계질문 |

- 엄마와 딸 둘 다 물에 빠졌다면 누구를 구할 건가요?
- 면접장을 오는 중에 길에 노숙인이 쓰러져 있는 것을 발견했다면 어떻게 할 건가요?
- 아내와 어머니가 물에 빠졌다면 누구를 우선 구할 건가요?

나만의 답변 구성하기

질문 **Q. 업무 중 상사의 비리를 알게 된다면, 어떻게 할 건가요?**

| 답변예시 |

A.
제가 모시는 상사는 절대 그럴 분이 아니라고 생각합니다. 하지만, 정말 상사가 비리를 저지른다면, 저는 상사에게 자진 신고하실 것을 권유하겠습니다.

A.
이러한 상황은 신중하게 판단해야 한다고 생각합니다. 상사 분께서 빌려주었던 돈을 받거나 부모님이 보내신 물건을 전달받거나 하는 등의 상황도 있기 때문에 섣불리 뇌물이라고 판단해서는 안 된다고 생각합니다. 만약 의구심이 드는 상황이라면 간접적으로 질문을 한다면 의도를 아시고 상사분께서 오해를 풀어 줄 것이라고 생각합니다. 하지만 정말 명백히 위법한 상황이라면 당사자에게 자수를 권유하고 이를 거부하는 경우 친분 있는 상사에게 조언을 구해 문제를 해결하도록 하겠습니다

A.
우선, 제가 본 것이 맞는지 확인부터 하겠습니다. 만약 비리가 맞다면, 상사에게 자수하시라고 말씀 드리겠습니다. 그럼에도 상사께서 비리를 계속 저지르신다면, 더 높은 상사에게 보고 드리겠습니다.

답변 가이드

개인의 비리는 곧 조직의 비리로 이어질 수 있습니다. 따라서 개개인이 청렴한 자세를 갖는 것이 중요한데요. 그래서 면접관은 주변 상사나 동료가 비리를 저지른다면, 어떻게 할 건지를 자주 묻습니다. 이때 수험생은 복종의 의무와 청렴의 의무가 상충되기 때문에 대답하는 데 어려움을 겪을 수 있는데요. 법집행에 있어서 더 상위개념은 청렴입니다. 원칙에 위배되는 것에는 예외를 두지 않는 것이 좋습니다.

| 연계질문 |

- 상사의 비리를 윗선에 보고했으나, 관행이라고 한다면 어떻게 할 건가요?
- 동료가 뇌물을 받는 것을 목격했다면 어떻게 할 건가요?
- 동료가 아이의 수술비 때문에 겸직을 하는 것을 목격했다면 어떻게 할 건가요?

나만의 답변 구성하기

질문 Q. 회식 자리에서 동료가 성추행을 당했다면 어떻게 할 건가요?

| 답변예시 |

A.
성추행이 의심되는 상황을 목격한다면 신중하게 대처하겠습니다. 개개인의 인간관계에 따라 달라질 수 있고 피해자가 성추행이라고 인식할 때 위법한 행위가 되기 때문입니다. 다만, 명백한 성추행이라고 판단되면 먼저 피해 동료와 대화를 통해 사실여부와 의견을 듣고 해결방안을 함께 논의하겠습니다.

A.
우선 피해 동료에게 대화를 시도하겠습니다. 만약 피해 동료가 저에게 도움을 요청한다면, 도움을 줄 수 있도록 노력하겠습니다. 다만, 초임경찰관인 제가 스스로 해결하기 어려운 상황이면 경험 많으신 선배님께 조심스럽게 조언을 구하고 함께 해결하도록 노력하겠습니다.

답변 가이드

성범죄는 사회적으로도 중대한 범죄이며, 특히 모범을 보여야 하는 해경에게는 성문제는 민감한 질문일 수 있습니다. 이에 대해 성추행에 대한 명확한 인식을 갖고, 현명하게 대처하는 자세가 필요합니다. 특히 초임 해경으로서 신중한 자세를 취함을 잊지 않는 것이 좋습니다.

| 연계질문 |

- 상사가 여동료를 성추행했다면 어떻게 할 건가요?
- 여자를 구조했는데 성희롱으로 신고했다면 어떻게 할 건가요?
- 동료가 성추행을 당했는데, 창피하다며 말하지 말아 달라고 당부한다면 어떻게 할 건가요?
- 본인이 가해자 또는 피해자라면 어떻게 할 건가요?

나만의 답변 구성하기

질문 Q. 동료가 성추행 가해자고 다른 동료가 피해자라면 어떻게 할 건가요?

| 답변예시 |

A.
피해자인 동료를 도와주어 가해자인 동료가 처벌받을 수 있도록 노력하겠습니다. 왜냐하면 해양경찰관은 공직자로서 준법정신이 일반인보다 투철해야 한다고 생각합니다. 그렇기 때문에 동료를 떠나 성추행 가해자는 해양경찰관으로서 해서는 안 되는 범죄를 저질렀기 때문에 처벌을 받도록 조치하겠습니다.

나만의 답변 구성하기

질문 **Q. 불심검문 절차와 불심검문 시 거부하는 사람에 대해 대처방법 말해보세요.**

| 답변예시 |

A.

불심검문 절차에 대해 말씀 드리겠습니다. 우선 피검문자에게 정중하게 접근 및 정지를 부탁합니다. 이후 소속과 성명을 고지하고 검문의 목적과 이유를 설명합니다. 이후 신분증 제시를 요구하고 간단한 질문과 소지품을 조사합니다. 수상한 점이 없을 시 검문을 종료합니다.

A.

만약 불심검문을 거부하신다면, 우선 시민의 말을 경청하겠습니다. 그다음 불심검문을 하게 됐는지 자세하게 설명을 드려, 신원 확인을 해주실 것을 시민에게 협조를 부탁하겠습니다. 만약 범죄자임이 확실한데 묵비권을 행사하고 있다면, 미란다 원칙을 고지하고 이후 체포 절차를 진행하겠습니다.

답변 가이드

불심검문은 실무에서 자주 발생하는 상황이기 때문에 이에대한 절차와 대처법에 대해 정확하게 숙지하는 것이 좋습니다.

| 연계질문 |

- 불심검문에 응하지 않는다면 어떻게 할 건가요?
- 미란다 원칙 말해보세요.

나만의 답변 구성하기

질문 Q. 상사가 술자리에서 술을 따르라고 지시한다면 어떻게 할 건가요?

| 답변예시 |

A.
기꺼이 따를 것입니다. 상사에게 많은 조언과 도움을 받았기에 감사함을 표현하겠습니다. 또한, 팀의 단합을 위한 자리인 만큼 회식 자리에서 분위기를 띄우기 위해 노력할 것입니다.

A.
상사가 옆에서 술을 권한다면 따르겠습니다. 상사와의 술자리로 팀워크를 다지는 기회로 만들겠습니다. 또한, 상사와 술자리를 통해 공적인 업무에서 얘기하지 못했던 것을 얘기하며, 같이 일하는 에너지로 만드는 시간으로 삼겠습니다.

답변 가이드

최근 조직에서는 세대 및 성향의 갈등으로 회식의 개념도 많이 달라지고 있습니다. 그럼에도 회식이란 단지 기성세대 등의 전유물이 아니라, 팀워크를 위한 자리로 인식하는 태도도 중요합니다. 조직에 잘 융화될 수 있는 사람인지를 볼 수 있는 질문이기에 따라서 해경조직의 일원으로서 단합을 위한 회식 자리를 어떻게 대할 것인지 생각해보면 좋을 것 같습니다. 또한, 최근 공직사회에 음주사고가 큰 문제로 대두되는 만큼 주량 및 음주에 대한 질문이 자주 있습니다. 이에 대한 대비도 미리 해두면 좋습니다.

| 연계질문 |

- 주량이 어떻게 되나요?
- 본인만의 음주습관 말해보세요.
- 술자리에서 다른 사람과 시비가 붙는다면 어떻게 할 건가요?
- 상사가 음주운전을 하려고 하면 어떻게 할 건가요?

나만의 답변 구성하기

질문 **Q. 당신이 술을 마시고 있는 상황에서 아버지가 쓰러졌다는 연락을 받았습니다. 어떻게 조치할 건가요?**

| 답변예시 |

A.
술을 마시고 있는 상황에서 아버지가 쓰러지셨다는 연락을 받았다면, 빠르게 주변 가족 및 지인에게 도움을 요청하도록 하겠습니다. 왜냐하면 술을 마시고는 운전을 하지 못하기 때문입니다. 그런 다음 술을 마시는 장소에서 빠져나와 아버지가 병원에 도착하기 전에 먼저 병원에 도착하여 아버지를 챙기도록 하겠습니다.

나만의 답변 구성하기

질문 **Q. 악성 민원인 응대 어떻게 할 건가요?**

| 답변예시 |

A.
악성 민원인은 없다고 생각합니다. 분명 민원인께서는 억울한 일을 당했기 때문에 감정이 앞서 격양된 행동을 하셨을 것이라 생각합니다. 따라서 저는 선입견을 가지지 않고 민원인의 이야기를 경청하여 도움을 드릴 수 있는 방법을 모색하여 민원인의 고충을 해결하겠습니다.

A.
저를 찾아오신 민원인 분은 절박한 마음으로 오셨을 것이라고 생각합니다. 따라서 무엇 때문에 화가 나셨는지 명확한 이유를 알아야 한다고 생각합니다. 도움이 가능한 상황이면 이의신청방법에 대해 설명해 드리고 올바로 이해를 시켜 드리겠습니다. 만약 위법한 상황이라면 위법한 사항임을 인지시키고 적법한 처분절차에 대한 설명과 주의를 지도하겠습니다.

답변 가이드

해양경찰에게 법집행만큼이나 중요한 일이 바로 민원응대입니다. 특히 고질적인 민원이나 악성민원인을 만났을 때, 흥분하지 않고 침착하게 대처하는 자세가 중요한데요. 선경청, 후해결이라는 키워드를 기억하면서 자신만의 답변을 만들어보시기 바랍니다.

| 연계질문 |

- 자신은 잘못한 게 없는데 민원인이 화를 낸다면 어떻게 하겠습니까?
- 민원인이 무리한 요구를 한다면 어떻게 할 건가요?
- 민원인이 민사사건을 가지고 도움을 요청한다면 어떻게 하겠습니까?
- 출동했는데, 민원인이 왜 이렇게 늦게 왔냐고 화를 낸다면 어떻게 할 건가요?
- 악성응대 매뉴얼 알고 있나요?

나만의 답변 구성하기

질문 Q. 다음 면접 순번이 본인과 친한 친구라면 면접 질문 알려줄 건가요?

| 답변예시 |

A.
저는 알려주지 않을 것입니다. 친한 친구이기 전에 선의의 경쟁자라고 생각합니다. 또한, 저의 친구는 자신의 실력만으로 충분히 합격할 수 있다고 생각합니다.

A.
저는 알려주지 않을 것입니다. 해양경찰 면접은 공정하게 진행되어야 하기 때문에 아무리 친한 친구여도 질문을 알려주는 것은 공정성에 위배될 수 있다고 생각합니다. 친구와 함께 선의의 경쟁을 펼쳐 꼭 함께 합격하고 싶습니다.

답변 가이드

해경 시험 상황에 대한 질문도 자주 출제가 됩니다. 발생 가능한 상황에서 수험생이 어떻게 대처하는지를 묻는 질문인데요. 자신의 원칙과 신념에 맞춰 조리 있게 대답하시기 바랍니다.

| 연계질문 |

- 필기시험 중 친구가 컨닝을 한다면 어떻게 할 건가요?
- 친구가 5년 동안 시험을 못 봐도 자수하라고 할 건가요?
- 면접장을 오는데, 길에 누군가 쓰러져 있다면 어떻게 할 건가요?
- 오늘 면접에서 잘한 점과 아쉬운 점 말해보세요.

나만의 답변 구성하기

질문 Q. 상사가 자신의 성과를 인정해주지 않는다면 어떻게 할 건가요?

| 답변예시 |

A.
저는 상사의 판단을 따르겠습니다. 제가 생각한 성과와 상사가 생각하는 성과는 다를 수 있다고 생각합니다. 스스로 부족한 점을 보완하여 다음에는 꼭 인정받을 수 있도록 노력하겠습니다.

A.
저는 초임경찰로서 아직 미숙한 부분이 많이 있을 것이라 생각합니다. 따라서 상사 분께 대화를 요청하여 어떤 점에서 미숙함이 있는 지 조언을 얻겠습니다. 이후 그 점을 보완하여, 상사에게 인정받는 후배가 되겠습니다.

답변 가이드

공직사회에서도 성과가 중요해지고 있습니다. 이와 관련하여 승진과 같은 키워드는 개인적으로 민감할 수 있죠. 하지만, 수험생의 입장에서는 초임경찰로서 아직 부족하고 배워야 하는 입장임을 잊지 말아야 합니다.

| 연계질문 |

- 나의 공을 상사가 가로챈다면 어떻게 할 건가요?
- 상사가 원래 있던 직원을 추천하지 않고, 상사가 새로 데려온 직원에게 승급심사 점수를 몰아준다면 어떻게 할 건가요?
- 나보다 무능한 동료가 먼저 승진한다면 어떻게 할 건가요?
- 내가 세운 공을 공식적인 자리에서 다른 동료의 공이라며 칭찬한다면 어떻게 할 건가요?

나만의 답변 구성하기

질문 Q. 해양경찰은 급여가 적은데 괜찮습니까?

| 답변예시 |

A.
급여를 생각했다면 경찰을 생각하지 않았을 지도 모릅니다. 또한, 급여는 정해진 만큼 씀씀이를 줄이며 생활하면 된다고 생각합니다.

A.
저는 급여는 중요하지 않다고 생각합니다. 제가 해양경찰에 지원한 이유는 돈보다는 국가와 국민에게 봉사할 수 있는 명예로운 일이기 때문입니다. 따라서 저에게 급여는 문제가 되지 않는다고 생각합니다.

A.

저는 해양경찰 급여가 적지 않다고 생각합니다. 또한, 월급을 얼마 받느냐보다는 어떻게 사용하느냐가 더 중요하다고 생각합니다. 그러므로 저는 월급에 제 생활패턴을 맞출 각오가 되어 있습니다.

답변 가이드

일반 사기업에 비해 공무원 급여가 적다는 인식이 있기 때문에 해양경찰 면접에서도 급여에 대한 생각을 자주 묻습니다. 특히 민간기업에서 일을 해본 경력이 있거나 특채의 경우 "기존보다 급여가 적어질 텐데 괜찮나요?"라는 질문을 하기도 합니다. 이에 대해 자신만의 소신 있는 답변을 만들어보시기 바랍니다.

| 연계질문 |

- 해양경찰 급여에 대해 알고 있나요?
- 다른 친구들은 사기업 다니면서 돈 많이 벌면 상대적 박탈감 느끼지 않을까요?
- 전 직장보다 급여가 적어질 텐데 괜찮습니까?

나만의 답변 구성하기

02 | 기출질문 리스트

(1) 공직관 질문

- 국가공무원의 6대 의무에 대해 말해보세요.
- 공무원 4대 비리에 대해 말해보세요.
- 공무원은 공무를 수행함에 있어 감정이 있어야 하나요? 혹은 감정을 배제해야 하나요?
- 공무원에 영혼이 있다고 생각나요?
- 해양 경찰에서 가장 중요한 업무가 무엇인가요?
- 해양경찰에서 해양이 중요하나 경찰이 중요하나요?
  유사질문) 정보화 시대에 있어 해경이 나아가야 할 길은 무엇인가요?
- 해양경찰은 블루오션인가요?
- 바다에서 중요한 것은 무엇인가요?
- 경찰 관련 사건 사고가 많이 일어나고 있는데 그에 대한 견해를 말해보세요.
- 해경 관련 최근 뉴스 아는 것 말해보세요.
- 현재 해양경찰의 문제점은 뭐라고 생각하나요?
- 해양 경찰이 바꿔야 할 점을 홍보와 인력 빼고 말해보세요.
- 해양경찰이 공정하게 법을 집행하고 있다고 생각하나요?
- 앞으로 해양경찰이 나아가야 할 방향에 대해 말해보세요.
- 해양경찰로 4행시를 지어보세요.
- '해양경찰은 000이다.' 한마디로 정의한다면?
- 현 해양경찰 상황을 사자성어로 표현해보세요.
- 해양경찰의 청렴과 도덕에 대해 말해보세요.
- 해양경찰 홍보관이라면 국민들에게 어떻게 홍보할건지 말해보세요.
- 해양경찰 고유 브랜드 확립하기 위해 방안에는 무엇이 있을까요? 본인이 생각하는 아이템은 무엇입니까?
- 해양경찰 하면 제일 먼저 떠오르는 이미지는 무엇인가요?
- 해양경찰 하면 가장 먼저 생각나는 단어는 무엇인가요?
- 해양경찰 하면 생각나는 사건은 무엇인가요?
- 타이타닉 말고 선박사건 아는 것 있나요?
- 선박사고 유형 중 가장 많이 일어나는 사고는?
- 해양경찰과 육지경찰의 차이는 무엇인가요?
- 해양범죄와 육상범죄의 차이는 무엇인가요?
- 사법경찰과 행정경찰에 대해서 말해보세요.
- 해양경찰과 해군은 어떻게 다른가요?
- 공무원과 일반기업의 차이는 무엇인가요?
- 해양경찰이 가진 권한이 무엇인가요?
- 해양경찰이 경찰이라는 법적근거 말해보세요.
- 경찰은 법을 집행하는데, 법을 배워본 적 있나요?
- 본인이 경찰이라고 생각하고 현행범을 체포한 순간부터 구속하는 과정까지 쭉 이어서 말해보세요.
- 경미한 범죄는 어떻게 처벌하나요?
- 해양경찰 관련 판례 찾아본 적 있나요? 어디서 판례를 찾았나요?
- 해양경비법이란 무엇이고, 어느 부처 소관인가요?
- 해양경찰이 한강에 있는 이유에 대해 말해보세요.
- 경찰 인권에 대해 아는 것 있나요?
- 남경과 여경의 차이는 무엇인가요?
- 해양경찰 부서 중 어디에서 근무하고 싶나요?

- 해양경찰 함정과 항공기에 대해서 아는 대로 말해보세요.
- 자신이 추진하고 싶은 사업은 무엇입니까?
- 세월호 사건 이후 정부에서 많은 정책과 제도를 도입하여 해양안전에 도모하고 있습니다. 이 중 개선된 제도나 정책에 대해 아는대로 말해보세요.
- 국민안전처 도입 시기와 달라진 점에 대해 말해보세요.
- 해양경찰과 같은 중국과 일본, 미국의 기관은 무엇인가요?
- 미국 해양경찰과 우리나라 해양경찰을 비교해보세요.
- 국제적으로 해양오염이 심각합니다. 해양경찰에서 근무하게 된다면 어떤 방법으로 해양오염에 대처할 건가요?
- 해양오염이 일어나면 어떤 조치를 취 해야 하는지 순서대로 말해보라.
- 작살에 꽂힌 밍크고래 발견 시 대처방안(추가질문 : 고래유통 과정까지)
- 국가에 대해서 평소에 어떻게 생각하세요? 경험을 들어서 얘기해보세요
- 경찰 공무원의 증원에 대해서 어떻게 생각하나요?
- 최근 범죄가 많이 일어나고 있는데 그 원인과 해결방안 말해보세요.
- 해방 전 해양경찰 활동에 대해 말해보세요.
- 국가와 해경의 관계에 대해 말해보세요.
- 어민과 해경의 관계는 무엇이라고 생각하며, 본인은 어떤 자세로 임하겠습니까?
- 해양경찰이 제한된 예산 배정과 제한된 인력풀 하에서 구조 분야에 대한 인력채용 및 예산 지출이 증가하고 있는데 그 밖의 경쟁력을 유지 강화시킬 수 있는 방안을 말해보세요.
- 해양경찰의 조직을 키우기 위해서는 소속 상위 기관인 해양수산부의 조직을 키우면 자동으로 해경의 조직이 커질 것이라는 생각에 대해 어떻게 생각하나요?
- 해양경찰대학교에 대해 어떻게 생각하나요?
- 해경 구조역량 개선할 부분에 대해 말해보세요.
- SWOT 분석을 통해 해경 장단점 말해보세요.

(2) 상황 질문

- 국가가 부당한 지시를 내리면 따를 건가요?
- 국가가 당신에게 죽음의 임무를 지시한다고 생각하나요?
- 상사가 부당한 지시를 한다면 어떻게 할 건가요?
- 선배가 옷을 다리라고 하거나 근무를 대신 서라고 하는 등 부당한 지시를 할 때 어떻게 할 건가요?
- 상사가 위법한 지시를 내린다면 어떻게 할 건가요?
- 상사가 불합리한 지시를 내린다면 어떻게 할 건가요?
- 상사의 부당한 명령이 자신의 신념과 어긋날 경우 어떻게 할 건가요?
- 상사가 개인적인 심부름을 시킨다면 어떻게 할 건가요?
- 상사가 커피 타오라고 하면 어떻게 하겠습니까?
- 개인의 가치관과 조직의 가치관이 충돌한다면 어떻게 할 건가요?
- 경찰 임무에 충실하다 보면 가정에 소홀하게 되는 경우가 많은데 상관없나요?
- 출동해야 하는데 아기를 맡길 곳이 없다면, 어떻게 하겠습니까?
- 결혼 후 아내가 부모님과 함께 사는 것을 반대한다면 어떻게 할 건가요?
- 당신에게 하기 싫은 일이나 능력 이상의 업무가 주어진다면 어떻게 할 건가요?
- 한 번도 해보지 않은 일을 맡는다면 어떻게 할 건가요?
- 해경 입사 후 행정직으로 인사 이동되면 어떻게 할 건가요?
- 동시에 여러 가지 일이 주어지는 경우 어떻게 할 건가요?

- 동료가 업무를 자꾸 떠넘긴다면 어떻게 할 건가요?
- 경찰조직에서는 협력이 중요한데, 뒤처지는 동료 때문에 업무상 차질이 생기면 어떻게 할 건가요?
- 나이 많은 상급자가 직무를 소홀히 한다면 어떻게 할 건가요?
- 상사가 나보다 나이가 5살 어리면, 어떻게 할 건가요?
- 자신의 의견이 상급자의 의견과 다를 때 어떻게 할 건가요?
- 상사는 a라는 해결책이 있었고, 본인에게는 b라는 해결책이 있습니다. 사실 본인이 맞는 해결책이라면 어떻게 할 건가요?
- 상사와 갈등이 생긴다면 어떻게 할 건가요?
- 본인을 이유 없이 싫어 하는 사람과 일을 하게 되면 어떻게 할 것인가?
- 상사와 동료가 마찰이 발생한 경우 어떻게 할 건가요?
- 발령받은 발령지에 사람들이 사이가 안 좋고 분위기도 좋지 않습니다. 어떻게 할 건가요?
- 능력 없는 상사를 만난다면 어떻게 대처할 건가요?
- 동료가 뇌물을 받는 것을 목격했다면 어떻게 할 건가요?
- 업무 중 상사의 비리를 알게 되었다면 어떻게 할 건가요?
- 가족이나 형제가 부당한 부탁을 하면 어떻게 할 건가요?
- 민원인이 부적절한 요구를 한다면 어떻게 할 건가요?
- 사람이 물에 빠졌다면 어떻게 할 건가요?
- 물에 빠진 아이가 있습니다. 아이 부모님한테는 어떻게 할 건가요?
- 교육 받고 발령받은 후 여객선을 타고 가는 중에 여객선이 전복되었습니다. 당신은 해경이란 사실을 사람들이 모르는 상황입니다. 어떻게 행동할 것인지 구체적으로 말해보세요.
- 바다에 빠진 사람을 구조하기 어려운 상황입니다. 그럼에도 불구하고 상부에서 구조하라고 한다면 어떻게 할 건가요?
- 파도 상황이 안 좋은데 시민이 물에 빠졌습니다. 동료가 말리는 상황인데 구하러 갈 건가요? 만약에 그 사람이랑 같이 죽을 수도 있습니다. 다른 사람을 더 살릴 수 있지 않을까요?
- 배가 침몰하면 산소 주입기에서 나오는 산소로 몇 시간 버틸 수 있을까요?
- 해양경찰 업무를 하다가 영구장애가 되면 어떻게 할 건가요? 영구장애 판정 후 퇴직하라고 하면 어떻게 할 건가요?
- 수상레저 시 주의하지 않아서 사고 난 사람 어떻게 할 건가요?
- 동료가 성추행 가해자고 다른 동료가 피해자라면 어떻게 할 건가요? 당신이 가해자라면 어떻게 할 건가요?
- 회식 자리에서 상관이 동료에게 성추행 시 어떻게 할 건가요?
- 여자를 구조했는데 성희롱으로 신고했다면 어떻게 대처할 건가요?
- 직장 내에서 동료가 성추행을 당했을 때 동료가 창피함 때문에 말하지 말아 달라면 어떻게 할 건가요?
- 사회에서 술자리를 갖게 되었을 때 성희롱이 발생한다면 어떻게 할 건가요?
- 현재 한국은 자신이 느끼기에 불편하면 성폭행 성추행 신고가 가능합니다. 상사로부터 불편함을 느끼면 어떻게 할 건가요?
- 함정에서 여경과 농담할 수 있는 범위는 어느 정도라고 생각하나요?
- 자신이 경찰인데 지나가던 여자가 강간을 당했다고 하면서 어떤 남자를 잡아달라고 한다면 어떻게 할 건가요?
- 경찰 업무하다 만난 사람이 맘에 든다고 대시한다면 어떻게 할 건가요?
- 상사가 술자리에서 옆자리로 불러서 술을 권한다면 어떻게 할 건가요?
- 술자리에서 상대방과 갈등이 생긴다면 어떻게 할 건가요?
- 회식과 가족잔치가 겹치면 어떻게 할 건가요? 상사가 끝날 때까지 가지 말라고 한다면 어떻게 할 건가요?
- 당신이 술을 마시고 있는 상황에서 아버지가 쓰러졌다는 연락을 받았습니다. 어떻게 조치할 건가요?
- 당신은 운전면허가 없는 상황입니다. 사람의 목숨이 위급한 사고가 발생했는데, 당신밖에 갈 사람이 없다면 어떻게 할 건가요?
- 과장과 계장이 서로 상반된 명령을 한다면 어떻게 할 건가요?
- 민원인이 폭행하면 어떻게 할 건가요?
- 필기시험 중 친구가 컨닝을 한다면 어떻게 대처할 건가요? 친구가 5년 동안 시험을 못 보더라도 자수하라 할 건가요? 친구가 한 가족의 가장입니다. 5년간 가족이 다 굶어 죽어도 그렇게 할 건가요?
- 출동을 해야 하는데 아이를 맡길 곳이 없습니다. 어떻게 할 건가요?
- 내일 결혼을 해야 하는데 출동해야 한다면 어떻게 할 건가요?

- 중요한 개인약속이 있는데 상급자가 업무 지시를 한다면 어떻게 할 건가요?
- 자신이 세운 공로를 상관이 다른 동료가 세운 공로인 줄 알고 공식적인 자리에서 그 동료를 칭찬하며 자신을 포함한 다른 동료들을 무능하다고 말을 하고 있다면 어떻게 할 건가요?
- 본인이 직장에서 열심히 일을 해서 성과를 내었습니다. 하지만 상사가 이를 알아주지 않고 다른 팀원의 공만 알아준다면 어떻게 할 건가요?
- 상사가 원래 있던 직원을 추천하지 않고, 상사가 새로 데려온 직원에게 직원승급심사 점수를 몰아준다면 어떻게 할 건가요?
- 불심 검문 시 거부하는 시민에 대한 대처방법 말해보세요.
- 불심 검문 시 범죄자임이 확실한데 묵비권을 행사하고 있습니다. 어떻게 할 건가요?
- 불법 조업을 단속하는 과정에서 나와 친분 있는 사람이 단속 대상이 되었다면 어떻게 할 건가요?
- 동료가 칼에 찔렸습니다. 어떻게 할 건가요?
- 당신이 근무 중 동료가 불법조업 어선에서 중국어민들에게 10대 1로 맞고 있는 상황을 보았습니다. 당신은 실탄 30발과 총기를 휴대하고 있다면 어떻게 할 건가요?
- 중국어선 나포 절차 말해보세요.
- 해양경찰 업무로 인해 가족과 문제가 생겼다면 어떻게 할 건가요?
- 경찰이라서 여자(남자)친구와의 결혼을 부모님이 반대하신다면 어떻게 할 건가요?
- 당신이 계장입니다. 서장이 밥 먹자고 해서 같이 나갔더니 어떤 사업체 사장이 술을 서장에게 줬는데, 서장이 당신에게 술을 맡겼습니다. 어떻게 할 건가요?
- 자신은 잘못한 게 없는데 상사가 오해를 해서 계속 나무란다면 어떻게 할 건가요?
- 나의 생명과 동료의 생명, 조난자 중 가장 중요한 것은 무엇인가요?
- 익수자 3명이 발생했는데, 응급구조사는 본인 1명이고, 일반직원이 1명 있습니다. 어떻게 하겠습니까?
- 선박에서 화재가 발생했는데, 선박에는 15명이 있는 상황입니다. 일반직원 한 명과 본인만 있다면, 어떻게 하겠습니까? 근데, 긴급환자(심정지 환자)가 발생했습니다. 어떻게 하겠습니까?
- 함정 타고 멀미하면 어떻게 대처할 건가요?
- 현직에 있게 되면 승진과 자기 분야의 경험 중 어떤 것을 중시할 건가요?
- 해양경찰이 되면, 어떻게 봉사할 건가요?
- 개인역량과 조직역량 중 무엇이 더 중요한가요?
- 경찰관이 감정노동자라고 불리는 것에 대해 어떻게 생각하나요?

CHAPTER 03

합격전략 3.
전공지식 및 해경 · 해양상식 질문

이루다쌤의 응원 한마디! 

전공지식 및 해경 · 해양 상식 질문은 주로 2:2 집단면접에서 주로 출제되는 질문입니다. 인성 및 프로파일러 면접질문과는 다르게 지식형 질문으로 정해진 답변이 있습니다. 따라서 지식을 가지고 있는 지 여부를 판단하는 질문이므로 정확하게 답변하는 것이 필요합니다. 자~ 암기할 준비됐나요?! 후회 없는 면접을 위해서 지금부터 시작하세요!

2:2 집단면접에서는 주로 업무에 관련된 전문 지식을 묻는 질문이 출제됩니다. 해경 및 직렬에 필요한 기초지식 및 상식에 대한 질문이기 때문에 정확하게 알아야 답변을 할 수 있습니다. 만약 잘 모르는 질문이 나왔다면, 아는 척을 하기보다는 "그 부분은 공부가 덜 된 것 같습니다. 죄송합니다." 또는 "죄송합니다. 미처 준비하지 못했습니다. 반드시 알아두겠습니다."라고 솔직하게 인정하는 자세가 중요합니다. 워낙 질문의 범위가 방대하므로, 답변을 못 했다고 해서 무조건 감점요인은 아니니, 끝까지 자신감을 잃지 않는 태도를 유지하시기 바랍니다. 특히, 지식을 묻는 질문은 답변을 하다 보면, 물어보지 않은 것까지 답변을 하게 될 때가 있습니다. 면접관은 물어보지도 않은 것까지 답변하는 것을 매우 싫어합니다. 따라서 욕심 부리지 말고, 묻는 부분만 간결하게 답변하는 것! 꼭 유념하시고요. 2:2 집단면접의 경우 함께 입실한 수험생이 비교대상이 될 수 있습니다. 따라서 최종합격을 위해서 옆 지원자보다 무조건 자신감 있게 표현하시기 바랍니다.

01 | 전공지식

(1) 항해전공 질문

SOLAS International convention for the Safety Of Life At Sea	• 해상에서의 인명안전을 위한 국제협약 • 선박의 안전을 위한 선박의 구조, 설비 및 운항에 관한 최저기준의 설정 • 관련 국내법으로 「선박안전법」
SAR Search And Rescue	• 해상에 있어서의 수색 및 구조에 관한 협약 • 해상조난선박과 인원을 효율적으로 구조하기 위한 수색 · 구조에 관한 협약 • 관련 국내법으로 「수난구호법」
MARPOL International convention for the prevention of Marine Pollution from Ships	• 선박으로부터 오염방지를 위한 국제협약 • 기름 · 유해액체물질 · 폐기물을 규제하고 해양의 오염물질을 제거하여 해양환경을 보전하고자 함 • 관련 국내법으로 「해양환경관리법」
COLREG Convention on the International regulation for preventing collisions at sea	• 국제해상충돌예방규칙으로 해상에서 일어날 수 있는 선박간의 충돌을 예방하기 위한 규정(항법규정, 충돌회피동작, 항행방법, 등화와 형상물설비규정, 음향신호와 발광신호) • 관련 국내법으로 「해사안전법」
UNCLOS United Nations Convention on the Law of the Sea	• 유엔해양법 • 해양과 그 자원을 이용 · 보전하기 위한 사항을 규정한 협약
IMO International Maritime Organization	• 국제해사기구 • 선박의 항로, 교통규칙, 항만시설 등을 국제적으로 통일하기 위하여 설치된 유엔 전문기구. 1948년 3월 스위스 제네바에서 조약이 채택되었고, 58년에 발표됨 • 이 기구의 목적은 국제해운의 안전, 항행의 능률화와 각종 제한의 철폐에 있으며 해운 문제의 심의, 정보교환, 조약의 작성이나 권고를 임무하고 있음
MEPC Maritime Environment Protection Committee	• 해양환경보호위원회 • 해사 문제를 다루는 국제연합(UN)의 전문기구로, 국제해사기구 내에 설치된 5개의 위원회 중 하나 • 선박에 의한 해양 오염의 방지 및 규제를 위한 문제를 심의하고 이와 관련된 국제협약의 채택 및 개정에 관한 기능을 수행함 • 1973년 국제해사기구 제8차 총회 의결에 의하여 설치되었으며, 모든 회원국의 대표로 구성됨
OPRC international Convention on Oil Pollution preparedness Response and Cooperation	• 해양오염사고가 발생한 때에 신속하고 효과적인 대응 및 대비를 위한 제반사항을 규정한 국제협약으로 1990년에 국제해사기구에서 채택됨

STCW International convention on standards of training, certification and watchkeeping for seafarers	• 선원의 훈련 · 자격증명 및 당직근무의 기준을 국제적으로 통일하여 규정 • 관련 국내법으로 「선박직원법」, 「선원법」
GMDSS Global Maritime Distress and Safety System	• 세계 해상조난 및 안전제도 • 국제항해를 하는 모든 여객선 및 총통수 300톤 이상의 선박에 적용 • 조난경보송수신, 수색 및 구조의 통제통신, 현장통신, 해사안전정보
ISPS International Code for the Security of Ships and of Port Facilities , ISPS cod	• 국제선박 및 항만시설에 대한 보안규칙 • 2001년 미국의 9 · 11 테러사건 이후 IMO는 선박 및 항만시설에 대한 보안을 강화하기 위하여 SOLAS에 신설 • 주 내용으로는 선박 보안, 회사의 의무, 당사국 정부의 책임, 항만시설 보안 · 선박의 심사 및 증서 발급이 있음
선박	부양력을 가진 구조물로 사람 또는 화물을 적재하고 바다 위를 스스로의 힘으로 나아갈 수 있는 능력을 갖춘 것
선박의 특징	• 부양성 : 물 위에 뜬다. • 이동성 : 적재된 것을 원하는 장소로 운반할 수 있다. • 적재성 : 여객 또는 화물을 실을 수 있다.
선박의 종류	목적에 따라 분류 시 • 상선 : 여객선, 화객선, 화물선 • 어선 • 특수선 : 준설선, 예인선, 소방선, 측량선 등 • 군함
항해	• 선박을 경제적이고 안전하게 이동시키는 기술 • 1마일(mile) = 1해리(지리위도 1′에 대한 자오선상의 호의 길이, 1,852m) • 노트(knot) : 선박의 속력을 나타내는 단위. 1노트는 1시간에 1해리를 항주하는 선박의 속력 • 3분 동안 1해리를 갔다면 배의 속력은?
항법의 종류	• 지문항법 : 지상의 물표를 이용하여 선위를 구하는 항법. 물표를 관측하여 선위를 구하는 실측항법 + 항정 · 침로를 기초로 선위를 계산하는 추측 • 천문항법 : 태양, 달 등 천체를 관측하여 선위를 구하는 항법 • 전파항법 : 전파의 특징(직진성, 반사성, 등속성)을 이용한 계기로 선위를 구하는 항법
항정선	• 지구 위의 모든 자오선과 같은 각으로 만나는 곡선 • 일정한 침로를 유지하면서 항행할 때 지구 표면에 그리는 항적 • 점장도 상에서는 직선으로 표시
태풍	중심 최대풍속 17m/s 이상을 기준으로 폭풍우를 동반하는 열대성 저기압

태풍생성원리	열대 해상에서 발생하는 것으로 공기가 따뜻하고 수증기가 많아야 하고, 해수면의 온도는 26℃ 이상이어야 하며 공기의 소용돌이가 있어야 함
태풍의 크기	반경에 따라 구분 • 소형 : 300km 미만 • 중형 : 300~500km • 대형 : 500~800km • 초대형 : 800km 이상
태풍의 발달	발생기 → 발달기 → 최성기 → 쇠약기
태풍피항법	• 3R법칙 : −북반구에서 풍향이 오른쪽으로 변하면 자선은 태풍진로의 우반원에 위치 −풍향을 우현선수에서 받아 조선 • LLS법칙 : −북반구에서 풍향이 왼쪽으로 변하면 자선은 태풍진로의 좌반원에 위치 −풍향을 우현선미에서 받아 조선 • 풍향에 변화가 없이 일정하고 풍력이 강해지며 기압이 더욱 하강하면 자선은 태풍의 진로상에 있으므로 풍랑을 우현 선미에서 받으며 가항 반원으로 항주하는 피항 침로를 취해야 함
태풍 이동경로 파악	• 바이스밸럿의 법칙 : 바람을 등지고 양팔을 벌리면 북반구에서는 왼손 20~30도 방향에 태풍의 중심이 있고 남반구에서는 오른손 20~30도 방향에 있음 • 위험반원 : 태풍진로의 오른쪽에 위치한 우반원으로 풍향이 시계방향 · 태풍의 중심으로 휩쓸리게 됨 • 가항반원 : 태풍진로의 왼쪽에 위치한 좌반원으로 풍향이 반시계방향 · 태풍의 중심에서 멀어짐
4대 큰 바람	열대성 저기압은 발생장소와 세력에 약간씩 차이가 있어 사이클론(cyclone) · 허리케인(huricane) · 태풍(Typoon)으로 이름을 달리 부름 • Typhoon : 북태평양 남서부 해상에서 발생. 동아시아 지역에 피해를 줌 • Cyclone : 인도양에서 발생. 세력이 가장 작고 남부아시아 지역에 피해를 줌 • Hurricane : 대서양 서부에서 주로 발생. 세력은 태풍보다 작지만 대형인 것은 태풍에 버금감. 멕시코 연안에 상륙하여 피해를 줌 • Willy willy : 호주북부에서 발생. 태풍이나 허리케인보다 규모나 빈도가 작지만 호주에서는 막대한 피해를 줌. 2007년부터 사이클론으로 통합
황천항해시 대처 방법	황천항해 : 날씨가 좋지 않은 곳으로 항해하는 것 • 히브투 : 선수 2 · 3점에서 바람을 받아 조종 가능한 최소속력으로 항진 • 라이투 : 기관 정지 후 표류. 시앵커(Sea Anchor, 물닻) 사용 • 스커딩 : 선미쿼터에서 바람을 받으며 쫓기듯이 항진 • 스톰오일 : 파랑을 진정시킬 목적으로 선박 주위에 기름을 살포

폭풍해일과 지진해일	• 해일 : 해면이 부풀어올라서 해수면이 이상적으로 높아진 현상 • 폭풍해일 : 태풍 같은 강한 저기압권에서 정역학적 균형을 유지하기 위해 해면이 부풀어올라서 해수면이 이상적으로 높아진 현상 • 지진해일 : 해저에서 지진, 해저화산폭발, 단층운동 같은 극격한 지각변동이나 빙하의 붕괴 등으로 발생하는 파장이 긴 파
Pivot Point(전심)	• 선회권의 중심으로부터 선박의 선수미선에 수직선을 내려 만나는점 • 선체 자체의 외관상의 회전 중심. 전진 중에는 선수에서 배 길이 1/3~1/5 부근
파곡·파고·파두	• 파곡 : 물결의 가장 낮은 위치 • 파고 : 물결의 높이로 파의 골에서 마루까지의 높이. • 파두 : 전파하는 파의 마루선
항해 장비 10가지	조타기, 자이로컴퍼스, GPS, AIS, ECDIS, 마그네틱 컴퍼스, 엔진텔레그래프, 음향측심기, VDR, 시진의, 육분의, VHF, 오토파일럿, 레이더, 선속계 등

더 알아보기

선회권

선회운동 중에 선체의 무게 중심이 그리는 항적

- **종거** : 전타위치에서 선수가 90도 회두했을 때 원침로에서 전진 거리
- **횡거** : 전타위치에서 선수가 90도 회두했을 때 원침로에서 직각방향 거리
- **선회지름** : 회두가 180도 된 곳까지 원침로에서 직각방향 거리
- **최종선회지름** : 배가 정상 원운동할 때 선회권의 지름
- **리치** : 전타위치에서 최종 선회지름의 중심까지 거리를 원침로에서 거리

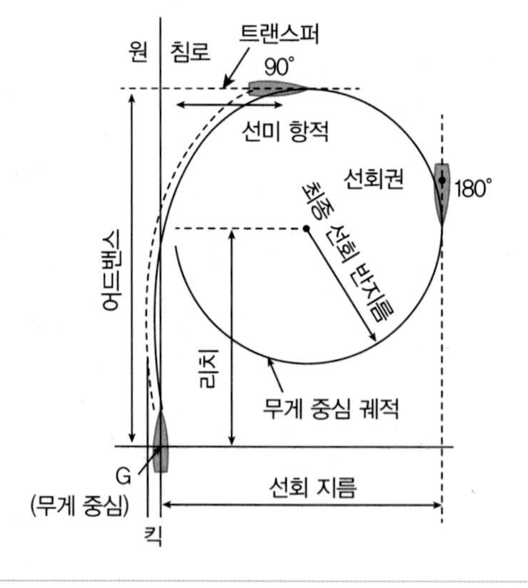

레이더의 원리	• 무선탐지와 거리측정(Radio Detection and Ranging) 마이크로파의 전자파를 발사시켜 물표에 반사되어 돌아오는 전자기파를 수신하여 물체와의 거리방향을 알아낼 수 있는 장치 • 전파의 등속성 · 직진성 · 반사성을 이용하여 위치를 탐지하고 거리를 측정
레이더 고장 시 위치 확인하는 방법	선박의 위치를 확인하는 방법은 다음과 같다. • 컴퍼스로 구한 방위 • 육분의로 수평협각 측정 후 작도 • 중지선에 의한 위치확인 • 측정한 수신과 해도를 비교한 위치 확인 • 천체의 고도를 육분의로 측정, 전파항법(로란, 데카) 등
VHF **Very High Frequency.**	• 초단파를 이용한 근거리용 무선전화 • 30~300MHz, 파장은 1~10m, 채널 70에 의한 DSC와 채널 16에 의한 무선전화 송수신으로 조난신호할 수 있는 장비
조난신호	NC기, Mayday, 모스부호SOS, 팔을 위에서 아래로 45도로 위아래, 신호홍염
조난신호장비	• 주간용 : 연기 이용. 발연부신호, 자기발연신호, 일광신호경 • 야간용 : 빛이용. 로켓낙하산 화염신호, 신호홍염, 자기점화 등
SART **Search And Rescue Transponder**	선박 조난 시 작동되어 근처 선박의 9GHz 주파수대 레이더 화면에 조난선의 위치를 표시
EPIRB **Emergency Position Indicating Radio Beacon.**	• 비상위치지시무선표지 • 선박이 조난 당하였을 때 자동으로 본선으로부터 이탈 · 부유하여 사고지점 · 선명 등 정보를 자동으로 발사하게 하는 장치
AM, FM	• AM은 소리의 크기에 해당하는 전파의 진폭에 정보를 담아서 전달 • FM은 소리의 높낮이처럼 전파의 진동수의 변화에 정보를 담아서 전달
법에 따른 항해구역	• 「선박안전법」 : 평수, 연해, 근해(동경175도), 원양 • 「선박직원법」 : 연안(평수, 연해, 제주도 남단 20'지점), 원양(모든 수역) • 「해양경비법」 : 연안, 근해, 원해
법에 따른 운전 가능 혈중 알콜농도	「수상레저안전법」, 「유도선법」, 「낚시관리 및 육성법, 해사안전법」 : 0.05%

더 알아보기

선박사고 유형 중 가장 많이 일어나는 사고는?

〈홈페이지 지표 2019년도 기준〉

- **선종별** : 어선 51.9%로 절반 이상, 이후 레저, 낚시어선순
- **사고유형** : 기관손상 26.5%, 부유물감김 13.5% 등 단순사고가 대부분
- **톤수별** : 5톤 미만 소형선박 47.5%

〈중부지방해양경찰청이 발표한 2020 통계 분석〉

- 선박사고 851척 발생으로 전년대비 17% 증가
- **주된원인** :
  - 기상불량 상황에서 무리한 조업 · 운항 등 운항자의 만성적인 안전불감증
  - 가을철 강력한 태풍의 연이은 내습 및 강풍을 동반한 최장기간 집중호우
- **사고가 가장 많은 시기** : 추석명절, 성어기, 관광 등 해양활동 인구 가장 많은 9~11월
- **사고발생유형** :
  - 기관 및 추진기 손상과 같은 정비 불량에 의한 단순고장사고 : 43.3%
  - 인명피해 유발할 수 있는 6대 해양사고(좌초, 충돌, 침몰, 침수, 화재, 전복) : 25.4%
- **선종별 사고 발행현황** :
  - 레저선박 41.4%(레저선박의 경우 항해 · 통신 장비가 다른 선종에 비해 취약해 사고발생시 위치 확인 등 사고대응에 어려움이 발생할 수 있어 운항자의 각별한 주의 필요)
  - 어선 32.7%

더 알아보기

해양사고 방지 위한 향후 대책

- **해양안전 관리체계 강화**
  - 농무기, 태풍내습기, 동계, 기상특보 발효 등 계절 및 기상을 고려한 선제적 사고 예방대책 강화
  - 과거 사고사례 분석결과와 예상되는 위험 등을 판단하여 예방대책 수립 및 시행
  - 사고예방을 위한 안전 홍보 및 조치 적극시행(사전 피항, 계류상태 점검 등)
- **국민 안심 다중이용선박 안전관리 추진**
  - 낚시어선 사고 예방활동 강화 및 안전위반행위 집중단속(출입항 시간대 및 주조업지 해상순찰 강화, 정원초과 및 구명조끼 미착용 등 주요 위반행위 집중 단속)
  - 유도선 안전운항 기반 구축(노후 유도선 현대화를 위한 대체건조 이차보전 사업, 해양안전 기동점검단 운영으로 유도선 불시점검을 통해 안전위해요소 제거)
- **협업 및 빅데이터 구축을 통한 연안안전관리 고도화**
  - 지차체 및 주민참여형 연안안전관리체계 마련
  - 연안해역 위험도 평가, 예측시스템 개발 추진
- **국민과 함께하는 해양안전문화 확산**
  - 대국민 해양안전 의식 강화(찾아가는 연안안전교실, 동영상, 언론, 캠페인 등)
  - 구명조끼 입기 실천운동 확대(공모전 등 다양한 참여형 이벤트 추진)

해양재난 대응역량 강화

- 신속한 해양사고 대응능력 제고
  - 출동시간 목표 설정과 지역별 사고현황 및 해역특성 등을 고려하여 지속적인 훈련과 관리를 통해 신속한 대응체계 확립
- 현장중심의 전문 구조역량 강화
  - 중특단, 구조대, 파출소, 함정 등 현장 부서별 구조역량 기준을 설정하고 그에 따른 맞춤형 교육을 통한 구조역량 강화
- 4차 산업혁명 기술을 적용한 수색구조체계 개선
  - 수색구조 역량 강화를 위한 첨단기술 도입 및 개발(R&D) 지속 추진

대외협력체계 강화

- 민간세력 참여 활성화
  - 민간해양구조대원 교육훈련강화 및 처우 개선(피복 지급, 보험가입 지원 등)
  - 자발적 수난구호 참여 독려를 위한 연안해역 지자체 대상 「수난구호 참여자 비용지원 조례」 지속 추진
- 해양사고의 체계적 대응을 위한 자문위원회 구성 및 운영 추진
  - 수색, 장비, 지원 분야 등 민관의 각 분야별 최고 전문가로 구성
  - 중앙구조본부 및 광역구조본부에 위원회를 설치, 구조본부 지원

안전한 수상레저 환경 조성

- 안전한 레저활동 기반조성을 위한 현장중심 안전관리 강화
  - 민관 합동점검 및 지도, 예방순찰 강화, 안전위해사범 집중단속, 안전수칙 홍보활동 강화
- 수상레저 현장안전관리 강화를 위한 전담인력 확보
- 수상레저 체계적 관리를 위한 법 및 제도 개선
  - 「수상레저 안전법」 분법 등 법 체계 재정비
  - 수상레저 정보시스템 고도화

천수 영향	• 수심이 얕은 수역영향 • 천수 영향으로 인해 생기는 일들 : 선체침하로 인해 흘수증가, 조파저항이 커지고 선체침하로 인해 저항이 증대하여 속력이 감소, 조종성의 저하가 발생. 저속항행과 고조시 항행
트림	• 트림 : 선박이 길이 방향으로 일정 각도로 기울어진 것 • 선수트림 : 선미 흘수보다 선수 흘수가 작은 것. 파랑이 많이 덮쳐 선속 감소 • 선미트림 : 선미 흘수가 선수 흘수보다 큰 것. 파랑의 침입을 줄여 타효가 좋고 선속 증가 • 등흘수 : 선수 흘수와 선미 흘수가 같은 것. 수심이 얕은 수역 항해할 때나 입거 시 유리
파주력	• 앵커나 체인이 해저면과 접촉하거나 일부가 흙에 박힌 상태에서 수평력에 저항하여 그 위치를 유지하는 능력 • 파주력 계산식=(앵커의 파주계수×앵커 수중무게)+(앵커체인 파주계수×앵커체인 단위길이 수중무게×파주부길이)

주묘/앵커끌림 Dragging Anchor	• 파주력이 약하여 선체의 이동을 더 이상 저지하지 못해 어쩔 수 없이 해저를 떠나 끌리고 있는 상태 • 확인법 : 선박위치 확인, 앵커의 장력 강약 확인, 정횡에서 바람을 받는데도 스윙을 하지 않을 시
묘박법	• 단묘박 : 한쪽 선수 닻으로 묘박. 묘박작업이 쉬우나 선체가 돌게 됨 • 쌍묘박 : 선수 닻을 앞뒤로 먼 거리에 투묘하여 선박을 중간에 위치시키는 방법. 선박교통량이 많은 곳에서 자주 이용 • 이묘박 : 강풍, 파랑이 심한 수역에서 강한 파주력을 필요로 할 때 사용
예인선	• 다른 선박을 끌거나 밀어서 이동시키는 선박 • 예인선의 등화는 마스트등, 선미등, 예항등, 현등이고 200m 초과시에는 마름모꼴 형상물을 단다.
예인선의 길이	• (예인선의 길이+피예인선의 길이)×2 : 연안, ×3 : 대양 • 파고, 해상상황, 예인선의 크기, 피예인선의 크기 등을 고려하여 신중히 결정하여야 함
등질	• 부동등 : 등색이나 광력이 바뀌지 않고 일정하게 계속 빛을 내는 등 • 명암등 : 한 주기 동안에 빛을 비추는 시간이 꺼져 있는 시간보다 길거나 같은 등 • 섬광등 : 빛을 비추는 시간이 꺼져 있는 시간보다 짧은 것. 일정한 간격으로 섬광발사 • 호광등 : 색깔이 다른 종류의 빛을 교대로 내며 그 사이에 등광은 꺼지는 일이 없이 계속 빛을 낸다.
등화	• 마스트등 : 선박의 진로방향을 나타내는 선박의 마스트에 다는 백색등. 225° • 현등 : 선박의 진로방향을 타선에 알리기위해 배의 좌우에 다는 등. 우현에는 녹색등, 좌현에는 적색등 112.5 • 선미등 : 135°의 수평의 호를 계속적으로 비치는 백색등화 • 예인등 : 135°의 수평의 호를 계속적으로 비치는 황색등화. 예인시 선미등의 위쪽에 설치함 • 전주등 : 수평방향에서 360°를 비추어주는 등화
조종제한선 종류와 등화	• 조종제한선 : 조종성능을 제한하는 작업에 종사하여 타선의 진로를 피할 수 없는 선박 • 조종제한선 종류 : 종 작업선, 준설선, 측량선, 기뢰작업선, 예인선 • 등화 : –위아래 붉은색 전주등, 가운데에 흰색 전주등 1개씩(홍백홍) –형상물은 수직으로 위아래 둥근꼴, 가운데에 마름모꼴 형상물 1개씩 • 조종불능선 : –고장 등으로 조종할 수 없는 선박 –수직으로 붉은색 전주등 2개(홍홍) –형상물은 수직으로 둥근꼴 형상물 2개 • 흘수제약선 : –수심, 폭, 흘수를 비추어볼 때 진로를 벗어날 능력이 매우 제한되어 있는 동력선 –등화는 수직으로 붉은색 전주등 3개(홍홍홍) –형상물은 원통형 1개

정조와 게류	• 게류 : 창조류에서 낙조류로 바뀔때 흐름이 잠시 정지하는 것 • 정조 : 고조나 저조의 상하운동이 정지하는 상태
선박에서 사람이 물에 빠졌을 때 조치법	1. 먼저 본 사람이 사람들에게 알림과 동시에 구명부환등 부유물을 던져 생존의욕 고취 2. 즉시 기관정지 → 물에 빠진 쪽으로 키를 최대각 전타 3. 선내 비상소집 → 구조
인명구조 시 선박조종	• 반원 2회 선회법 : 물에 빠진 사람이 보일 때 • 윌리엄스 턴 : 야간, 물에 빠진 시간 모를 때 • 지연선회법 : 익수자를 눈으로 계속 보면서 선회
협수로에서 항해	• 선수미선과 조류의 유선이 일치하도록 조선한다. • 대각도 변침을 피하고 여러번 소각도 변침한다. • 역조시가 조종이 잘되므로 굴곡이 많을시 순조를 피한다. • 필요 시 기관의 사용이나 투묘를 주저하지 말것
도장순서	• 전체적인 순서 : 녹 제거 → 부분도장 → 총도장 순서 • 도료의 사용순서 : 광명단 → 방청도료(A/C) → 3호 선저도료(B/T) → 방오도료(A/F : 해중생물부착방지) – A/C : 선저 외판에 방청용으로 칠하는 페인트 – A/F : 선체 외판 중 항상 물에 잠기는 부분에 해중생물의 부착을 방지하기 위해 칠하는 선저방오용 페인트 – B/T : 수선수. 즉 만재흘수선과 경하흘수선 사이의 외판에 칠하는 페인트
톤수의 정의와 종류	용적톤수 : 선박의 용적을 톤수로 나타낸 것 • 총톤수 : 우리나라 해사법령 적용에 있어서 선박의 크기를 나타내는 지표 • 순톤수 : 화물이나 여객의 운송에 이용되는 실제 용적을 나타낸 것 중량에 따른 톤수 구분 • 경하배수톤수 : 화물, 연료, 청수 등을 적재하지 않은 상태의 톤수 • 만재배수톤수 : 만재흘수선까지 화물 · 연료 등을 적재한 상태의 톤수 • 재화중량톤수 : 만재배수톤수 – 경하배수톤수로 선박이 적재할수 있는 적재물의 최대중량
우리나라 해안선의 길이	• 16,323km(도서 포함) • 남한 : 12,733km • 북한 : 3,590km
우리나라 갯벌의 면적	2,500km²로 그중 서해가 80% 이상을 차지하며 세계 5대 갯벌 중 하나
기단과 전선	• 기단 : 성질(기온 · 기압 · 급도 등이 비슷한 큰 공기덩어리) • 전선 : 성질이 다른 기단과 접한 경계선

우리나라 주변의 기단	• 시베리아기단 : 겨울철 날씨를 지배하는 대표적인 대륙성 한대기단으로 한랭건조 • 오호츠크해기단 : 초여름 북태평양 기단과 정체전선을 형성하여 장마를 오게 하는 기단으로 한랭다습 • 북태평양기단 : 여름철 날씨를 지배하는 기단으로 고온다습 • 양쯔강기단 : 봄과 가을에 영향을 끼치는 기단으로 온난건조 • 적도기단 : 적도 부근에서 발생한 기단으로 여름철에 발달하며 극히 고온다습하고 우리나라에 초여름부터 영향을 줌
전선의 종류	• 온난전선 : 따뜻한 공기의 이동속도가 찬 공기의 이동속도보다 빨라 따뜻한 공기가 찬 공기 위를 타고 오를 때 나타나는 전선으로 통과 후 기온이 상승하고 구름이 적어지고 날씨가 좋아짐 • 한랭전선 : 찬 공기의 이동속도가 따뜻한 공기의 이동속도보다 빨라 찬 공기가 밑으로 파고 들어가서 따뜻한 공기를 상승시켜 만든 전선으로 통과 후 날씨가 급변하고 돌풍을 동반함 • 폐색전선 : 한랭전선의 진행속도가 온난전선보다 빨라서 두 전선이 겹치게 될 때 나타나는 전선으로 구름이 생기고 많은 비가 내림 • 정체전선 : 두 기단의 세력이 비슷하여 거의 이동하지 않고 정체하는 경우 발생하는 전선으로 우리나라에서 장마전선은 정체전선으로 오호츠크해기단과 북태평양기단 사이에서 발생함
소화설비	• 소화전 : 소화용수를 공급 • 휴대용소화기 : 포말, CO2, 분말, 할론 • 이동식소화기 : 휴대용 · 고정식을 보완. 반고정식으로 화재구역에 투입하여 빨리 소화 • 고정식 소화기 : 　– 기관실, 화물창 등에 발생한 비교적 큰 규모에 사용 　– 고정식 포말, CO2, 할론, 분말, 자동스프링쿨러 • 포말소화기 : 거품에 의해 산소를 차단시켜 소화. A, B • CO2소화기 : 액체상태의 압축 이산화탄소를 고압 용기에 충전해둔 것. B, C • 분말소화기 : 약제분말과 이산화탄소 등의 가스를 배합하여 방출. A, B, C • 할론소화기 : 공기보다 5배 가량 무거운 불활성 가스. B, C
화재의 종류	• A급 : 연소 후 재가 남는 화재. 고체물질. 물 · 포말 · 분말 · CO2소화기 사용 • B급 : 연수 후 재가 남지 않는 화재. 가연성액체 화재(유류화재). CO2 · 분말 · 포말소화기 사용 • C급 : 전기화재. CO2 · 분말 · 할론소화기 사용 • D급 : 가연성 금속화재. 물 · CO2는 부적당. 드라이파우더 사용 • E급 : LNG, LPG 등 가스에 의한 화재. CO2 · 분말 · 폼 · 분무소화기 사용
항만	선박이 안전하게 정박, 출입하게 자연적 · 인공적 여객, 화물 적양장소
공기부양선	• 선저부탱크에서 공기 밀어내 부상시켜 추진력을 얻는 선박 • 특수선, 만재흘수선 표시 면제
가사 상태 시 체온	• 20℃ 이하

더 알아보기

A · B · C · D · E 급화재 및 소화법

- A급 화재
  - 연소 후 재가 남는 화재
  - 분무(곧은물줄기)물을 사용한 냉각소화가 가장 효과적임, 이 외에 포말 · 분말 · CO2소화기 사용
- B급 화재
  - 연소 후 재를 남기지 않는 인화성 액체 및 기체 등의 화재
  - 질식소화나 영쇄 반응 억제에 의해 소화함이 가장 효과적 CO2소화기 · 분말 소화기 · 분무수증기 · 포말소화기 사용
- C급 화재
  - 전기 화재
  - CO2소화기, 분말소화기, 할론소화기 사용 즉시 전원차단
- D급 화재
  - 자연 발화성 금속 화재
  - 물이나 CO2소화제는 부적당하며 D급 화재 전용의 소화제를 사용 휴대용 드라이 파우더(염화나트륨), 마른모래 등 건조사를 사용
- E급 화재
  - 가스에 의한 화재
  - 가스차단, CO2소화기 · 분말소화기 · 분무수증기 · 폼소화기 사용

수온별 생존 시간	• 25℃ 이상 : 무기한 • 21~25℃ : 3~12시간 • 15~21℃ : 2~7시간 • 10~15℃ : 1~2시간 • 4~10℃ : 30~60분
수온 20℃에서 생존할 수 있는 시간은?	2~7시간
해양경찰이 만든 법	「해양경비법」, 「수상레저안전법」, 「수난구호법」
「개항질서법」	개항에서 선박교통의 안전 및 질서유지에 필요한 사항을 규정
「수난구호법」	해수면과 내수면에서 사람 · 선박 · 항공기 등의 수색 · 구조 · 구난에 필요한 사항을 규정
「해사안전법」	선박항행과 관련된 모든 위험과 장해를 제거함으로 해사안전증진과 선박의 원활한 교통을 목적
「해양경비법」	• 해양안보확보, 치안질서유지, 해양자원 및 시설을 보호하기 위하여 해양경비에 관한 사항을 규정 • 해양수산부

「배타적 경제수역에서의 외국인어업 등에 대한 주권적 권리의 행사에 관한 법률」	배타적 경제수역에서 불법어업선박 단속시 근거법률
유선	수상에서 고기잡이, 관광, 그 밖의 유락을 위하여 선박을 대여하거나 사람을 승선하는 것
도선	바다목에서 사람을 운송하거나 사람과 물건을 운송하는 것을 영업으로 하는 것
경비구난	"구난"이란 조난을 당한 선박 등 또는 그 밖의 다른 재산(선박등에 실린 화물을 포함)에 관한 원조를 위한 행위 또는 활동
V-pass 시스템이란	출입항 신고 및 검문검색 자동화, 조산선 구조, 밀수밀입국 등 범죄예방, 의아선박 식별 등을 용이하게 하기 위하여 해경청이 국회, 합참, 국민권익위 등의 요청 및 「어선법」에 근거하여 어선 및 함정, 파출소에 어선위치 송수신장치 설치, 위치를 모니터링 하는 시스템
무중항해 대처법	• 무중항해(안개 속 항해)를 할 때에는 선장이 직접 조선해야 함 • 선박 접근시에는 사전에 멀리 피항해야 하며 레이더 사용과 견시를 병행하며, 견시원을 추가 배치 • 항해등을 점등하고 무중신호를 울려야 함
VMS Vessel Monitoring System	• 선박에 설치된 무선장치, AIS 등 단말기에서 발사된 위치신호가 전자해도 화면에 표시되는 시스템으로 선박－육상간 쌍방향 데이터통신망 • 선박에는 위치정보 송 · 수신용 VMS 단말기 설치 및 육상에는 모니터링 장치(H/W 및 S/W) 설치됨 • VMS를 기반으로 분산된 해양재난안전 관련 정보시스템(33개)의 연계 · 통합을 통하여 해양안전통합 데이터베이스를 구축하여, 선박위치정보를 기반으로 선박등록, 검사, 무선국, 사업자, 선원정보 등 선박관련 정보 일괄조회가 가능한 시스템
VTS Vessel Traffic Service	해상교통의 안전 및 효율성을 증진하고 해양환경과 해양시설을 보호하기 위하여, 선박의 위치를 탐지하고 선박과 통신할 수 있는 설비를 설치 · 운영함으로써 선박의 동정(動靜)을 관찰하고 선박에 대하여 안전에 관한 정보를 제공하는 것

더 알아보기

백화현상

- 연안해역에서 해조류의 급격한 감소로 인해 해중림이 소실되는 현상
- 일반적으로 해조류가 사라진 자리에는 무절석회조류가 번성하여 암반 표면이 백색으로 변하기 때문에 백화현상이라고 부르지만, 꼭 석회조류가 번성하지 않더라도 해중림의 급격한 소실이 관측될 수도 있기 때문에, 최근에는 더 넓은 의미로 갯녹음이라는 표현도 널리 쓰인다.
- 해조류가 소실되면 이를 먹이로 삼거나 해조류를 서식처로 삼는 해양생물들이 함께 사라지기 때문에, 끝내는 해양생태계 자체가 무너지고 어획량 감소 등으로 연안주민들의 생활에 악영향을 미친다. 이 때문에 백화현상을 바다 사막화로 표현하기도 한다.

더 알아보기

개항(open a port)

- 대한민국 국적선이나 외국적 선박이 상시 출입할 수 있도록 개방된 항만, 또는 항만을 내 · 외국적의 선박이 상시 출입할 수 있도록 개방하는 행위를 말한다.
- 항만의 개방 여부는 연안국의 주권에 속하는 문제로서, 외국선박에 대하여 입항과 정박을 인정하는 일반국제법상의 의무를 지지는 않는다. 하지만 19세기 이래, 국제관습법에 따라 안전보장 · 보건위생 등의 특별한 사유가 없는 한 외국의 사선(私船)에 대하여 입항이 자유화되어 있는 것이 일반적이다. 국내에는 28개의 개항이 있으며, 공항에서와 마찬가지로 검역 · 세관 · 출입국관리 등의 행정편의 기구를 설치하여 두고 있다.

(2) 기관전공질문

내연기관	직접 연료를 기관의 실린더 내부에서 연소시켜 발생된 열에너지로 동력을 얻는 기관. 즉, 연소 가스와 작동물질이 동일한 기관 • 장점 : 열효율이 높다. 따라서 연료소비율이 적다. 기관 전체의 무게와 부피가 적다. 시동기간이 짧다. 배의 항속력이 크다. • 단점 : 압력변화가 심하므로 충격과 진동이 크다. 회전이 원활하지 못하다. 따라서 큰 플라이휠이 필요하다. 기관 각부의 마모가 크다. 고온 · 고압에 의한 고장이 많다. 저속회전이 곤란하다.
내연기관의 급기에서 시퀴쉬(SQUISH)	피스톤 맨 위쪽 부분을 오목하게 만들어 피스톤이 공기를 압축하면 압축말기에 공기가 소용돌이 치게 되는 현상
내연기관에 사용하는 밸브의 종류	• 모양에 따라, 플레이트, 원뿔, 볼, 니들밸브로 구분 • 작동방법에 따라 스톱, 논리턴밸브로 구분
내연기관에서 압축을 하는 이유	• 압축압력이 높을수록 연소할 때 발생하는 동력은 크게된다 즉, 열효율이 높아진다. • 공기밀도가 커지고 기름입자와 공기가 잘 혼합되므로 연료를 완전연소 시킬 수 있다. • 압축온도가 높아져 연료가 잘 탄다. • 저질연료도 사용할 수 있다.

외연기관	• 보일러에서 연료를 연소시켜 물을 고압증기로 만들어 이 증기로 동력을 얻는 기관 • 연료 가스와 작동물질이 다른 기관
내연기관의 마력당 중량을 줄이는 가장 유효한 방법	평균유효압력을 높이고 회전수를 증가시킨다.
내연기관의 착화순서를 결정하는 조건	• 균일한 회전력을 유지하도록 할 것 • 바로 옆의 실린더가 폭발하지 않을 것 • 비틀림 진동이 적게 생기도록 할 것
기관 화재 시 대처방법	1. 화재경보 울림 2. 초기대응 3. 직무배치표에 의거 소화실시
열전달 3요소	전도, 복사, 대류현상
냉동장치 4요소	압축기 – 응축기 – 팽창V/v – 증발기

더 알아보기

2행정과 4행정

2행정기관은 한 번의 폭발로 크랭크축을 1회전시키고 4행정기관은 한 번의 폭발로 크랭크축을 2회전

- 4행정의 장단점
  - 4행정의 장점 : 실린더 열응력이 적다. 따라서 압축압력을 높일 수 있다. 용적효율이 높다. 따라서 열효율이 높고 연료소비율도 적다. 흡배기 밸브가 기계적으로 작동하므로 운전이 확실하다. 소기효율이 양호하여 고속기관으로 적합하다.
  - 4행정의 단점 : 밸브기구가 있어 구조가 복잡하다. 원활한 회전력을 위해 큰 플라이휠이 필요하다. 토오크 변화가 심하며 마력당 무게가 크다.
- 2행정의 장단점
  - 2행정의 장점 : 마력당 중량이 적다. 회전력이 균일하여 플라이휠이 작다. 구조가 간단하다. 역전이 쉽다.
  - 단점 : 소기효율이 불량하다. 따라서 평균유효압력이 낮다. 크랭크 1회전에 1회 폭발하므로 열응력이 크고 실린더 마모도 크다. 소기작용 불량으로 고속 회전에 곤란하다.

평균유효압력	연소실 내 유효압력의 평균
연소실 구성 3요소	• 피스톤, 실린더헤드, 실린더 • 연소실을 구성하는 3요소로 피스톤은 왕복운동을 하고 실린더 헤드에는 밸브들이 집합되어 있으며 실린더는 폭발에 의한 열응력을 받는 역할을 한다.
연료분사조건 4가지	무화, 관통, 분산, 분포

발전기	기계적 에너지를 전기적 에너지로 바꾸어주는 장치
기관	자연의 에너지나 열에너지를 사용해서 기계적 일을 하는 장치
디젤기관의 연소과정	발화늦음 – 무제어 연소 – 제어연소 – 후연소
발화늦음	• 실린더 내에 연료가 분사되기 시작하여 연소가 일어날 때까지의 시간이다. • 발화늦음의 원인으로는 착화성이 나쁜 저질연료를 사용했을 때, 발화점이 높은 연료를 사용했을 때, 기관이 과냉일 때, 압축비가 낮을 때 등이 있다. • 발화늦음을 줄이는 방법으로는 세탄가가 높은 질좋은 연료를 사용하거나 실린더 내 공기와류를 크게 하거나, 냉각수의 온도를 높이거나 분사 시기를 늦게 하면 발화늦음을 줄일수 있다.
흡·배기밸브의 누설이 생길 때 기관에 미치는 영향	압축 불량으로 출력이 감소하며 연소가스의 누설로 밸브로드와 가이드가 고착할 수 있다.
배압이 높아지는 원인	배압이란 배기행정 시 피스톤 상부의 압력을 말하며, 발화시기가 늦거나 후연소 기간이 길어질 때, 냉각수의 부족으로 배기가스의 온도가 높을 때, 소기효율이 나쁘거나 소음기 내 카본이 쌓여 있을 때 등으로 결과적으로 배기관 또는 배기밸브의 부식, 마모를 증가시켜 배기효율을 저하시켜 기관 출력의 저하 원인이 된다.
디젤기관의 출력을 증가시키는 방법	실린더 체적, 평균유효압력, 회전수를 증대시키는 방법이 있다.

더 알아보기

디젤기관은 압축점화기관으로 경유를 사용하고 가솔린기관은 불꽃점화기관으로 휘발유를 사용

디젤기관

- **디젤기관의 장점** : 연료 사용 범위가 넓다. 따라서 싼 연료사용 가능하다. 압축비가 높아 열효율이 높고, 연료소비율이 적다.
- **디젤기관의 단점** : 압축비가 높으므로 폭발압력이 높다. 따라서 강도를 크게 할 필요가 있으며 기관 용적, 중량이 커진다. 압축비가 높으므로 시동이 곤란하다. 소형 고속에는 부적합하다. 정교한 분사장치가 필요하다.

가솔린 기관

- **가솔린 기관의 장점** : 연소에 필요한 공기가 적어도 되며 따라서 실린더 용적이 작아도 된다. 압축비가 낮으므로 최고 압력도 낮고 기관의 강도가 적어도 된다. 따라서 기관의 중량이 가볍다. 운전이 정숙하며 시동이 용이하다. 고속회전에 유리하다.
- **가솔린 기관의 단점** : 노크 발생이 심하다. 연료가 비싸다. 연료소비가 많다. 대형으로 제작하기 불리하다. 압축비를 높이지 못하므로 열효율이 낮고 연료소비율이 높다. 점화계통의 고장이 자주 발생하며, 화재의 위험이 높다.

절대압력	완전진공 상태에서 측정한 압력 = 대기압력 + 게이지압력 대기압 : 760mmHg = 10,332kg/cm
열량	물질이 갖고 있는 열의 분량이며 열이 물질에 미치는 대소에 따라 측정한다. 단위는 cal이다.
1Cal	물 1g의 온도를 1℃만큼 변화시키는 데 필요한 열량
연소	물질이 산소와 화합하여 열과 빛과 소리를 내고 본래의 물질과는 전혀 다른 물질로 변화하는 현상
연소 상태	• 정적연소 : 전기점화기관, 소기기관의 경우, 공기와 연료가 섞인 혼합기에 점화하면 가스의 부피는 변화하지 않으나 압력만 급격히 높아지는 연소인데 이것을 폭발이라 한다. • 정압연소 : 고온의 공기 속에 연료를 분사했을 때와 같이 분사된 연료가 계속해서 연소하여 가스의 부피는 차차 변화하나 압력이 일정한 연소가 일어난다. 보통 이런 경우 폭발이라 하지 않고 단지 연소라 부른다.
완전연소	완전연소란 연료 중에 포함된 탈 수 있는 물질을 전부 태워서 두 번 다시 타지 않는 이산화탄소와 수증기로 변화시키는 화학작용을 이른다.
불완전연소	불완전연소란 열과 공기가 불충분하거나 공기와 연료와의 혼합이 불량하면 연료 중의 물질이 전부 타지 않고 일산화탄소와 수소로 변하게 되며 여기에 다시 공기와 열을 주게 되면 이산화탄소와 수증기로 변하는데 이렇게 타는 것을 불완전연소라 한다.
후연소	연료분사밸브가 닫히고도 연소되지 못한 연료가 가스 팽창 중에도 연소되는 기간
후연소기간이 길어지는 이유	• 사용연료의 발화성이 나쁘거나 연료분사 시기가 부적당할 때 • 분사가 불량할 때 • 압축불량으로 발화기간이 길 때
후연소기간이 길 때 미치는 영향	불완전연소에 의해 열효율이 떨어지고, 실린더에 탄소퇴적물이 부착하여 실린더와 피스톤의 마모가 촉진되며, 실린더와 피스톤링 사이가 마모하여 기밀불량, 압축불량으로 인한 압축비 저하 그리고 배기온도가 상승한다.
후연소기간을 짧게 하려면?	연료분사는 빨리, 분사기간을 짧게 해준다.

더 알아보기

디젤기관 시동시 시동위치를 맞추지 않고 시동할 수 있는 실린더 수는?
4행정6실린더, 2행정4실린더 이상

더 알아보기

디젤기관의 노킹 방지법
발화늦음을 짧게 해주거나, 실린더체적을 증가시키거나, 분사초기에 공기압력을 증가시키거나, 냉각수 온도를 높게 해주는 방법

커넥팅로드	피스톤으로부터 에너지를 받아 크랭크축으로 전달하는 연결부
조속기	기관의 회전속도를 일정한 값으로 유지하기 위해 사용되는 제어장치
디젤노크	디젤노크는 연소과정의 초기에 있어서 착화지연이 길어지면서 축적된 연료가 다음 연소과정에서 한꺼번에 폭발적으로 연소하여 압력이 급상승하며 (탕탕) 소리를 내는 현상
과급기	내연기관의 평균 유효압력을 상승시켜 출력을 증가시키기 위해 외기(소기)를 실린더에 밀어넣는 압축기
과급하는 주목적	동일한 실린더 내에 급기밀도를 증가시켜 연료의 완전연소를 유도함으로써 최대압력, 온도는 거의 비슷하나 배기압력이 증가되며 결과적으로 평균유효압력을 증가시켜 기관의 출력을 증가시키는 것이 주 목적으로 마력당 중량이 감소하고 기계효율도 좋아진다.
윤활유 열화	고열에 접하여 탄화 또는 산회되어 윤활유가 변질되는 현상
윤활유의 작용	윤활작용, 냉각작용, 기밀작용, 청정작용, 방청작용, 응력분산작용
윤활의 방법	• 비산식 : 크랭크가 유면을 쳐서 튀게하여 각 부를 윤활 • 강압식 : 윤활유 펌프로 압력유를 각 부에 순환시키는 방법 • 적하식 : 모세관 현상을 이용하여 기름을 떨어뜨리는 것 • 원심식 : 기름에 원심력을 주어 주유 • 유욕식 : 마찰면이 언제나 기름 중에 잠겨 있도록 한 것 • 오일링식 : 축에 축 직경보다 큰 링을 끼워서 축이 회전하면 링이 회전하여 밑의 기름을 묻혀 올려 주유하는 방법
blow-by	피스톤과 실린더 사이로 폭발가스나 공기가 크랭크실로 누설되는 현상을 말하며, 폭발가스가 누설되면 크랭크실 윤활유가 변질된다.
유화(에멀전)	기름에 수분이 섞이면 기름의 색깔이 희게 되고 윤활유의 기능이 없어지는 현상을 말한다.
공기압축기를 다단식으로 하는 이유	압축공기의 온도를 낮춤으로써 고열에 의한 윤활유의 변질을 감소시킬 수 있으며 압축일을 감소시킴으로써 효율이 좋아진다.

더 알아보기

주기시동법
1. 터닝기어를 돌려 각부의 상태(시동계통, 냉각계통, 윤활 및 연류계통 기타 이상소음의 유무)를 점검(터닝이 끝난 후에는 반드시 터닝기어를 뺌)
2. 각 계통의 모든 밸브의 개폐상태 점검
3. 윤활유량 확인후 L.O 프라이밍 실시하여 각 운동부에 윤활유를 주입
4. 냉각수 온도 적정상태 조절 시동공개 탱크 압력(25~30kg/㎠) 유지
5. 연료 프라이밍 실시하여 연소실 내 잔류가스 이물질 및 연료계통의 공기추출
6. 기타점검 뒤 시동

※ 시동 후 가장 유심히 봐야 할 사항 – 윤활유 압력

옴의법칙	전류의 세기는 두 점 사이의 전위차(電位差)에 비례하고, 전기저항에 반비례한다는 법칙 V=IR
백색연기	원인 : 수분 혼입, 소기 과대, 피스톤과 피스톤링 마모, 폭발하지 않는 실린더가 있을 때, 소음기 내면에 기름재 부착
흑색연기	원인 : 소기 과소, 불완전 연소, 과부하운전, 실린더 과열, 피스톤 고착, 공기누설로 압축작용 나쁠 때
피스톤링	왕복형 엔진의 피스톤의 헤드 부분을 둘러싼 스틸계의 링
피스톤링의 3대 작용	• 기밀작용 : 피스톤과 실린더의 틈새를 실링하여 가스가 새지 않도록 한다. • 오일제어 : 실린더의 벽면에 윤활유를 떨어뜨려 연소실에 유입되지 않게 한다. • 열전도작용 : 피스톤의 열을 실린더에 전달한다.
피스톤링 종류	• 압축링 : 기밀유지, 열전달 • 오일링 : 오일확산
피스톤이 직경보다 길이가 긴 까닭은?	측압을 감소시키고 방열작용을 원활하게 하기 위해서이다.
피스톤링의 재료로 주철을 사용하는 이유는?	윤활 작용이 불량할 경우 주철 성분중의 흑연이 윤활작용을 보조해주어 마모와 고착을 줄일 수 있으며, 또한 주철은 고온에 있어서 탄성의 변화가 매우 적은 장점이 있다.
링의 플러터 작용	기관의 회전수가 높아지면 가스압력에 비해 링의 관성력이 커져서 링이 홈 내에서 뜨게 되고 가스가 누설되는 현상으로 플러터 작용을 감소시키기 위한 방법은 다음과 같다. • 링의 장력을 세게 한다. • 링의 높이를 낮게 한다. • 링홈을 너무 깊지 않게 한다. • 옆 틈을 크게 하고 관성력을 줄이도록 한다.

링의 펌프작용	비산식 윤활을 하는 실린더에서 링의 작용이 불충분하고 피스톤링과 링홈 사이의 옆 틈이 너무 크면, 고속이 됨에 따라 링의 관성력이 가스압력보다 커져서 링이 홈 중간에 뜨게 되어 피스톤이 내려갈 때 윤활유가 링 뒤를 돌아 연소실로 들어가 연소되는 현상
발전기 병렬운전	교류 발전기를 병렬운전을 하는 이유는 한 대의 발전기로 그 전력을 감당하기 힘들어 안전정인 전력생산을 하기 위해서이다. 병렬운전의 조건에는 기전력의 크기, 주파수, 위상, 파형이 맞아야 한다.
열사이클의 종류	• 정적사이클(오토사이클) : 연소가 일정부피에서 행함. 가솔린기관의 기본이 되는 이론사이클 • 정압사이클(디젤사이클) : 연소가 일정압력에서 행함. 공기분사식 디젤기관 • 복합사이클(사바테사이클) : 연소가 정적, 정압하에서 행함. 무기분사식 디젤기관 (현재의 모든 디젤기관) ※ 랭킨사이클 : 증기기관(외연기관)의 열사이클
절대압력	진공을 기준으로 하여 잰 압력기체의 실제 압력으로 대기압과의 게이지 압을 더한 값이다.
냉동톤	0℃의 물 1,000kg을 24시간에 0℃의 얼음으로 하는 데 요하는 냉동 능력
공동현상	영어로 케비테이션(cavitation)이라고도 하며, 프로펠러 날개의 전부와 후부의 압력차로 생성된 기포가 고압부에 이르러 파괴되는 현상으로 지속적으로 발생할 경우 프로펠러의 손상을 입히게 된다.
직접냉매 구비조건	• 임계온도가 높을 것 • 응축압력이 낮을 것 • 대기압 하에서 증발온도가 낮을 것 • 응고온도가 낮을 것 • 비용적이 적을 것 • 증발잠열이 클 것 • 화학적으로 안정성이 있을 것 • 누설하기 어렵고 누설 시 발견이 쉬울 것 • 독한 냄새나 독성이 없고 식품에 해가 없을 것 • 값이 싸고 구입할 수 있을 것
플라이휠	연소실의 폭발행정시 시시각각 변화되는 회전력을 완화, 균일하게 만드는 역할을 한다.
RPM이 갑자기 떨어지는 이유	연료에 물이 혼입된 경우, 소기압이 낮을 경우, 흡입밸브가 너무 죄어졌을 때 등
기관 저속항해시 문제점	장시간 저속항해시 불완전 연소가 우려되며 노킹의 원인이 될 수 있다.

냉동기 증발기에 서리가 끼는 이유	증발기 온도차이에 의해 서리가 끼고, 수증기가 생긴다.
스쿼시	• 압축행정 말기에 발생하는 세로방향의 와류현상 • 피스톤 맨 위쪽 표면 부분을 오목하게 만들어 피스톤이 공기를 압축하면 압축말기에 공기가 소용돌이 치게 되는 현상
실린더라이너 역할	연소실을 구성하며 온도차이에 의한 열응력을 받는 역할을 한다.

더 알아보기

압축비

- 실린더 부피를 압축부피로 나눈 비로 압축부피가 작을수록 압축비가 커지고 행정부피가 커질수록 압축비가 커진다.
- 압축비가 높아지면 압축압력이 높아지고 열효율이 상승한다.
- 압축비를 높이려면 압축용적은 작게, 행정용적은 크게 한다.
- 압축비가 낮을 때 착화지연이 길어지고, 후연소가 길어지며, 연료소비가 증가한다.
- 압축비를 증가시키기 위한 방법으로 connecting rod 본체와 대단부 사이에 푸트라이너를 집어넣어 연접봉의 전체 길이가 길어져 상사점의 위치가 원래보다 높아지므로 압축부피가 적어지므로 압축비를 증가한다.

※ 평균유효압력 : 기관에 대해 실제로 유효하게 일한 실린더 내의 연소가스 압력의 평균치

더 알아보기

지압선도

P-V 선도로도 불리며 실린더 내에 가스의 압력과 용적 변화를 나타내는 선도로써 지압기(INDICATOR)를 이용하여 측정할 수 있다. 이를 통해 알 수 있는 것은 다음과 같다.

- 연료분사밸브, 흡배기밸브 개폐시기
- 실린더 내의 압축압력의 고저
- 압축압력(Pcomp)와 최대압력(Pmax)의 관계
- 분사압력의 적부, 착화의 시기, 평균유효압력과 도시마력 계산 때문에 변질하여 효과도 없고 오히려 윤활유가 연소하여 과열이 촉진되는 수가 있다.

실린더라이너 부식원인	• 유막의 형상불량에 의한 금속접촉의 마모 • 흡기 중에 혼입된 먼지에 의한 기계적 마찰의 촉진 • 연료생성 가스 중의 부속성분에 의한 화학적 마모 • 사용 윤활유가 부적당 및 그 사용량의 과부족에 의한 화학적 마모 • 실린더 중심선이 부정확하게 장착 • 피스톤 측압에 의한 마모
실린더 라이너 사용의 장점	• 마멸 시 교환이 용이하며 실린더 주조가 간단하다. • 라이너나 실린더가 받는 열응력이 적다. • 소제도 용이하며 실린더의 부식 예방에도 유리하다.

실린더를 냉각시키는 이유	실린더를 냉각시키지 않게 되면 연소가스의 고열에 의한 피스톤과 실린더의 간극이 없어져 운전에 지장을 초래하고, 윤활작용 불량, 과조착화, 고열에 의한 각 부분의 열상, 급기작용 불량 등 악영향을 끼치게 되므로 이것을 예방하기 위하여 실린더 냉각은 필요하다.
기계효율	제동마력을 도시마력으로 나눈 비율을 말한다.
크랭크축의 위험 회전수란	크랭크축의 자연진동수와 강제진동수의 진폭이 일치하는 현상으로 크랭크축 절손의 원인이 되기도 한다.
수인선도를 찍는 목적	선박이 전속 항해 중에 수인선도를 찍어 착화시기, 착화지연, 압축압력, 분사 시기, 발화 늦음 등 연소상황을 알아냄으로써 현재 기관이 최적의 상태로 정상적으로 작동하는지 여부를 판단하기 위하여 수인선도를 찍는다. 특히, 약스프링 선도는 흡·배기 밸브의 개폐 시기가 적당한가를 알기 위해 사용된다.
열평형	• 서로 접촉해 있는 뜨거운 물체와 차가운 물체 사이의 열은 이동한다. • 시간이 충분히 지나 두 물체의 온도가 같아져, 더 이상 뜨거워지지도 차가워지지도 않는 상태를 열평형이라고 한다.
에너지	• 물리적인 일을 할 수 있는 능력. 에너지의 크기는 물체가 할 수 있는 일의 양을 의미한다. • 단위는 일의 단위와 같이 줄을 사용한다.
역전장치 종류	• 간접역전 장치 : 미쯔&와이즈식, 유니언식, 가변피치프로펠러 • 직접역전 장치 : 캠축이동식, 로울러이동식
발전기의 원리	발전기는 자계내에서 코일을 회전시켜 코일에 기전력을 발생시키는 장치로 기본원리는 직류와 교류가 같다. 유도기전력의 발생은 페러데이의 전자유도법칙(막대자석을 코일에 넣었다 뺐다하면 코일에 유도기전력이 발생하는 현상)을 응용한 것이며, 유도기전력의 방향은 플레밍의 오른손법칙(엄지F : 도체의 운동방향, 검지B : 자속, 중지I : 유도기전력의 방향)을 응용한 것이다.
직류발전기의 원리	서로 마주보는 N극과 S극 사이에 축에 연결된 코일을 회전시키면 플레밍의 오른손법칙에 따라 기전력이 발생되고, 이것을 정류시켜 직류를 얻는 원리이다. 주요 구성요소에는 외부에 자장을 형성하는 계자, 내부에서 자계내를 회전하며 기전력을 일으키는 전기자, 일정한 직류를 나오게 하는 정류자로 구성된다. 종류에는 크게 외부에서 여자전류를 공급받는 타여자와 자체에서 발생한 기전력을 여자전류로 이용하는 자여자로 구분되며 여기서 다시 직권, 분권, 복권으로 나뉜다.
교류발전기의 원리	근본원리는 직류발전기와 같고 다만, 직류발전기는 도체에 발생한 기전력을 정류자편을 거쳐 브러시에 전달하는 반면, 교류발전기는 발생한 기전력이 직접 슬립링을 통하여 브러시를 지나 외부회로에 연결된다는 점이다. 종류에는 자극의 안쪽에서 전기자 도체가 회전하는 회전전기자형과 전기자 내에서 자극이 회전하는 회전계자형이 있다.

교류발전기의 병렬운전 조건	기전력, 주파수, 위상, 파형
조타장치의 4요소	• 동력을 발생시키는 원동기 • 조타실로부터 타륜에 의하여 타를 움직이는 곳까지의 기구인 관제장치 • 원동기의 기계적 에너지를 타에 전달하여 배에 선회모멘트 즉, 회두력을 주는 장치인 타장치, 소요각도까지 타를 돌렸을 때 그 위치에 고정시키는 추종장치로 구성된다.
멀티테스터기 기능	전압, 전류 및 저항 등의 값을 하나의 계기로 측정할 수 있게 만든 기기로, 회로시험기라고도 한다.
절연저항측정공구	메가테스터기
ICCP/MGPS **Impressed Current Cathodic Protection**	ICCP란 선체부식 방장치로 선체 외판에 약한 직류 전류를 흘러주어 선박의 부식작용을 감쇄시켜 주는 장치
MGPS	해양생물 방지 장치(Anti-fouling system)로 해수가 유입되는 취수구에 설치되는 시스템. 해양생물(조개, 따개비 등)이 구조물에 부착하여 구조물을 오염시키는 것을 방지하는 장치
카르노사이클	• 열기관의 최고 열효율을 알기 위해 N.L.S. 카르노가 발표한 열역학상의 가역사이클을 말하며 카르노순환이라고도 한다. • 실제 기관에서는 마찰이나 열전도 때문에 이 사이클은 성립하지 않지만 실제 기관과 비교하여 개량할 여지가 있는가를 조사하기 위해서 중요한 의미를 갖는다.
수냉기관	수냉기관은 물을 이용한 냉각방법을 가진 기관으로서 각부를 균일하게 냉각할 수 있는 장점을 가지고 있으며 하지만 많은 보조장비가 필요해 구조가 복잡하다는 게 단점이다.
공냉기관	공냉기관은 구조가 간단하며 고장이 적고 부품이 적고 제작비가 적게 들며 시동 후 난기가 짧아도 되므로 빨리 전력운전을 할 수 있다는 장점을 가지고 있다. 하지만 균일냉각이 어렵다는 게 단점이다.
톱클리어런스	상사점일 때 피스톤 상부와 실린더헤드 사이의 간격

더 알아보기

실린더 과열원인과 과열시의 조치 방법

원인으로는 냉각수 부족, 윤활유의 부족 또는 스케일 부착이 심할 경우이며 과열 시 주의사항으로는 냉각수를 급히 너무 많이 보내지 말아야 한다. 그 이유로 실린더에만 냉각수를 많이 보내면 실린더만 급히 수축하여 피스톤과 실린더의 틈이 작아져 오히려 발열이 심해질 수 있으며, 심한 경우 실린더에 피스톤이 꽉 끼어 고착되어 기관이 정지되는 수가 있다. 또한 윤활유를 너무 많이 주입하지 말아야 한다. 과열되어 있는 실린더에 주유해도 열 때문에 변질하여 효과도 없고 오히려 윤활유가 연소하여 과열이 촉진되는 수가 있다

과열시 조치사항으로는 기관의 회전수를 감소시키고 각 실린더의 냉각수나 윤활유의 양과 온도에 주의하며 서서히 냉각시키는 것이 가장 중요하다.

더 알아보기

펌프의 종류

왕복펌프, 원심펌프, 축류펌프, 회전펌프로 나뉜다.

- **왕복펌프** : 피스톤이나 플런저의 왕복운동에 의하여 유체에 압력을 주어 이송하는 원리로 형상에 따라 피스톤, 플런저, 버킷으로 나뉘며, 송출행정수에 따라서 단동, 복동, 차동으로 나뉜다. 특징으로는 흡입성능이 우수하며 소용량 고압용으로 적합하다.
- **원심펌프** : 케이싱 내 임펠러를 회전시켜 유체의 속도에너지를 압력에너지로 변화시켜 이송하는 원리로 송출량과 압력이 일정하며 사용범위가 넓은 게 특징이다.
  - 안내 날개의 유무 : 터빈, 볼루트
  - 단수 : 단단, 다단
  - 흡입구의 수 : 편흡입, 양흡입
- **축류펌프** : 프로펠러 모양의 임펠러를 회전시켜 물을 축방향으로 이송하는 원리로 구조가 간단하며, 설치면적이 적고, 대량의 유체이송에 유리한 이점이 있다.
- **회전펌프** : 기어펌프와 스크류펌프가 있다.

인화점 발화점 연소점	• 인화점 : 불꽃을 가까이 했을 때 연소되는 온도 • 발화점 : 가열할 때 발화하거나 폭발을 일으키는 최저온도 • 연소점 : 점화한 불에 계속적으로 연소하는 액체(고체)의 최저온도
슬러지	하수처리 또는 정수과정에서 생긴 침전물
플러터현상	가스 압력에 비해 피스톤링의 관성력이 커져 링이 홈 내에서 뜨게 되어 링 뒤로 가스가 빠져나가고, 링은 홈 내에서 진동하는 현상
펌프현상	피스톤링의 작용이 불충분하여 링이 홈 중간에 뜨게 되어 피스톤이 내려갈 때 윤활유가 링 뒤를 돌아서 연소실로 들어가는 작용
직접분사식	• 실린더에 직접 기름을 분사하는 방법으로 효율이 우수하고 구조가 간단하며, 시동성이 좋다. • 단점으로는 노킹을 일으키기 쉬우며 고속회전이 곤란하다.

공기분사식과 무기분사식의 차이	무기분사식은 200~700kg/cm^2 정도의 연료유 자체의 압력으로 실린더에 분사되므로 실린더를 냉각시키는 작용이 없으므로 발화늦음이 거의 발생하지 않는 장점이 있다.
디젤기관연소과정	착화지연 – 무 제어 연소 – 제어연소 – 후 연소
슬립 피치	• 피치 : 프로펠러 1회전당 나아간 거리 • 슬립 : 프로펠러 1회전당 나아간 이론적 거리와 실제로 나아간 거리와의 차이
증기사이클	랭킨사이클이라고도 불리며 정압가열 – 단열팽창 – 정압냉각 – 단열압축
기수공발	프라이밍, 포밍, 증기포가 수면에서 과열될 때에 생기는 작은 물방울 등으로 증기와 같이 수분이 반출되는 현상. 보일러물의 불순물에 의해서 수분 또는 물속에 함유된 물질이 증기와 함께 반출되는 현상
포밍	발생한 기포가 물 중에 있는 불순물의 영향을 받아 파괴되지 않고 누적되는 현상

더 알아보기

서징

- 배기 송풍기와 소기 송풍기의 유량과 압력의 맥동현상으로서 소음을 일으키며 심할 시 운전이 불가능하게 되는 현상
- **원인** : 고부하로 운전중 배가 급 선회할 때, 흡기, 배기밸브, 소기, 배기공, 급기냉각기, 배기보일러(이코노마이저) 등에 카본퇴적으로 급기, 배기의 저항이 증가될 경우, 프로펠러가 공전하거나 흘수가 적어 프로펠러가 수면에 가까울 때 등이 있다.
- **방지법** : 급기의 흡입측 토출측을 소제하여 블로어의 저항을 줄이거나, 블로어 토출측 일부를 개방하여 공기를 방출함으로써 실린더 필요 공기량과 블로워 공급 공기량을 맞추어주는 방법, 송풍기 디퓨저의 입구각도를 작게 하는 방법이 있다.

프라이밍	보일러 물이 비등하여 물방울이 비산하는 상태
가성취화	보일러 물의 과도한 알칼리성 용액이 강제의 결정립 간의 침식하고 재질이 취약해지는 현상
임펠러 케이싱	임펠러에 의한 물의 회전에너지를 압력에너지로 바꾸어주는 장치
터닝기어	모터의 의해 크랭크 축을 저속으로 회전시켜 주는 역할
마찰의 종류	• 고체마찰 : 건조마찰 • 액체마찰 : 완전마찰 • 경계마찰 : 경계마찰
앵커 꼬임 foul anchor	• 앵커와 체인이 엉켜 있는 것 • 발생시 적당한 장력을 주며 이동방향을 유도한다. 필요하면 기관을 사용하여 후진하여 잠시 약간의 장력을 걸거나, 체인을 감아 들이면서 앵커의 위치를 지나서 다시 내어준다.

밸러스트 펌프	선박 속에 설치하여 선적 하중(船積荷重)의 불균형을 물탱크에 물을 채우거나 뺌으로써 균형을 유지하는 펌프를 말한다.
연료유의 불순물	• 소량의 유황화합물, 산소 화합물, 및 질소 화합물 • 미량의 무기염류 • 무기물 : Na, K, Mg, V 등의 염화물 및 황산염. 연소 후에 회분(灰分)으로 남고 실린더 마모를 진행시킨다. 특히 바나듐염 및 나트륨의 저융점물은 고온부식의 원인이 된다.
화학적 산소요구량	• BOD와 마찬가지로 물의 오염도를 나타내는 기준 • 유기물 등의 오염물질을 산화제로 산화할 때 필요한 산소량으로 나타낸다. 단위는 ppm으로 표시하는데 이 숫자가 클수록 수질 오염이 심한 것이다.
메인베어링의 과열 원인	• 베어링에 걸리는 하중이 클 때, 즉 과부하 운전시에 윤활유의 부족이나 윤활 계통의 고장 그리고 윤활유 압력이 낮을 때 • 크랭크축의 중심선이 부정확할 때 • 베어링 유간극이 부적당할 때 • 베어링 메탈의 재질이 불량할 때
원심력	회전하는 물체는 회전원의 중심으로부터 멀어지려는 힘이 생기는데 이 힘을 말하며 원심력을 이용한 것에는 조속기가 있다.
관성	• 어떤 물체일지라도 정지하고 있을 때는 언제나 정지하고 있으려 하고 운동하고 있을 때에는 언제까지나 운동의 속력과 방향을 유지하려고 하는 성질 • 관성을 이용한 것에는 플라이휠이 있다. • 외력이 작용하지 않으면 정지물체는 영구히 정지하고 운동물체는 등속운동을 하며 또 외력에 대항하여 본래의 상태를 지속하려는 힘을 말한다.
연료의 발열량	1kg의 연료가 완전히 연소했을 때 발생하는 열량을 kcal 단위로 나타낸 것
행정 stroke	상사점과 하사점 사이의 직선거리
행정 부피	상사점과 하사점 사이의 부피로 배기량과 같은 의미
연소실 부피	압축부피, 간극부피(top clearance) 상사점과 실린더헤드 사이의 부피
실린더부 피	피스톤이 하사점에 있을 때 피스톤 위쪽 실린더 내의 전체 부피
크랭크암	크랭크핀의 중심과 크랭크축 중심간의 거리
개폐작용 DEFLECTION	• 크랭크암간의 거리가 넓어지거나 좁아지는 것을 암의 개폐작용이라 한다. • 원인 : 주축수의 부동마모 또는 간극과대, 추력축수의 마모 또는 조정불량, 크랭크 축심의 부정, 베드의 변형 등이 있다.

더 알아보기

크랭크축이 절손되는 부분과 원인
- 절손 부분 : 크랭크암의 핀 또는 저널의 접합부분, 크랭크암의 중앙부분, 핀의 중앙부분
- 절손 원인 :
  - 설계, 재료, 공작이 불량하거나 장시간 사용으로 반복되는 응력에 의하여 자연히 재질이 약해지는 경우
  - 주축수의 부동마모 또는 간극과대
  - 추력축수의 마모 또는 조정불량에 의한 개폐작용, 노킹, 급회전 등의 반복에 의한 재질의 피로
  - 위험회전수 운전에 의한 비틀림 진동의 반복에 의한 재질의 피로 등

(3) 구급전공

■ 응급의료체계

응급환자가 발생한 현장에서 적절한 응급처치를 제공하기 위한 보건의료 접근법. 응급의료체계가 필요한 이유는 응급환자 발생 시 응급환자를 신속히 후송하기 위해서이다.
- 교육 및 훈련
- 정보 통신 체계
- 병원전 이송기관
- 병원간 이송기관
- 응급의료기관(receiving facilities)
- 전문응급의료시설(specialty care units)
- 신고접수 및 반응(dispatch)
- 대중교육 및 정보제공
- 질 개선
- 재난 대비 계획
- 상호지원
- 업무지침
- 재정
- 의료지도

■ 병원전단계(Pre-hospital Phase)

병원전단계는 응급환자가 발생하여 응급의료기관으로 도착할 때까지의 응급처치하는 단계
- 1단계 : 환자 발생의 신고와 구급차 출동
- 2단계 : 구급차가 현장에 도착하기 전까지 전화상담원에 의해 이루어지는 응급처치요령의 지도
- 3단계 : 구급대(응급구조사, 구급대원)에 의한 현장 응급처치
- 4단계 : 정보, 통신체계를 이용한 구급차-병원간의 정보교환으로 이송병원 결정, 현장에서 병원까지 이송 중에 이루어지는 이송처치

■ **병원단계(In-hospital Phase)**

병원단계는 의료기관에 도착한 응급환자가 신속하고 전문적인 응급처치를 받는 단계
- 1단계 : 현장처치의 검토 및 연속적인 응급처치
- 2단계 : 진단을 위한 검사
- 2단계 : 입원치료(중환자실, 일반병실) 혹은 응급수술 결정
- 4단계 : 환자의 응급처치에 필수적인 의료진이나 시설, 장비가 준비된 전문 응급센터(외상, 화상, 독극물, 심혈관센터 등)나 응급의료기관으로 전원여부의 결정과 전원병원 결정

■ **출동을 나갔는데 칼에 찔려 쓰러져 있는 사람과 그 옆에 칼을 들고 있는 범인이 있습니다. 어떻게 대처할 건가요?**

저는 칼을 들고 있는 사람을 빠르게 제압하고 현행범으로 체포하겠습니다. 그리고, 무전을 통해 동료들에게 지원요청을 하겠습니다. 이후, 칼에 찔려 쓰러져 있는 사람에게 다가가 상태를 파악하고, 처치를 하겠습니다. 그리고, 권역외상센터로 빠르게 이송할 수 있도록 하겠습니다.

■ **처치 중 민원인이 폭행을 하면 어떻게 할 건가요?**

민원인께서는 매우 불안한 상황이기 때문에 폭행을 했으리라 생각합니다. 따라서 저는 당황하지 않고, 침착한 자세를 유지하며 민원인의 행동을 제지하겠습니다. 그리고, 저의 임무인 처치를 중단하지 않고 계속 이어나가겠습니다.

■ **아동학대 징후에 대해 말해보세요.**

아동학대 징후는 크게 신체적 학대, 정신적 학대, 성적 학대, 유기와 방임으로 나눌 수 있습니다.
- 우선 신체적 학대로는 설명하기 어려운 신체적 상흔이 있거나 시간 차이가 있는 상처, 사용한 도구의 모양이 그대로 남아 있는 상처, 담뱃불 화상 등이 있습니다.
- 정서적 학대의 경우 반사회적 행동장애나 극단행동, 실수에 대한 과잉반응, 특정 물건을 계속 빨거나 물어뜯는 행동적 징후가 있습니다.
- 성병이나 임신, 나이에 맞지 않는 해박한 성지식을 가지고 있을 경우 성적학대를 의심해볼 수 있으며, 계절에 맞지 않는 옷을 입고 있다거나 놀이터를 방황하는 경우 도벽이 있거나 물건을 훔치는 행동을 할 경우 유기 및 방임 학대를 의심해볼 수 있습니다.

■ **소아 이송 시 주의해야 할 점에 대해 말해보세요.**

성인보다 머리 비율이 큰 편이므로 머리 손상을 가장 먼저 의심해야 합니다. 또한 뼈가 유연하기 때문에 목뼈 손상이 있는지, 장기손상이 있는지도 의심해야 합니다. 또한, 소아실혈은 알아차리기가 쉽지 않기 때문에, 실혈에 대한 반응이 나타나면 빨리 외상센터로 이송해야 합니다.

■ **고령자 처치 시 주의해야 할 점에 대해 설명해보세요.**

고령자의 경우 만성질환을 가지고 있는 경우가 많습니다. 때문에 아스피린과 같은 항응고제를 복용하고 있을 가능성이 높습니다. 따라서 출혈이 발생했을 때, 지혈이 어려울 수 있음을 인지해야 합니다.
또한, 고령자는 통증에 대한 반응이 떨어질 수 있고, 쇼크 증상이 발생했을 경우에는 보상기전이 느릴 수 있습니다. 따라서 증후가 발생한다면, 예측과 처치를 좀 더 심각하게 평가해야 합니다.

■ **PEA 원인은 무엇인가요?**

PEA는 Pulseless Electrical Activity(무맥성 전기활동)을 말합니다. 심전도의 형성은 되지만 맥박을 만들 수 있을 정도의 실질적인 심근 수축을 유발 하지 못하는 상태입니다.
원인으로는 5h · 5t가 있습니다.

- 5h : hypovolemia(저혈량증), hypoxia(저산소증), hypo/hyperkalemia(저/고칼륨혈증), hydrogen ion(대사성산증), hypothermia(저체온증)
- 5t : toxins(중독), thrombosis coronary(급성 관상동맥 증후군), thrombosis pulmonary(폐색전증), tension pneumothorax (긴장성 기흉), tamponade cardiac(심장 눌림증)

■ **가성 PEA와 진성 PEA의 차이를 말해보세요.**

진성 PEA는 심장의 전기활동은 있으나, 실제적으로는 심장이 수축하지 않아 심박출량이 없는 상태이며, 가성 PEA는 심근의 전기활동과 기계적 수축은 유지되고 있지만, 정맥 환류가 급격히 감소해 심박출량이 없는 상태를 말합니다. 진성 PEA가 나타나기 전에 나타납니다.

■ **START 분류체계, 중증도 분류에 대해 설명해보세요.**

START법이란 Simple Triage And Rapid Treatment의 약자로, 구조자에 대해 부상자가 특히 많은 경우 판정기능을 가능한 한 객관적이고 간소화하게 한 것입니다. 주로, 보행가능성, 호흡, 요골맥박여부, 의식상태 등을 평가합니다.

- START
  - 보행가능성 : 걸을 수 있는 환자인지(걸을 수 있으면 비응급환자) – 못 걸으면 다음 단계
  - 호흡 : 자발적으로 호흡이 가능한 환자인지, 자발 호흡이 없다면 기도유지 시행(기도유지를 해야 하는 환자=긴급환자, 기도유지를 시행하지 않아도 되는 환자=지연 환자)
  - 호흡수 : 호흡수는 몇 회인지(30회 초과=긴급환자, 30회 이하=다음단계)
  - 순환 : 순환이 잘 이루어지는지(모세혈관 충혈 2초 초과, 요골 · 말초 맥박 없음 혹은 지혈 가능=긴급환자, 모세혈관 충혈 2초 이하, 요골 맥박 있음=다음단계)
  - 의식 : 의식은 명료한지(구두명령반응 여부 있다면 응급환자, 구두명령반응 없다면 긴급환자)를 판단함
- 중증도 분류
  - 흰색(White) : 의사의 처치가 필요 없고 응급처치 후 바로 일상에 복귀하면 되는 경우
  - 녹색(Green) : 시간이 좀 걸려도 생명에는 지장이 없는 환자로, 간단한 응급처치만 필요한 경우
  - 황색(Yellow) : 비응급이지만 필요하면 바로 치료할 수 있도록 엄중히 관찰해야 하는 환자로, 병원으로 후송이 필요한 경우
  - 적색(Red) : 당장 치료하지 않으면 목숨이 위험한 경우로 응급처치가 필요, 병원으로 반드시 후송이 필요
  - 흑색(Black) : 사망하였거나 살아날 가능성이 없는 경우, 심폐소생술을 하지 않음

더 알아보기

한국 응급환자 중증도 분류기준(KTAS)

- 5단계 : 1등급(소생) – 2등급(긴급) – 3등급(응급) – 4등급(경증응급) – 5등급(비응급)
- 4단계 판정절차(① 환자의 연령, 증상의 ② 대분류 · ③ 소분류 · ④ 세부판단기준)에 따라 교육받은 의사, 간호사, 1급 응급구조사가 시행
- 분류 결과에 따라 응급처치 우선순위, 방법, 격리여부 등 결정

더 알아보기

현장응급처치 표준지침 상 분류
- 응급 : 불안정한 활력징후에 하나라도 해당되는 경우, 주증상의 흉통/의식장애/호흡곤란/호흡정지/심계항진/심정지/마비에 해당하는 경우, 심각한 기전에 의한 중증외상환자인 경우, 수분 이내에 신속한 처치가 필요하다고 구급대원이 판단한 경우
- 준응급 : 위의 항목에 해당하지 않으나 수시간 이내에 처치가 필요한 경우
- 잠재응급 : 위의 두 항목에 해당하지 않으나 응급실 진료가 필요한 모든 환자

■ 호흡곤란으로 코로나19가 의심되는 상황입니다. 헬기, 함정, P정 중 무엇을 이용할 건가요?

코로나 환자의 경우 감염을 우선 고려해야 한다고 생각합니다. 따라서 환자 접촉을 가장 줄일 수 있는 헬기이송을 선택하겠습니다. 헬기는 병원으로 바로 이송이 가능하기 때문에, 이송하면서 환자의 상태를 병원에 알려 미리 준비할 수 있도록 하겠습니다. 뿐만 아니라, 헬기에 탑승한 해양경찰 모두 보호장구를 착용하여, 감염예방에 대비해야 한다고 생각합니다.

■ 헬기 이송 금지 환자의 종류에 대해 말해보세요.

헬기 이송 금지 환자의 종류는 다음과 같습니다. 헬기가 고공으로 상승할수록 산소가 희박해지므로 중증의 환자, 호흡곤란 환자, 심정지 환자는 구급차를 이용하여 이송하여야 합니다. 또한 공기압은 저하되고 일정 용적 안의 공기는 팽창되어 신체 조직에 압박을 가할 수 있으므로 기관 내 삽관 환자, 후두마스크(LMA), 콤비 튜브 적용 환자, 공기 부목 적용 환자는 헬기를 사용해도 되지만, 지속적인 관찰 및 조치가 필요합니다.
- 만성 폐쇄성 폐질환, 천식, 폐렴, 폐수종, 기흉 등의 호흡기계 질환이 있는 경우
- 장폐착증, 탈장 등 장천공 위험성이 있거나 최근 수술을 받은 경우
- 뇌졸중, 뇌종양 등의 신경계 질환이 있는 환자 및 뇌수술을 받은 경우
- 생후 1주 미만의 신생아

■ 해경구급과 소방구급의 차이점은 무엇인가요?

소방구급은 육상의 응급환자를 관할하고 해양구급은 해양에서 발생하는 응급환자를 처치하고 이송한다는 차이점이 있습니다. 또한, 소방구급은 육지에서 출동하기 때문에 신속히 이송하지만, 해양구급은 출동하고 환자 이송까지 오랜 시간이 걸리기 때문에 환자를 더 오래 보호한다는 점에서 더욱 정확한 처치가 필요하다고 생각합니다.

■ 구조와 구급의 차이를 말해보세요.

구조는 재난 현장에서 사람을 구조하는 것이고, 구급은 구조된 사람을 응급처치 및 이송하는 것입니다.

■ 구난이란 무엇인가요?

항공기, 수상 함정, 잠수함 및 특수 기재를 사용하여 인원 등을 수색, 구조하는 것을 말합니다. 또한, 해난 또는 항공기 사고 등 긴급인명구조를 필요로 하는 구조작업을 말하며 항공기의 조난 또는 사고발생 시 조기구조작업으로 인명피해를 최소화하는 데 목적을 두고 있습니다.

(4) 「형사법」

■ 「형법」

범죄와 형벌에 관한 법을 말한다. 즉, 인간의 어떠한 행위가 범죄가 되고, 그 행위자에게 어떤 형벌을 과할 것인가를 규정한 법규범이다. 공법, 사법법, 실체법, 형사법이며, 가설적, 가정적, 추상적, 일반적 규범이다. 행위규범이면서 재판규범이며, 평가규범이면서 의사결정규범이다. 「형법」은 실체법이며, 「형소법」은 절차법, 「행형법」은 형벌의 집행에 관한 법이다.

■ 「형사소송법」

실체법인 「형법」을 적용, 실현하기 위한 형사절차를 규정하는 법률체제를 의미한다. 형사절차라 함은 수사단계부터 공소제기, 공판절차 그리고 형의 선고와 집행에 이르는 일련의 과정을 말한다.

■ 「형법」의 기본원칙

「형법」의 기본원칙은 죄형법정주의다. 그 근거로는 「헌법」 제12조 제1항, 제13조 제1항 및 「형법」 제1조 제1항을 보면 '범죄의 성립과 처벌은 행위 시 법률에 의한다'라고 규정하고 있으며, 죄형법정주의의 파생원칙으로는 관습법금지, 소급효금지, 유추해석금지, 명확성, 적절성의 원칙 등이 있다.

■ 죄형법정주의

"법률 없이는 범죄도 없고 형벌도 없다", "법률없이는 형벌이 없다"
즉, 어떤 행위가 범죄가 되고, 그 범죄에 대해 어떤 처벌을 할 것인가는 미리 성문의 법률로 규정해야 한다는 원칙을 의미한다. 파생원칙으로는 관습형법금지 원칙, 소급효금지원칙, 유추해석금지원칙, 명확성의 원칙, 적정성의 원칙 등이 있습니다.

■ 「형법」과 「형소법」의 어떻게 다른가

「형법」은 범죄와 형벌을 규정한 실체법이고, 「형사소송법」은 「형법」을 집행하기 위한 절차법이다.

더 알아보기

형벌의 종류
- 사형 : 수형자의 생명을 박탈하는 것
- 징역 : 수형자를 형무소 내에 구치하여 정역(강제노동)에 복무하는 것
- 금고 : 정역에 복무하지 않는 점
- 자격상실 : 수형자에게 형의선고로서 일정한 자격이 상실되는 형벌
- 자격정지 : 수형자의 일정한 자격을 일정한 기간 정지
- 벌금 : 범죄인에 대하여 일정액의 금전을 박탈하는 형벌
- 구류 : 금고와 같으나 그 기간이 1일 이상 30일 미만이라는 점
- 과료 : 벌금과 같으나 그 금액이 2천 원 이상 5만 원 미만
- 몰수 : 범죄행위와 관계 있는 일정한 물건을 박탈하여 국고에 귀속

■ 임의동행

임의수사의 한 방법으로 불심검문 시 수사기관이 피의자 또는 참고인 등에 대하여 검찰청(경찰서 등)에 함께 가기를 요구하고 상대방의 승낙을 얻어 연행하는 처분. 「경찰관집무집행법」 제3조에 규정되어 있음

■ 치외법권

외국인이 현재 체재하고 있는 국가의 권력작용, 특히 재판권에 복종하지 않을 수 있는 자격 또는 권리로 치외법권을 가진자는 외국원수와 그 가족, 외국영사와 한미주둔군현정에 의한 공무집행 중 발생한 미군범죄에 대해 우리의 형법을 적용하지 않는다.

■ 약식명령

형사 사건에서, 약식 절차에 의하여 벌금, 과료 또는 몰수형(沒收刑)을 선고하는 명령. 정식 재판의 청구가 없을 때는 확정 판결과 같은 효력을 가짐

■ 전문증거

사실인정의 기초가 되는 사실을 체험자 자신이 직접 공판정에서 진술하는 대신에 다른 형태(타인의 증언이나 진술서)로 간접적으로 법원에 보고하는 증거. 예컨대, 피고인의 살인현장을 목격하였다는 갑(甲)이 을(乙)에게 그 목격사실을 얘기한 것을 을이 들었다고 법원에서 진술한 경우다. 현행 「형소법」은 전문증거를 제한하고 있으며 예외로 간이공판절차에서는 그 제한이 완화되어 있다.

■ 불고불리의 원칙

「형사소송법상 법원은 검사의 공소의 제기가 없는 사건에 관하여 심판할 수 없다고 하는 원칙을 말한다. 즉 공소제기가 없는 한 법원은 사건에 대하여 심판할 수 없고 또 법원은 공소제기된 사건에 대해서만 심판할 수 있다는 원칙이다.

■ 현행범체포 긴급 체포 요건

「형사소송법」에 의거하여 다음 2가지 사항에 해당되는 경우 경찰관은 물론 일반인도 범죄자를 체포할 수 있다. 대신 범죄가 명백해야 하며 주거가 불분명한 경우여야 한다.
- 현행범이란 범죄를 현재 실행 중이거나 직전에 범행을 끝마친 사람.
- 준현행범인이란 범인으로 추적되고 있는 경우, 장물이나 범죄에 사용되었다고 보이는 물건을 소지하고 있는 경우, 현저한 증거가 있을 때 부름

■ 살인죄 정의

- 고의로 사람의 목숨을 끊어 살해하는 죄. 보호법익은 사람의 목숨이고 객체는 사람이다.
- 형법 제 250조 살인, 존속살해에 해당하며 사람을 살해한 자는 사형, 무기 또는 5년 이상의 징역에 처한다. 2015년 살인죄에 한해 공소시효가 폐지되었다.

■ 미끄러지기 쉬운 이론

부패에 해당하지 않는 공짜 커피, 작은 선물 등의 사소한 호의가 나중에는 엄청난 부패로 이어진다는 이론을 말한다.

■ 「형소법」 제312조

수사기관이 작성한 조서에 대한 전문법칙의 예외이론을 말한다.

■ 「형사소송법」 제312조 '피의자 신문조서'에서 검찰과 경찰 차이점

현행 형소법상 경찰작성 피의자신문조서는 적법한 원칙에 작성되고 기재내용이 객관적진실에 부합하는 내용인정을 할 때 증거능력을 인정하고 검사작성 피의자신문조서는 적법한 절차에 따라 작성 후 실질적 진정성립과 특신상태를 인정할 때 증거능력을 인정함으로써 차이점을 보인다. 개정 형소법상 수사기관은 대등한 권력기관으로 보아 내용인정시 증거능력을 인정하는 요건으로 통일되었다.

■ 깨진 유리창 이론

깨진 유리창 이론은 경미한 무질서에 대한 무관용정책의 확산을 통해 시민들의 집합적 효율성을 강화시키는 것에 중점을 두는 이론을 말한다.

■ 수사구조론

수사과정을 전체로서의 형사절차에 어떻게 위치시키고 수사절차에 관여하는 각 활동주체간의 관계를 어떻게 정립시킬 것인가를 규명하기 위한 이론이다.

■ 영장신청이 「헌법」에 있나

「헌법」 제12조 제3항에 영장주의를 규정하고 16조에 사후영장에 의한 체포를 규정하고 있다.

■ 수사의 정의

수사란 수사기관이 주관적 혐의가 있다고 사료될 때 구체적 사실에 근거하여 주위사정을 합리적으로 판단하여 혐의유무를 결정하는 것을 말한다.

■ 공무집행방해죄 요건

적법한 직무를 집행하는 공무원에 대하여 광의의 폭행이나 협박을 했을 때 처벌하는 범죄이다.

■ 풍선효과

어떤 부분에서 문제를 해결하면 또 다른 부분에서 새로운 문제가 발생하는 현상을 가리키는 말이다.

■ 낙인이론

범죄자 또는 비행자로 만드는 것은 행위의 질적인 면이 아니라 사회인이 가지고 있는 그 행위에 대한 인식으로 비롯된다는 이론이다.

■ 「헌법」 제1조

- 제1항. 대한민국은 민주공화국이다.
- 제2항. 대한민국의 주권은 국민에게 있고 모든 권력은 국민으로부터 나온다.

■ 행정심판과 행정소송

- 행정심판 : 행정청의 부당한 처분으로 권리 및 이익을 침해받은 국민이 법적으로 이를 구제받을 수 있도록 한 제도이다. 독립된 심판기관인 행정심판위원회에서 심판한다는 점에서 사법기관인 법원이 심판한다는 점에서 차이점이 있다.
- 행정소송 : 행정법규의 적용에 관련된 분쟁이 있는 경우에 당사자의 불복제기에 의거하여 정식의 소송절차에 따라 판정하는 소송

■ 권리와 권한의 차이

- 권리 : 일정한 구체적 이익을 누릴 수 있도록 법에 의하여 권리주체에게 주어진 힘
- 권한 : 다른 사람을 위하여 일정한 법률효과를 발생케 하는 행위를 할 수 있는 법률상의 지위나 자격

■ 위법과 부당의 차이

위법이란 법에 어긋나는 행위를 말하고 부당이란 적당하지 않은 것, 이치에 맞지 않는 것을 말한다.

■ 법치주의

법치주의란 국민의 의사를 대표하는 국회에서 만든 법률에 따르지 않고는 나라나 권력자가 국민의 자유나 권리를 제한하거나 의무를 지울 수 없다는 근대 입헌국가의 정치원리이다.

■ 수사기법

reid 9단계 상담기법

- 1단계 : 수사관은 용의자를 단도직입적이고 유죄단정적인 태도로 대한다.
- 2단계 : 화제를 제시한다.
- 3단계 : 수사관은 용의자 범죄 사실의 초기의 부인을 다룬다.
- 4단계 : 수사관은 용의자의 반론을 압도한다.
- 5단계 : 수사관은 용의자의 주의를 끌고 신뢰감을 보여준다.
- 6단계 : 수사관은 용의자의 소극적인 상태를 알아차린다.
- 7단계 : 수사관은 용의자에게 선택적 질문을 하여 그가 답변을 선택하게 한다.
- 8단계 : 상세히 설명한다.
- 9단계 : 용의자의 자백을 서류화하여 기록한다.

■ 손해배상청구 소멸시효

민사상 불법행위로 손해배상청구권의 소멸시효는 안 날로부터 3년 있은 날로부터 10년 중 어느 하나의 기간이 도과하면 소멸시효가 완성된다.

■ **일사부재리의 원칙**

어떤 사건에 대해서 일단 판결이 내려져 확정되면, 그 사건을 다시 소송으로 심리, 재판하지 않는다는 원칙

■ **긴급피난**

자기 또는 타인의 법익에 대한 현재의 위난을 피하기 위한 행위는 상당한 이유가 있는 때에는 벌하지 아니한다.

■ **형벌 불소급의 원칙**

법률이 제정되기 이전에 행위에 대하여는 처벌할 수 없다.

■ **무죄추정의 원칙**

유 · 무죄 판결이 확정될 때까지는 피의자에 대하여 무죄로 추정한다.

■ **미란다 원칙**

범죄용의자를 연행할 때 그 이유와 변호인의 도움을 받을 수 있는 권리, 진술을 거부할 수 있는 권리 등이 있음을 미리 알려주어야 한다는 원칙

■ **친고죄**

고소권자의 고소가 있어야 공소 제기를 할 수 있는 범죄

■ **고소불가분의 원칙**

친고죄에 있어서 고소의 효력이 미치는 범위에 관한 원칙

■ **고소의 객관적 불가분의 원칙**

한 개의 범죄사실의 일부분에 대한 고소 또는 그 취소는 그 범죄사실의 전부에 대하여 효력이 발생한다는 원칙을 의미한다. 단순일죄의 경우 예외 없이 적용된다. 그러나 경합범에 대해서는 적용되지 않는다.

■ **고소의 주관적 불가분의 원칙**

- 친고죄의 공범 중 1인 또는 수인에 대한 고소와 그 취소는 다른 공범자에 대하여도 그 효력이 있다는 원칙을 의미. 절대적 친고죄에서는 언제나 이 원칙이 적용됨. 그러나 친족상도례와 같은 상대적 친고죄에 있어서는 비신분자에 대한 고소의 효력은 신분관계에 있는 공범에는 미치지 않으며, 신분관계에 있는 자에 대한 고소취소는 비신분자에게 효력 없음
- 공범자에 대한 1심 판결 선고 후 고소취소에 대해 견해가 대립함. 기본적으로 고소의 취소는 1심판결 선고 전까지만 가능하기 때문에 공범자의 일부에 대한 1심판결이 선고된 후에는 아직 1심판결이 선고되지 않은 나머지 공범에 대해서도 고소를 취소할 수 없고, 고소의 취소가 있어도 효력이 없다는 것이 통설

■ 반의사불벌죄

폭행죄, 명예훼손죄와 같이 피해자 등 고소권자의 고소가 없어도 공소를 제기할 수 있으나 피해자가 가해자의 처벌을 원하지 않는다는 의사를 표시하면 처벌할 수 없는 범죄

■ 공소시효

「형법」상의 형의 시효란 형의 선고를 확정한 시점부터 그 형이 집행개시를 할 때까지의 기간을 말하고, 「형사소송법」의 공소시효란 범행이 완전히 완료된 시점부터 검사가 공소를 제기할 때까지의 기간을 말한다.

■ 트라우마(trauma)

'외상(外傷)'을 뜻하나, 심리학에서는 '정신적 외상', '(영구적인 정신 장애를 남기는) 충격'을 말한다.

■ 구속과 불구속의 차이

- 구속이란 피고인 또는 피의자를 법원 기타 일정한 장소에 인치억류하는 구인과 교도소, 구치소에 감금함을 의미하는 구금을 포함하는 개념이다.
- 불구속이란 일정한 장소에 인치하거나 가두지 않는 것을 말한다.

■ 위조와 변조의 차이

- 위조란 권한 없는 자가 사용할 목적으로 현존하지 아니하는 문서, 통화, 유가증권, 인장 등을 새로이 작성하거나 제조하는 것을 말한다.
- 변조란 권한 없는 자가 진정한 통화, 유가증권, 문서 등의 가치를 변경시키는 것을 말한다.

■ 양벌규정

양벌규정이란 위법행위에 대하여 행위자를 처벌하는 외에 그 업무의 주체인 법인 또는 개인도 함께 처벌하는 규정을 말한다.

■ 고소와 고발의 차이

- 고소는 고소권자가 수가기관에 수사를 의뢰하는 것으로 고소취소 후 재고소는 불가능하다.
- 고발은 제3자가 수사기과에 수사를 의뢰하는 것으로 고발취소 후 재고발이 가능하다.

■ 취소와 철회의 차이

- 취소 : 원시적 하자를 이유로 효력을 상실시키는 것
- 철회 : 처분 이후 후발적으로 발생한 하자를 이유로 취소하는 것

■ 도청과 감청의 차이

- 도청 : 사익(단체, 개인)을 위해서 타인(개인, 기업, 국가)의 승낙과 동의 없이 사생활을 침해 및 각종 신상 파악과 정보를 수집하는 행위
  예 유선(일반전화기), 무선(PC, 핸드폰, 무전통신 등), CCTV, 몰래카메라, 카세트 녹음, 청취 등
- 감청 : 국가(법원)의 허가를 필요로 하여 적법한 절차를 거쳐서 각종 정보를 파악하는 것이다. 통신으로 이용하는 것은 FAX · 컴퓨터 · 일반 전화기 · 무전기와 같은 각종 통신 장비이다. 참고로 감청은 국가(법원)의 허가를 받았기 때문에 개인의 허가를 받지 않아도 된다.

■ 임의수사와 강제수사의 정의와 사례

- 임의수사 : 강제력을 행사하지 않고 상대방의 동의나 승낙을 받아서 행하는 수사이다. 피의자신문, 참고인조사, 감정통역 번역의 위촉이 대표적이다.
- 강제수사 : 강제력을 행사해 수사를 하는 것을 말한다. 대인적 강제처분과 대물적 강제처분으로 나누어진다. 현행범인체포, 긴급체포, 구속, 압수수색, 검증 등이 있다.

■ 소극적 구성요건표지이론

구성요건과 위법성의 관계에 관한 이론으로 위법성조각 사유를 소극적 구성요건요소로 파악하고 구성요건에 포함시켜 총체적 구성요건요소로 보는 이론을 말한다.

■ 강제집행면탈죄

「형법」 제327조에 강제집행을 면할 목적으로 재산을 은닉, 손괴 · 허위양도 또는 허위의 채무를 부담하여 채권자를 해하는 범죄를 말한다.

■ 위증과 무고의 차이

위증죄란 법률에 의하여 선서한 증인이 허위의 진술을 하는 죄를 말하고 무고죄란 타인으로 하여금 형사처분 또는 징계처분을 받게 할 목적으로 공무소 또는 공무원에 대하여 허위 사실을 선고하는 죄를 말한다. 두 죄의 차이점은 위증은 주관적 사실을 거짓말을 하면 죄가 되고, 무고는 객관적 사실을 거짓말을 했을 때 죄가 된다는 것이다.

■ 법과 도덕의 차이

- 법이란 국가권력에 의하여 강제되는 사회규범을 말하고 우리나라는 죄와 형은 법으로 정하고 있다 하여 죄형법정주의를 천명하고 있다.
- 도덕이란 인간이 지켜야 할 도리 또는 바람직한 행동기준을 말한다.

■ 윤리적 법규

윤리적 법규는 법규 가운데서 윤리적 의무에 관련되는 것입니다. 인륜관계의 위배를 금지하는 「형법」, 부부 · 가족 간의 인륜에 관한 친족법이 대표적인 법이다. 윤리적 법규는 인륜을 내용으로 하고 있기 때문에 법률을 모른다 하더라도 사람들이 준수를 의식하고 있다는 데 특색이 있다.

■ 불기소란 어떤 것을 말하는가

- 검사가 경미한 사건이나 범죄가 성립하지 않는 사건일 때 공소를 제기하지 않는 것을 말한다.
- 혐의없음, 죄가 안 됨, 공소권 없음

■ 수사부서의 경우, 경찰에 관한 여러 법령 중 어떤 것이 중요한가

경찰에 관한 법령은 「형사소송법」, 「형법」, 「경찰관직무집행법」 등이 있지만 그중 「형법」을 집행하기 위한 절차법인 「형사소송법」이 중요하다고 생각합니다.

■ 수사종결권은 누구에게 있나

검경수사권 조정으로 검찰의 수사지휘권이 폐지되면서 경찰에게 모든 사건에 대한 1차 수사권과 종결권이 부여되었습니다.

■ 공소권남용에 대한 견해

수사법원이 유죄판결을 할 것이 아니라 공소기각 또는 면소판결을 통해 소송을 종결시켜야 한다고 생각합니다. 기소편의주의와 관련됩니다. 종결권은 검사에게 있으나 즉결심판의 경우 해경서장, 경찰서장이 수사종결을 합니다.

■ 실체적 진실과 인권 중 무엇이 우선인가

인권침해를 최소화하는 범위 내에서 실체적 진실 발견에 힘 써야 할 것입니다.

■ 범죄의 개념

- 형식적 범죄의 개념으로서는 형벌법규에 의하여 형벌을 과하는 대상이 되는 행위, 즉 구성요건에 해당하고 위법하며 책임 있는 행위를 의미한다.
- 실질적 범죄의 개념으로서는 범죄란 형벌을 과할 필요가 있는 불법일 것을 요하며, 그것은 사회적 유해성 내지 법익을 침해하는 반사회적행위를 의미한다.
- 구성요건이란, 형벌을 과하는 근거가 되는 행위유형을 추상적으로 기술해 놓은 것으로서 일정한 행위가 형법적으로 의미가 있다는 것을 보여준다.
- 위법성이란 구성요건에 해당하는 행위가 법질서 전체의 입장과 객관적으로 모순, 충돌하는 것을 말한다.

■ 정당방위

자기 또는 타인의 법익에 대한 현재의 부당한 침해를 방위하기 위한 행위는 상당한 이유가 있는 때에는 벌하지 아니한다. 즉, 위법성이 조각되어 벌하지 않는다는 것

■ 자구행위

법정절차에 의하여 자신의 청구권을 보전하기 불능한 경우에 그 청구권의 실행불능 또는 현저한 실행곤란을 피하기 위한 행위는 상당한 이유가 있는 때에는 벌하지 아니한다. 자구행위 역시 부정대정의 관계이나 자기의 청구권만 가능하다.

■ 상해와 폭행

- 상해죄 : 상해행위, 결과범,침해범, 미수범과 과실범을 처벌함
- 폭행죄 : 폭행행위, 형식범,위험범, 미수범과 과실범을 처벌하지 않음. 반의사불벌죄임

■ 절도죄와 강도죄

절도죄와 강도죄는 모두 재산죄에 관련되었다는 공통점이 있다. 세부사항으로는 다음과 같은 차이점이 있다.

- 절도죄 : 타인의 재물을 절도한 자
  - 객체 : 타인이 점유하는 타인의 재물
- 강도죄 : 폭행, 협박으로 타인의 재물을 강취하거나 재산상이익을 취득하거나 제3자로 하여금 이를 취득하게 한 자
  - 객체 : 타인의 재물 또는 재산상 이익

■ 사기죄

사람을 기망하여 재물을 편취하거나 재산상 이익을 취득하거나 타인에게 취득하게 함으로써 성립하는 범죄

■ 공갈죄

사람을 공갈하여 재물의 교부를 받거나 재산상의 불법한 이익을 취득하거나 제3자로 하여금 취득하게 함으로써 성립하는 범죄

■ 횡령죄

자기가 보관하는 타인의 재물이나 점유이탈물을 불법하게 영득하거나 타인으로 하여금 영득하게 함으로써 성립

■ 배임죄

타인의 사무를 처리하는 자가 그 임무에 위배하는 행위로 재산상의 이득을 취득하거나 제3자로 하여금 이를 취득하게 하여 본인에게 손해를 가함으로써 성립하는 범죄

■ 장물죄

장물을 취득 · 양도 · 운반 · 보관하거나 이러한 행위를 알선하는 범죄

■ 손괴죄

타인의 재물에 대하여 그 효용의 전부 또는 일부를 해하는 것을 내용으로 하는 범죄

■ 집행유예

유죄를 인정하여 형을 선고함에 있어서 정상을 참작하여 일정한 기간 그 형의 집행을 유예하되, 특정한 사고 없이 유예기간을 경과하면 형의 선고의 효력을 상실시킴으로써 형의 선고가 없었던 것과 동일한 효과를 발생하게 하는 제도

■ **선고유예**

경미한 범인에 대하여 일정 기간 형의 선고를 유예하고 그 유예기간을 사고 없이 경과하면 면소된 것으로 간주하는 제도

■ **항소**

제1심판결에 대한 제2심 법원에 대한 상소를 말한다.

■ **상고**

제2심판결에 불복하여 대법원에 제기하는 상소를 말한다.

■ **항고**

법원의 결정에 대한 상소를 말한다. 항고는 법원의 재판 중 결정에 대한 상소이며, 판결에 대한 상소인 항소 또는 상고와 구별된다.

■ **가석방**

자유형의 집행이 종료되지 않았으나 그 집행을 계속할 필요성이 없다고 인정되는 경우에는 먼저 그 집행을 정지한 후 일정 기간 무사히 넘길 때에는 형의 집행을 종료한 것과 같게 하는 제도이다. 현행 「형법」에 의하면 징역 또는 금고의 형(刑)이 집행 중에 있는 자가 행상(行狀)이 양호하고 개전(改悛)의 정이 현저한 때에는 무기형인 경우에는 10년, 유기형인 경우에는 그 형기의 3분의 1을 경과한 후 행정처분으로 미리 석방할 수 있다. 단, 벌금 또는 과료가 병과(倂科)되었을 경우에는 그 금액을 완납하여야 한다.

■ **경합범**

판결이 확정되지 아니한 수개의 죄, 또는 판결이 확정된 죄와 그 판결 확정 전에 범한 죄를 말한다. 경합범의 처분에 관하여는 가장 중한 죄에 정한 형으로 처벌하는 흡수주의, 가장 중한 죄에 정한 장기(長期) 또는 다액(多額)에 그 2분의 1까지 가중하는 가중주의, 형을 병과하는 병과주의 등 3원칙을 병용하고 있다.

■ **공동정범**

2인 이상이 공모하여 죄를 범하는 경우에 정범과 종범(從犯)을 구별할 수 없는 상태의 범죄이다. 공동정범의 성립은 공동실행의 의사와 공동실행의 사실이 있을 때 성립되나 한 사람의 행위로 결과가 발생해도 전원이 공동정범의 기수범(旣遂犯)이 되며, 공동실행의사가 없었을 때는 단순한 동시범(同時犯)에 불과하다.

■ **공소**

소추기관(訴追機關)인 검사(檢事)가 국가를 대표하여 범인[피의자]에게 형벌을 과할 것을 법원에 청구하는 소송행위를 말한다.

■ **교사범**

타인에게 범죄를 실행하도록 교사하는 경우로서, 타인에게 범죄실행을 결의하게 하여 범죄의 현실적 실행이 있는 경우에는 정범과 동일한 형으로 처벌한다.

■ **액사와 교사 차이**

- 액사는 질식사의 한 종류로써 '손졸림사'라고도 한다. 목 부위를 사람의 손으로 압박하여 사망하는 것으로 모두가 타살이므로 액살(扼殺)이라고 하며, 목을 조를 때 손톱, 손가락, 손바닥의 압력에 의하여 목 부위의 손상, 즉 손 졸린 자국(扼痕)이 나타난다.
- 교사는 타인으로 하여금 범죄 실행을 하게 하는 것(「형법」 제31조)

■ **구속적부심사제도**

누구든지 체포 또는 구속을 당한 때에는 법원에 구속적부심사를 청구할 권리를 가지는 제도로서, 이 제도는 제9차 개정헌법에 의해 전면적으로 인정되었다.

■ **기소**

검사가 형사사건에 관해 법원에 대하여 재판을 청구하는 의사 표시를 말한다.

■ **기소독점주의**

- 공소제기(公訴提起)의 권한을 검사에게만 부여하는 것
- 경찰은 검찰 기소독점주의의 예외로 경범죄처벌법 등에 대해 즉결심판 권한을 갖는다. 하지만 해당 범죄에 대해서는 검찰도 기소 권한이 있다.

■ **기소유예**

범죄의 혐의가 있으나 범인의 연령 · 성행 · 지능과 환경, 피해자에 대한 관계 · 범행의 동기 · 수단과 결과 · 범죄 후의 정황 등의 사항을 참작하여 기소할 필요가 없다고 인정될 때에는 공소를 제기하지 아니할 수 있다. 기소편의주의에 의하여 검사가 공소를 제기하지 않는 처분이다.

■ **기소편의주의**

검사의 재량에 의하여 기소여부를 결정하는 것을 말하는 것으로 검사는 수사결과 기소함에 충분한 범죄의 객관적 혐의가 있고 또 소송조건을 구비하였다고 하여도 반드시 기소하여야 하는 것은 아니다. 기소유예(起訴猶豫)를 인정하는 제도를 말한다.

■ **긴급구속**

긴급구속은 중죄를 범했다고 인정되는 경우나 증거인멸 · 도피의 우려가 있을 때, 그 밖에 구속에 긴급을 요하여 구속영장을 신청할 시간적인 여유가 없을 경우에 한하여 검사 또는 사법경찰관리가 법관이 발부한 구속영장 없이 피의자의 신체를 구속하고 나서 사후에 영장을 발부받아야 한다.

■ 누범

금고(禁錮) 이상의 형을 받아 그 집행을 종료하거나 면제(免除)받은 후 3년 이내에 또다시 금고 이상에 해당하는 죄를 범하는 경우에는 누범으로 다스린다. 누범의 형은 해당범죄의 형벌의 장기(長期)의 2배까지 가중할 수 있도록 하여 엄벌주의를 취한다.

■ 미수범

범죄의 실행을 일단 착수하였지만 범죄행위를 끝마치지 않았거나 결과가 발생하지 아니한 것으로, 미수범은 범죄실행의 착수가 있다는 점에서 예비(豫備)와 구별된다. 미수범의 형(刑)은 기수범보다 감경(減輕)할 수 있다.

■ 미필적 고의

- 자기의 행위로 인해 어떤 범죄 결과의 발생 가능성을 인식하고서도 행위를 하여 어떠한 결과가 발생하게 한 심리상태를 말한다. 이런 경우에는 과실범(過失犯)이 아닌 고의범으로서 처벌을 받는데, 이를 조건부 고의(條件附故意)라고도 한다.
- 인식(認識)있는 과실(過失) : 결과 발생의 가능성을 처음부터 부정하고 행한 경우로서, 이때에는 부주의한 점에 대해서 소극적으로 가벼운 과실의 책임만을 묻는다.

■ 배임죄

타인을 위하여 사무를 처리하는 자가 자기가 맡은 임무에 위배되는 행위로 재산상의 이익을 취득하거나 제3자로 하여금 이를 취득하게 하여 본인에게 재산상의 손해를 가하는 범죄를 말한다. 업무상 배임인 경우에는 특히 형이 가중되며 미수범(未遂犯)도 처벌된다.

■ 보석

증거인멸이나 도주의 우려가 없음을 전제로 하여 거주지를 지정하여 구속된 피고인에 대하여 일정한 보증금을 납입시키고 피고인이 도피하거나 기타 일정한 사유가 있는 때에는 이를 몰취(沒取)할 것을 조건으로 하여 피고인을 석방하는 제도이다. 보석에는 피고인이나 변호인의 청구에 의하는 청구보석과 직권으로 행하는 직권보석(職權保釋)이 있다.

■ 불고지죄

법을 위반한 자를 알고 있으면서도 이를 수사기관에 알리지 않음으로써 성립하는 범죄

■ 국약헌법

조약헌법(條約憲法)이라고도 하며, 여러 개의 지분방(支分邦)이 하나의 연방을 구성할 때 그들의 합의에 의해서 제정된 헌법이다. 지분방간의 조약이 성립되는 동시에 새 연방이 생기고 그 조약이 바로 그 연방의 헌법이다. 미합중국 헌법과 스위스 연방 헌법 등이 이에 속한다.

■ 국정감사권, 국정조사권

국회가 국정 전반에 관하여 필요한 서류 · 기록의 제출, 증인의 출두와 증언 또는 의견의 진술을 정부에게 요구할 수 있는 기능이다. 이는 정부에 대한 감시 · 감독을 하는 데 중요한 방법 중의 하나이다.

■ **기본권**

국가가 법률로써 부여한 것이 아니라 인간이 인간으로서 천부적으로 가지고 있는 권리를 말한다. 우리나라 「헌법」에서 규정한 기본권은 자유권, 수익권, 참정권, 평등권 등 기본적 권리와 납세 · 국방 · 교육 · 근로 등의 기본적 의무로 나눌 수 있다.

■ **긴급재정 · 경제처분 및 명령권 · 긴급명령권**

대통령이 ① 내우 · 외환, 천재 · 지변 또는 중대한 재정 · 경제상의 위기에 있어서 국가의 안전보장 또는 공공(公共)의 안녕질서를 유지하기 위하여 긴급 조치가 필요하고 국회의 집회를 기다릴 여유가 없을 때에만 최소한으로 필요한 재정 · 경제상의 처분을 하거나 이에 관하여 법률의 효력을 가지는 명령을 발할 수 있는 권한 또는, ② 국가 안위(安危)에 관계되는 중대한 교전상태(交戰狀態)에 있어서 국가를 보위하기 위해 긴급한 조치가 필요하고 국회의 집회가 불가능한 때에 한하여 법률의 효력을 가지는 명령을 발할 수 있는 권한으로, 이는 제9차 「개정헌법」에서 새롭게 채택한 제도이다.

■ **면책특권**

국회의원이 국회에서 직무상 행한 발언과 표결에 대하여 국회 외에서 책임을 지지 않는 특권을 말한다. 이는 국회의원이 자유롭게 발언하고 또 양심에 따라서 표결할 수 있도록 하기 위한 특권이다.

■ **바이마르(Weimar) 헌법**

제1차 세계대전에 의한 독일의 붕괴를 계기로 1919년 8월 11일 바이마르에서 열린 국민의회에서 제정된 독일공화국 헌법으로, 바이마르의 국민의회에서 제정되었기 때문에 명명되었다. 국민주권주의에 입각하여 보통 · 평등 · 직접 · 비밀 및 비례대표제를 원리로 하는 선거에 의한 의원내각제에다 직접민주제를 가미한 20세기 초기의 대표적인 신 헌법이었지만, 1933년 나치의 국민혁명에 의하여 소멸되었다.

■ **법규명령**

국회가 제정하지 않은 법규의 성질을 가지는 것으로 대개가 국민에게 의무를 과(課)하고 국민의 권리를 제한하는 것을 내용으로 하는 명령을 말한다. 긴급명령, 긴급재정경제명령, 위임명령, 집행명령 등이 이에 속한다. 행정입법의 하나로, 행정명령[행정규칙]에 상대되는 개념이다.

■ **법률안 거부권**

국회에서 의결되어 정부로 이송된 법률안에 대하여 대통령이 이의(異議)가 있을 때 대통령이 그에 대한 재가(裁可)나 승인을 거부하여 법률로써의 성립을 저지하는 권한으로 입법부의 견제책의 일종이다.

(5) 「행정법」

■ **「행정법」**

국가 행정 작용에 의하여 발생한 공권력에 의하여 국민의 권리가 침해된 때에 그 권리구제의 내용과 방법에 대하여 규정하고 있는 법체계이다. 행정법은 민법, 형법 등 단행법과는 다르게 단일한 법률로써 규정되어 있지 않고, 여러 개의 개별 법률로 규정되어 있는 것이 특징이다.

■ **행정개입청구권**

행정청의 부작위로 인하여 권익을 침해당한 자가 당해 행정청에 대하여 자기 및 타인에 대한 규제 등 일정한 행정권의 발동을 청구할 수 있는 공권을 말한다. 행정개입청구권은 자기이익을 위하여 타인에 대한 행정권의 발동을 청구하는 권리라는 점에서 자기의 이익을 위하여 자기에 대한 행정권의 발동을 청구할 수 있는 권리인 행정행위발급청구권과 구별된다. 행정개입 청구권의 문제는 이론적으로는 활발히 논의되고 있으나, 아직 대한민국 법원에서 판결로 명시적으로 인정한 적은 없다.

■ **부관**

법률행위의 효력의 발생 또는 소멸을 제한하기 위하여 부가되는 약관(約款). 부관은 행정청이 구체적인 상황에 맞는 행정을 할 수 있도록 해주므로, 행정의 합리성 · 탄력성을 보장하는 역할을 한다. 한편, 부관은 일종의 행정행위에 일정한 조건을 추가하는 것으로 국민의 권익을 침해할 가능성이 존재한다.

더 알아보기

부관의 종류

- 조건 : 행정행위 효력의 발생 · 소멸을 장래 발생이 객관적으로 불확실한 사실에 의존시키는 부관을 말한다.
  예 주차장의 확보를 조건으로 한 여객자동차운수사업면허
- 기한 : 행정행위 효력의 발생 · 소멸을 장래발생이 확실한 사실에 의존시키는 부관을 말한다.
  예 3년을 기간으로 영업허가하는 경우
- 부담 : 행정행위에 부수하여 행정행위의 상대방에게 작위 · 작위 · 수인 · 급부의무를 명하는 부관을 말한다.
  예 도로점용허가시 도로점용료납부명령
- 철회권 유보 : 장래 일정한 사유가 발생하는 경우 그 행정행위를 철회할 수 있는 권리를 유보하는 부관을 말한다.
  예 종교단체에 기본재산전환인가를 하면서 인가조건을 부가하고 불이행시 인가를 취소할 수 있도록 한 경우
- 법률효과 일부배제 : 법률이 예정하고 있는 행정행위의 효과를 행정청이 배제하는 부관을 말한다[판례 1].
  예 공유수면 매립 준공인가 처분 중 매립지 일부에 대한 귀속 처분[판례 2]

■ **부관의 독립쟁송 형태**

- 진정일부 취소소송 : 부관만을 취소소송의 대상으로 하는 소송
- 부진정일부 취소소송 : 형식상 부관부 행정행위 전체를 소송의 대상으로 하면서, 내용상 부관만의 취소를 구하는 소송
- 부관부행정행위 전체의 취소를 구하는 소송

■ **불가쟁력과 불가변력**

- 불가쟁력 : 행정행위의 상대방이나 기타 관계인이 행정행위의 효력을 더 이상 다툴 수 없게 하는 구속력을 말한다. 행정행위의 형식적 존속력이라고도 한다. 즉, 행정행위의 효력을 다툴 수 있는 쟁송제기기간이 경과한 경우에는 행정행위의 상대방이나 이해관계인은 그 행정행위를 더 이상 다툴 수 없다. 행정처분에 불가쟁력이 발생한 경우, 행정청은 직권으로 이를 취소 · 철회할 수 있지만 국민에게는 특별한 사정이 없는 한, 당해 행정처분의 취소.철회를 구할 신청권이 인정되지 않는다. 불가쟁력이라도 행정행위가 적법이 되지 않으며 국가배상이 가능하다.
- 불가변력 : 자박력 또는 실질적 확정력이라고도 하며 행정법 상의 개념으로 처분청/감독청이 직권으로 행정행위를 자유로이 취소, 변경, 철회할 수 없는 효력을 말한다. 불가변력은 대상을 달리하는 동종의 행정행위에는 인정되지 않는다. 행정청이 불가변력에 위반된 행위를 한 경우는 취소사유에 대항한다. 불가변력은 당해 행정행위에 대해서만 인정되는 것이고, 동종의 행정행위라 하더라도 그 대상을 달리할 때에는 이를 인정할 수 없다는 것이 판례의 입장이다.

■ **과태료**

금전벌의 형태로 부과되는 행정벌의 일종

■ **손해배상청구권**

국민이 공무원의 직무상 불법행위로 손해를 입었을 때 청구할 수 있는 권리. 공무원이 직무상 적법한 행위로 국민이 피해를 입은 경우는 청구할 수 있는 권리를 손실보상청구권이라고 한다.

■ **엽관제**

공무원이 임명, 파면 및 승진을 집권당의 당파적 정실에 의하여 행하는 제도

■ **즉시강제**

행정권에 의한 강제수단의 하나로 급박한 장애를 제거하는 데 미리 의무를 명령할 여유가 없거나 그 성질상 의무의 명령으로 그 목적을 달성하기 곤란할 때 행정권의 주체가 국민의 신체, 재산 등 실력으로 행사하는 행정작용

■ **질서범**

행정상 의무위반이나 금지행위에 대하여 위반을 한 행위에 대해서 제재로 과하는 과태료(過怠料)인 질서벌을 과하여야 할 행위를 말한다.

■ **법규명령**

- 행정권에 의하여 정립되는 법규의 성질을 가지는 명령
- 법규명령은 국가와 국민 모두를 규율하는 일반적 구속력을 가진다. 법규명령은 형식적 의미에서는 행정이지만, 실질적 의미에서는 입법에 속한다. 법규명령에는 헌법적 수권에 따라 발동되는 독립명령으로서 대통령의 긴급명령, 긴급재정 경제명령(「헌법」 제76조) 등의 법률대위명령(法律代位命令)이 있으나, 보통은 법률적 수권에 따라 발동되는 법률종속명령(法律從屬命令)을 말한다.

■ **행정규칙**

법규의 성질을 가지지 않는 것으로서, 행정조직 내부의 관계 및 특별한 공법상의 법률관계 내부에 관한 사항을 규정하는 것으로 대외적 구속력은 없다. 이에는 훈령(訓令), 지시(指示), 예규(例規) 등이 있다.

■ 필요적 몰수와 임의적 몰수

- 필요적 몰수란 법규정에 반드시 몰수하도록 규정되어 있는 것("몰수한다"로 규정)을 말하며, 특별법에서 규정된 몰수 규정이 대부분 필요적 몰수이다. 예를 들면 「게임산업진흥에 관한 법률」 제44조 제2항, 「외국환거래법」 제30조, 「마약류 관리에 관한 법률」 제67조가 그 대표적인 규정으로 이 경우 판결을 하면서 몰수를 선고하지 아니하면 위법한 판결이 된다.
- 임의적 몰수는 몰수 여부가 재판부의 재량사항으로 규정에 "몰수할 수 있다"라고 되어 있는 것으로 대표적인 임의적 몰수 규정이 「형법」 제48조이다. 「형법」 제48조는 범인 이외의 자의 소유에 속하지 아니하거나 범죄 후 범인 이외의 자가 사정을 알면서 취득한 물건으로 ① 범죄행위에 제공하였거나 제공하려고 한 물건, ② 범죄행위로 인하여 생겼거나 취득한 물건, ③ ①·②의 대가로 취득한 물건을 몰수할 수 있다고 규정하고 있고, 위의 물건을 몰수할 수 없을 때는 그 가액을 취징한다고 규정하고 있다.

■ 행정법원

- 1994년 7월 법원조직법의 개정으로 신설되었으며, 1998년 3월에 개원되는 것으로 지방법원급으로 행정소송사건의 제1심을 관할한다. 따라서 앞으로는 제2심은 고등법원, 제3심은 대법원에서 하게 된다.
- 행정심판의 종류 : ① 취소심판 ② 무효(無效) 등 확인심판 ③ 의무이행심판이 있는데, ①은 행정청의 위법 · 부당한 처분의 취소 · 변경을 하는 심판을, ②는 행정청의 처분의 효력 유무 또는 존재여부에 대한 확인을 하는 심판을, ③은 행정청의 위법 · 부당한 거부처분이나 부작위에 대해 일정한 처분을 하도록 하는 심판을 말한다.

■ 행정소송

위법 또는 부당한 행정관청의 처분에 대하여 그 권리를 침해당한 사람이 해당 관청을 상대로 그 처분의 취소나 변경을 요구했을 때 행정기관이 아닌 사법부에서 판정하는 것을 말한다.

■ 행정심판 전치주의

취소소송(取消訴訟)의 경우, 다른 법률에 당해 처분에 대한 행정심판의 재결(裁決)을 거치지 아니하면 이를 제기할 수 없다는 규정이 있을 때에 한하여 이 원칙이 적용되는데, 이는 일반적으로 행정심판 전치주의를 적용치 않는 데 대한 예외이다(「행정소송법」 제18조 제1항).

■ 행정행위(行政行爲)

행정행위란 행정기관이 행정권에 의하여 행정법규를 구체적으로 적용 · 집행하는 행위를 말한다.

더 알아보기

행정행위의 분류

행정행위를 분류해보면 다음과 같다.

(1) 명령적(命令的)인 법률적 행정행위

① **하명(下命)** : 명령이나 금지

② **허가(許可)** : 제한이나 금지된 것을 특정인에게 해제함

③ **면제(免除)** : 의무를 특정인에게 해제하는 것

(2) 형성적(形成的)인 법률적 행정행위

① **특허(特許)** : 특정인에게 새로운 법률상의 힘을 인정하는 것

② **인가(認可)** : 당사자의 법률행위를 보충하여 그 법률상의 효력을 완성시키는 감독관청의 행정행위

③ **대리(代理)** : 제3자에 갈음해 정하는 것

(3) 준법률적(準法律的) 행정행위

① **확인(確認)** : 시험 합격 · 선거권 · 당선인 결정 등 공권적인 확정

② **공증(公證)** : 등기 · 등록 · 증명서 교부 등과 같이 특정 사실이나 법률관계의 증명

③ **수리(受理)** : 신고서 · 원서 등의 수리

④ **통지(通知)** : 납세의 독촉 등

※ 법규에 위반되는 행정처분을 위법처분, 행정의 목적에 위반되는 처분을 부당처분이라 한다.

■ **편의치적**

세금을 줄이고 값싼 외국인 선원을 승선시키기 위해 선주가 소유하게 된 선박을 자국에 등록하지 않고 제3국에 치적하는 것을 말한다. 미국 일본 등 주로 선진 해운국 선주들이 행하고 있다. 주요 편의치적국으로는 파나마, 리베리아, 싱가포르, 필리핀, 바하마 등이 있다.

02 | 해양상식

(1) EEZ : Exclusive Economic Zone 배타적 경제수역

배타적 경제수역이란 우리나라의 기선(영해를 측정하는 기준)으로부터 200해리 이내를 말합니다. 모든 자원에 대한 독점적인 권리를 행사할 수 있는 수역입니다.
영해와 달리 영유권이 인정되지는 않지만, 수산자원과 광물자원 등의 탐사와 개발에 관한 배타적인 권리를 갖습니다. 그 대신 자원의 관리나 해양 오염 방지의 의무를 집니다.
우리나라 EE에서 대한민국의 법령을 위반한 혐의가 있다고 인정되면, 해양경찰은 추적권의 행사, 정선, 승선, 검색, 나포 등의 필요한 조치를 취할 수 있습니다.

■ **추적권**

우리나라 관할 수역에서 외국선박이 우리나라의 법령을 위반한 것으로 믿을 만한 충분한 이유가 있을 경우, 공해까지 추적하여 나포할 수 있는 권리를 말한다.

■ **추적권 어디까지 추적할 수 있나**

우리나라의 내수, 영해, 접속수역, EEZ, 대륙붕의 상부 수역에 있을 때 시작되고 피추적선박이 자국 또는 제3국의 영해로 들어감과 동시에 소멸된다.

■ **배타적 경제수역에 중국어선이 들어왔을 경우 우리 해경 경비정이 추적할 수 있는가?**

단순히 들어오기만 한 것이라면, 중국 어선은 항행의 자유가 있으므로 추적할 수 없다고 생각합니다. 하지만, 우리 배타적 경제수역에서 허가와 입어료 납부 없이 어획물을 포획한 경우 추적할 수 있습니다.

(2) 공해 High Seas

특정 국가의 관할권에 예속되지 않는 해역으로 영해, 배타적경제수역, 내수, 군도수역이 아닌 바다를 말합니다.

■ **공해 자유의 원칙**

항행의 자유, 상공비행의 자유, 해저전선 및 관선부설의 자유, 인공도서 및 기타시설의 자유, 어로의 자유, 과학적 조사의 자유가 있다.

■ **임검권**

- 모든 국가의 군함은 공해상에서 군함이나 정부선박을 제외한 일반 선박이 해적행위, 노예무역, 불법방송, 무국적선, 타국의 국기를 게양하는 등의 행위를 하고 있다고 판단될 때, 장교지휘하의 소형선을 파견하여 선박서류를 검사할 수 있는 제도
- 임검대상 선박의 혐의가 없는 것으로 확정될 경우, 군함의 기국은 피임검선박의 임검과 관련된 손해배상책임을 져야 한다.
- 임검권행사단계 : 국기심사권의 행사 → 임검권의 행사 → 검색권의 행사 → 나포

■ 공해상 선박 충돌 시 사법권이 어디에 있는가?

기국주의 원칙에 따라 선박의 기국이 아니면, 사법권을 행사할 수 없다. 또한, 선박의 나포나 억류 또한 기국이 아닌 다른 국가는 이를 명령할 수 없다.

■ 기국주의

공해상의 선박이나 항공기는 국적(國籍)을 가진 국가의 배타적 관할권에 속한다는 국제법상의 원칙으로 선박이나 항공기는 국적을 가진 국가의 국기를 게양하도록 하고, 그 기국법(旗國法)에 따라 선박이나 항공기에 대한 관할권을 결정하는 원칙을 말한다.

더 알아보기

한일어업협정

1965년 6월과 1998년 11월에 체결한 한 · 일 양국간의 어업협정

구분	1965년 구 한일어업협정	1998년 신 한일어업협정
어업전관수역	연안에서 12해리	연안에서 일정거리(35해리 기준)
단속 및 재판관할권	• 어업전관수역 : 연안국주의 • 공동규제수역 및 공해 : 기국주의	• 어업전관수역 : 연안국주의 • 중간수역 : 기국주의
조업수역범위	• 12해리 외측에서 자유롭게 조업 • 우리나라 수역에만 공동규제수역설정(어획량, 척수규제)	• 중간수역을 설정하여 현행조업질서유지(한일어업공동위원회의 권고 및 결정에 의해 자원관리) • 양국 EEZ 수역에서는 상호입어에 의해 어획쿼터를 할당받아 조업
시사점	• 독도가 한국 영토임을 명확히 하지 않음으로써 독도 영유권에 관한 분쟁의 소지를 남김 • 중간수역에 포함된 어장의 절반은 일본수역으로 들어갔고, 경제성이 가장 큰 제주도와 일본 사이의 경계선이 일본에 유리하게 설정됨으로써 한국 어민의 손해뿐만 아니라 국가경제적으로도 손해를 가져 왔다는 것	

■ 중간수역(잠정수역)

- 신 한일어업협정에 따라 양국 협력 하에 자원관리를 하도록 한 EEZ의 바깥쪽 수역
- 한국과 일본은 유엔해양법협약을 비준하고 각각 200해리EEZ를 선포하였으나, 한일간의 거리가 400해리가 되지 않아, 어쩔 수 없이 겹치게 되는 부분이 생겼음. 이에 따라 한일 양국 사이 영구적인 경계 확정이 쉽지 않은 중간 지점의 수역을 설정하였는데, 이 수역이 바로 중간 수역

■ 잠정조치수역/과도수역

- 한 · 중어업협정에서 양국이 공동으로 관리하도록 설정된 수역
- 2001년 4월 5일 체결된 한중어업협정에 의하여 한국과 중국의 어선에 한해 신고 없이 자유롭게 조업할 수 있도록 허용된 수역을 말한다. 제3국 어선은 허가를 받아야 조업이 가능하다. 한국과 중국이 배타적 경제수역과 과도수역, 잠정조치수역 등에 대한 규정에 합의함으로써 확정되었다.
- 한 · 중 양국의 어선이 비교적 자유롭게 조업할 수 있고, 양국이 자국 어선에 대해서만 단속권 및 재판관할권을 행사할 수 있는 수역이다.

(3) 영해(Territorial Seas)

기선(영해를 측정하는 기준)에서부터 12해리까지 이르는 수역을 말합니다. 유엔해양법협약 제2조에서 "영해의 주권은 영해의 상공, 영해의 해저 및 그 하층토까지 미친다"라고 규정되어 있습니다. 경찰권, 연안어업권, 연안무역권, 해양환경보호권, 해양과학조사권의 배타적권한을 가집니다.

■ **기선**

영해를 측정하는 기준으로 통상기선과 직선기선이 있다.

■ **통상기선/직선기선**

영해의 폭을 측정할 때, 통상기선은 자연적인 연안의 저조선으로부터 측정한 것을 말하고, 직선기선이란, 해안선의 굴곡이 심하거나 인접한 해안을 따라 일련의 도서가 산재한 경우 적절한 지점을 직선으로 연결한 선으로부터 측정한 것을 말한다.

■ **내수**

영해 기선으로부터 육지영토의 내부에 위치하는 수역으로 주권이 가장 강하게 적용되는 곳으로, 내수에서 무해통항은 인정되지 않는다.

■ **평균수면**

해수면의 높이를 하루, 1개월, 1년 등 어느 기간동안 평균한 값이다. 기압의 변화, 표층해수의 밀도변화 등으로 인해 하루하루의 평균해수면은 변하며, 계절에 따라서도 차이가 있다. 장기간 관측을 통하여 관측지점 부근의 지반의 융기, 침강 등을 조사할 수 있다.
평균수면 · 평균해면이라고도 한다. 한국 근해에서는 대체로 여름과 가을에 해수면이 높아지고, 겨울과 봄에 낮아진다. 최고와 최저의 차는 인천항에서 최대로 약 70cm, 부산항에서는 최소로 약 20cm이다. 또 하루하루의 평균해수면도 변한다. 그 원인은 주로 기압의 변화와 표층해수의 밀도변화 때문일 것으로 여겨진다. 또 지반변동 등이 일어나면 외면상 그 높이가 변화하므로, 조위(潮位)를 장기간 관측하면 그 기록을 통해서 관측지점 부근의 지반의 융기 · 침강 상태를 조사할 수 있다.

■ **기본수준면**

해도의 수심과 조석표의 조고(潮高)의 기준면이다. 각 지점에서 조석관측으로 얻은 연평균 해면으로부터 4대 주요 분조의 반조차의 합만큼 내려간 면이다. 약최저저조위라고도 불리며 항만시설의 계획, 설계 등 항만공사의 수심의 기준이 되는 수면이다. 기본 수준면은 국제 수로 회의에서 '수심의 기준면은 조위(潮位)가 그 이하로는 거의 떨어지지 않는 낮은 면이어야 한다.'라고 규정하고 있다. 우리나라에서는 해도의 수심 또는 조위의 기준면으로서 해당 지역의 약최저저조위(Approx LLW (±)0.00m)를 채택하고 있다.

■ **영해 상에서 범죄 발생 시 처벌을 어떻게 해야 하는가**

외국 선박이 우리 영해 내에서 「영해 및 접속수역법」 제5조 위법적인 통항행위를 할 경우 해양경찰은 정선, 검색, 나포, 기타 필요한 명령이나 조치를 할 수 있다.

■ 영해 내에서 연안국이 권리를 행사할 수 있는 조건

범죄의 결과가 우리나라에 미치는 경우, 평화와 공공질서를 해치는 경우, 선장이나 영사가 지원을 요청한 경우, 마약 등의 거래를 진압하는 경우 외국선박에 형사관할권을 행사할 수 있다.

■ 영해에 일본어선이 있다면 어떻게 해야 하는가?

조업이 가능한 배인지 확인한 후 가능한 배가 아니라면, 경고를 하고, 조업하고 있었다면, 정선시킨 후 검문검색 후 나포

■ 북한 선박은 한국의 영해를 항해할 수 있는가?

- 5.24 조치 이후 북한국적 선박의 우리해역 진입은 원천 차단되고 있다.
- 우리 해경은 경비함정과 항공기 등을 동원해 감시를 강화하고 있으며, 이를 통해 북한으로 유입되는 대량살상무기방지구상과도 연결해, 북한의 경제를 압박하는 효과가 있다.

■ 무해통항권

- 외국선박이 타국의 영해 안을 통행할 수 있는 권리를 말하며, 무해통항이란 연안국의 평화와 질서 및 안전을 해치지 않는 외국선박의 통항을 말한다.
- 잠수함과 잠수항행기기는 해면 위로 부상하여 국기를 게양하고 항행해야 한다. 다만, 정선이나 닻을 내리는 행위가 통상적인 항해에 부수되는 경우, 불가항력, 조난, 구조의 경우 통항으로 인정된다.

■ 통과통항권

외국선박이 연안국의 관할권에 속하는 국제해협을 항해할 경우, 최소한의 규제만을 받고 자유로이 통행할 수 있도록 보장하는 것으로 이는 계속적이고, 신속하게 통과할 목적만을 위하여 행사하는 것을 말한다. 군용기의 비행이나 군함의 통과, 잠수함의 잠항 등이 인정된다.

■ 국제해협

공해 또는 EZZ를 연결하는 해협 등 국제통항에 사용되는 수로

■ 대한해협

- 한국과 일본의 규슈 사이에 있는 해협
- 대한해협에 있어서의 영해의 외측한계는 기점 5(1.5미터암)와 기점 6(생도=주전자섬) 및 기점 7(홍도)을 차례로 연결하는 직선기선으로부터 측정하여 그 위측 3해리의 선까지가 영해에 해당

■ 접속수역

연안국의 영토, 영해에서의 관세, 재정, 출입국, 위생에 관한 법령의 위반방지와 처벌을 위해 설정한 해역을 말한다. 우리나라의 접속수역의 범위는 기선으로부터 24해리까지의 수역 중에서 영해를 제외한 부분을 말한다.

■ **군도수역**

필리핀, 인도네시아, 피지 등과 같이 영토가 하나 또는 둘 이상의 군도로 형성된 군도국가에 적용되는 특수한 수역을 말한다. 군도국가는 군도수역의 상공, 해저와 하층토 및 이에 포함된 자원에까지 주권이 미치게 된다. 다만, 군도국가는 다른 국가와의 현행협정, 전통적 어업권, 기존 해저케이블선을 존중하며, 외국선박의 무해통항권을 보장한다.

■ **보충수역**

한 나라의 영해에 인접하는 일정한 범위의 공해(公海)에서 그 나라가 통관, 재정, 출입국 관리, 위생 따위에 대하여 관할권을 인정받은 수역

■ **국제해저기구(ISA)**

심해저 환경과 자원을 관리하고 공정한 심해저 연구와 개발을 감시하기 위해 조직된 국제기구이다. 우리나라도 국제해저기구에 가입한 상태이며 이사회의 일원이기도 하다.

더 알아보기

대륙붕(Continental Shelf)

대륙붕은 해변에 붙어 있는 수심 약 200m까지의 지형으로 평탄한 해저를 말한다. 기울기는 5′~7′으로 1km에 약 2m 정도 깊어지는 정도다. 해저지형의 약 7.5%를 차지하는 좁은 지형이지만, 강물의 유입으로 좋은 어장이 형성되고 석유나 천연가스의 저장고의 역할을 하며 퇴적물 속에 광물자원이 있어 해저지형 중 가장 중요하다.

더 알아보기

이어도

국토 최남단 마라도에서 서남쪽으로 149km에 위치한 수중 암초로, '파랑도'라고도 불린다. 우리나라는 2003년 이어도에 해양과학기지를 건설하였으며, 해경의 수색 및 구난 기지로도 활용되고 있다. 현재 실효적 지배를 하고 있다.
평균 수심 50m, 길이는 남북으로 1,800m, 동서로 1,400m이다. 면적은 11만 3,000평 규모로, 4개의 봉우리를 가지고 있다.
이어도는 1900년 영국 상선 소코트라호가 처음으로 수중 암초임을 확인한 후 국제 해도에 '소코트라 록(Socotra Rock)'으로 표기된 바 있다. 이후 1984년 제주대학 팀의 조사에 의해 바닷속 암초섬의 실체가 확인됐다. 이어도 인근 수역은 조기 · 민어 · 갈치 등 다양한 어종이 서식하는 '황금어장'이며, 중국 · 동남아 및 유럽으로 항해하는 주 항로가 인근을 통과하는 등 지정학적으로도 매우 중요한 해역이다.
우리나라는 1951년 국토규명사업의 일환으로 이어도 탐사를 진행했고 이후 '대한민국 영토, 이어도'라고 새긴 동판 표지를 가라앉혔다. 그리고 1970년에는 이어도 해역을 제7광구로 지정한 해저광물자원개발법을 제정하였다. 이후 1987년 해운항만청이 이어도 최초의 구조물인 이어도 부표를 띄우고 국제적으로 공표하였으며, 2003년에는 이어도에 해양과학기지를 건설하였다.
그러나 중국은 1990년대 이후 이어도가 자국의 수역 내에 있다는 주장을 펴면서 우리나라와 마찰을 빚고 있다. 한국과 중국은 1996년부터 배타적경제수역(EEZ) 경계획정 협상을 벌이고 있지만 아직 경계선을 정하지 못한 상태다. 2001년 6월 30일 정식 발효된 한 · 중 어업협정에서는 이어도 해역을 한중 어선이 공동으로 조업하는 공동수역으로 설정했다. 양국은 2006년에는 이어도가 수중 암초로 섬이 아닌 만큼 영토분쟁의 대상이 아니라는 데 합의했다. 그러나 중국은 이어도에 한국이 해양과학기지를 설치한 것은 문제가 있다고 지속적으로 항의하는 것은 물론 2013년에는 이어도와 주변 배타적 경제수역 상공을 중국 방공식별구역(CADIZ)으로 선포하면서 논란을 일으켰다.

■ 방공식별구역

자국의 영토와 영공을 방어하기 위한 구역으로 국가안보 목적상 자국 영공으로 접근하는 군용항공기를 조기에 식별하기 위해 설정한 임의의 선을 말한다. 국제법상 인정된 영공은 아니지만 이곳에 진입하는 군용 항공기는 해당 국가에 미리 비행계획을 제출하고 진입 시 위치 등을 통보해줘야 한다. 통보 없이 외국 항공기가 침범하면 전투기가 출격한다. 국별 방공식별구역은 앞에 자국의 영문이니셜을 붙여 표기하는데 한국방공식별구역은 KADIZ, 중국방공식별구역은 CADIZ, 일본방공식별구역은 JADIZ라고 표기한다.

■ NLL(Northern Limit Line, 북방한계선)

군사요충지인 서해5도는 백령도, 대청도, 소청도, 연평도, 우도 등 5개의 섬을 일컫는 말이다 서해5도는 해양의 북방한계선인 NLL의 기준이 되기 때문에 군사적으로 매우 중요한 곳이며, 해병대가 주둔하고 있다.

■ 북한의 NLL 침범에 대해 정부 입장

유엔사령부가 NLL 확정에 대해 통보했을 당시 북한 측의 분명한 이의 제기가 없었고 20여 년간 관행으로 준수해왔으며, 1991년 체결한 '남북기본합의서' 11조의 '남과 북의 불가침 경계선과 구역은 1953년 7월 27일자 군사정전에 관한 협정에 규정된 군사분계선과 지금까지 쌍방이 관할해 온 구역으로 한다'는 점 등을 들어 이를 침해할 경우 명백한 정전협정 정신 위반이라는 입장을 취하고 있다.

■ 서해5도

군사요충지인 서해5도는 백령도, 대청도, 소청도, 연평도, 우도 등 5개의 섬을 일컫는 말이다 서해5도는 해양의 북방한계선인 NLL의 기준이 되기 때문에 군사적으로 매우 중요한 곳이며, 해병대가 주둔하고 있다.

■ 특정해역

- 국방상의 경비 및 어선 안전조업 등을 목적으로 어로한계선 이남의 일정수역을 지정해 업종별로 조업기간과 조업수역을 엄격히 관리하는 수역
- 동해 및 서해 특정해역에서 조업하려는 어선은 지정된 출입항 신고기관(해경파출소)에 출어등록 및 출입항 신고를 해야 한다.
- 법적근거 : 「선박안전조업규칙」 제5조(해양수산부령) 의거 국내어선에 적용

■ 특정금지수역

- 어자원 보호 목적, 외국어선 조업을 제한하기 위해 설정된 수역
- 법적근거 : 「배타적경제수역에서의 외국인어업 등에 대한 주권적 권리의 행사에 관한 법률」(「경제수역어업주권법」) 제4조에 의거, 외국어선에 적용

(4) 독도

■ 독도가 우리나라 영토라고 주장할만한 근거

- 지정학적 근거 : 지정학적으로 우리 영토에 더 가까이 있다(울릉도에서 독도까지 48해리, 일본 은기도에서 82해리).
- 역사적근거 : 신라시대 우산국은 지증왕때 귀속되어 지금까지 우리나라 관리하에 있다. 일본이 1905년 시네마현 40호 행정조치를 취한 것은 독도가 일본의 고유영토가 아님을 실증하는 것이다.
- 국제법상근거 : 실효적 지배 상황에서 외교적 교섭 대상이 될 수 없다. 영역취득의 국가의사가 있고, 그 의사를 대외적으로 공표하였다.

■ 선점이론

- 어떤 국가에도 속하지 아니하였던 무주지역을 자기의 영토로 취득하는 것이다.
- 선점의 요건은 국가의 영유의사와 국가의 권력에 의한 실효적 및 계속적 지배요소가 필요하다.

■ 독도를 지키는 함정의 함장인데, 일본이 자기 땅이라며 상륙하려 한다. 어떻게 하겠는가?

침략행위임을 알리고 사건의 전말을 모두 녹화, 경고방송한다. 상륙하면 독도수비대와 공조하여 선박나포 범인체포, 무기를 사용한다면 대응사격한다.

■ 독도에서 일본과의 분쟁에 대해 어떻게 생각하는가?

독도영유권 분쟁에 대해 강경한 대응은 옳지 못하다고 생각합니다. 우리나라는 이미 실효적 지배를 하고 있으며, 일본과 마찰을 야기하는 것은 국제사회에 독도가 분쟁지역이라는 인식을 주게 된다. 따라서 현 입장을 유지하되, 일본의 도발발언에 대해서는 확실한 입장표명을 하는 것이 바람직하다고 생각합니다.
다케시마날을 지정하고 독도영유권주장을 교과서에 싣는 등 일본의 만행이 이어지고 있습니다.
이에 강경대응과 동시에 우리 해양경찰이 독도수호 최일선에서 우리 영토의 주권을 지켜야 한다고 생각합니다.

■ 독도 주소 및 기타 정보

- 독도 : 경북경상북도 울릉군 울릉읍 독도리 산 1-96
- 서도 : 경상북도 울릉군 울릉읍 독도안용복길
- 동도 : 경상북도 울릉군 울릉읍 독도이사부길
- 지역번호 054
- 독도의 날 : 10월 25일

더 알아보기

바뀐 '독도의 우리땅' 가사

1. 울릉도 동남쪽 뱃길따라 팔칠케이(87km)
   외로운 섬하나 새들의 고향
   그 누가 아무리 자기네 땅이라고 우겨도
   독도는 우리땅
2. 경상북도 울릉군 울릉읍 독도리
   동경 백삼십이(132) 북위 삼십칠(37)
   평균기온 십삼도(13) 강수량은 천팔백(1800)
   독도는 우리땅
3. 오징어 꼴뚜기 대구 홍합 따개비
   주민등록 최종덕, 이장 김성도
   십구만 평방미터 칠구구에 팔공오(799－805)
   독도는 우리땅
4. 지증왕 십삼년 섬나라 우산국
   세종실록지리지 강원도 울진현
   하와이는 미국땅 대마도는 조선땅
   독도는 우리땅
5. 러일전쟁 직후에 임자없는 섬이라고
   억지로 우기면 정말 곤란해
   신라장군 이사부 지하에서 웃는다
   독도는 우리땅

(5) 국제 분쟁 관련

■ NPT(핵확산금지조약)

- 비핵보유국이 새로 핵무기를 보유하는 것과 보유국이 비보유국에 대하여 핵무기를 양여하는 것을 동시에 금지하는 조약
- 2009년 12월 현재 가맹국은 미국 · 러시아 · 중국 · 영국 · 프랑스 등 핵보유국을 비롯한 189개국이다. 한국은 1975년 4월 23일 정식 비준국이 되었으며, 북한은 1985년 12월 12일 가입했다. 그러나 북한은 1993년 3월 12일 탈퇴를 선언하였으나, 탈퇴 요건을 충족시키기 못해 보류되었으며, 2003년 다시 탈퇴를 선언하였다.

■ PSI(대량살상무기 확산방지구상)

- 대량살상무기(WMD)의 확산을 막기 위해서 미국이 주도해서 만든 국제 협력체제
- 테러와의 전쟁을 위해 불법 무기나 미사일 기술을 실은 항공기나 선박을 압수 수색할 수 있도록 함

■ 대량살상무기

핵이나 미사일, 생화학무기 등 많은 사람을 희생시킬 수 있는 전략무기를 일컫는 말

■ **평화적 해결**

외교적 수단에 의한 정치적 해결방법(직접교섭, 주선, 중재, 사실심사, 조정)과 재판적 방법에 의한 법률적 분쟁해결(중재재판, 국제사법재판)이 있다.

■ **외교적 수단에 의한 정치적 해결방법**

• 직접교섭
- 의의 : 분쟁 당사국이 직접 외교적 접촉을 하여, 의견을 교환하고, 타결에 의해 분쟁을 해결하는 방법
- 국제입법 : 1907년 '국제분쟁의 평화적 해결에 관한 헤이그 협약' 제9조, UN헌장 제33조
- 효과 : 당사국의 역학관계가 교섭의 결과에 많은 영향을 줌

• 중개
- 의의 : 분쟁당사국의 우호국인 제3국이 분쟁의 해결을 위하여 사무적 편의를 제공할 뿐만 아니라 분쟁내용에까지 간접적으로 관여하여 분쟁당사국 스스로가 분쟁을 해결하도록 하는 방법
- 국제입법 : 1907년 '국제분쟁의 평화적 해결에 관한 헤이그 협약' 제2장 제2조 이하, UN헌장 제 33조
- 효과 : 분쟁국의 주장을 조정하고, 감정을 융화시킴으로서 분쟁의 간접적 해결을 도모

• 사실심사
- 의의 : 제3자가 분쟁의 원이이 된 사실을 공평하게 심사하여 사실을 명확히 함으로써 분쟁해결을 용이하게 하는 방법 (단, 국가의 명예나 중대한 이익에 관계되는 분쟁은 제외)
- 국제입법 : 1907년 '국제분쟁의 평화적 해결에 관한 헤이그 협약' 제3조 제9조 이하, UN헌장 제33조
- 효과 : 사실문제의 명확화에 그치고, 당사국을 구속하지 않음.

• 조정
- 의의 : 독립적 지위에 있는 제3자가 분쟁을 심사하고, 해결조건을 작성하여 분쟁당사국에 권고함으로써 분쟁을 해결하는 방법(조정은 국제조정위원회에서 행함)
- 국제입법 : 1928년 '국제분쟁의 평화적 해결에 관한 일반 의정서' → 정치적 분쟁과 법적 분쟁으로 분류(형평과선의 원칙)
- 효과 : 조정위원회의 결정은 법적 구속력이 없음

■ **재판적 방법에 의한 법률적 분쟁해결**

• 중재재판
- 분쟁당사국들이 선임한 중재법관들로 구성된 제3자적 기관(중재법원)이 분쟁당사국들이 합의한 법적 절차에 따라 분쟁사실을 조사하고 사법적 해결안을 제시하는 분쟁해결을 말한다.
- 1974년 영 · 미간의 '우호통상항해조약'을 계기로 등장하였다. 중재법원의 구성과 절차규칙은 분쟁당사국들의 합의에 의한 것이라는 점에서 법원의 구성과 절차규칙이 따로 이미 정해져 있는 국제사법재판과 구별된다.

• 국제사법재판
- 국가간의 분쟁을 평화적으로 해결함에 있어서 제3자적기관(국제사법재판소)의 조사와 판단에 의해 국제분쟁을 사법적으로 해결하여 분쟁당사국들이 법률적으로 기속되는 해결방식을 말한다.
- 국제사법재판은 1919년 '국제연맹규약'의 규정에 의거하여 1922년 '상설국제사법재판소(PCIJ)가 설립되고, 이어 1945년 국제연합의 헌장에 따라 '국제사법재판소(ICJ)'가 뒤를 이어 만들어짐에 따라 국제분쟁의 해결에 있어 가장 진전된 국제재판의 형식이 되었다.
  국제사법재판소(ICJ)는 유엔총회와 유엔안전보장이사회에서 선출된 임기 9년의 15명의 법관으로 구성되며, 법관은 특권이나 면제를 향유한다.

- 국제사법재판소(ICJ)는 원칙적으로 분쟁당사국 상호간의 제소의 합의가 있어야만 재판관할권을 갖는 임의적관할권을 갖지만, 국제사법재판소가 국제분쟁을 보다 적극적으로 해결하기 위하여 분쟁당사국의 의사에 관계없이 재판관할권을 갖는 강제적 관할권을 갖기도 한다. 강제적 관할권에는 약정관할권조항에 의한 강제관할권과 선택조하에 의한 강제관할권이 있다.

• 국제해양법재판소
- 해양문제에 관련된 국가간의 분쟁이 있을 때, 재판을 통하여 해결하기 위하여 1982년 유엔해양법협약(UNCLOS)에 의하여 신설된 국제사법기관으로 유엔헌장에 의하여 설립된 국제사법재판소(ICJ)와 쌍벽을 이루는 국제사회의 사법적 분쟁해결기관을 말한다.
- 독일의 함부르크시에 설치된 국제해양법재판소(ITLOS)는 임기 9년의 21명의 판사로 구성되며, 3년 임기의 재판소 소장과 부소장을 선출할 수 있다.
- 유엔해양법협약의 당사국은 국제해양법재판소의 소송당사자가 될 수 있으며, 유엔해양법협약의 규정에 의하여 국제해양법재판소에 부탁되는 모든 분쟁과 신청들에 대하여 관할권을 가진다.
- 국제해양법재판소가 다룰 모든 사건은 제소의 특별협정이나 서면신청을 서기에게 송부함으로써 절차가 개시되며, 판결은 최종적이며 모든 당사자를 구속한다.

(6) 선박 관련 상식

■ 선박의 정의

• 선박법상 정의 : 수상 또는 수중에서 항행용으로 사용할 수 있는 배 종류를 말하며 기선, 범선, 부선 등으로 구분한다.
• 해사안전법상 정의 : 물에서 항행수단으로 사용하거나 사용할 수 있는 모든 종류의 배(물 위에서 이동할 수 있는 수상항공기와 수면비행선박을 포함한다)를 말한다.
• 일반적 정의 : 선박은 물 위에 뜰 수 있는 부양성, 화물을 실을 수 있는 적재성, 자력으로 이동할 수 있는 이동성 등의 특성을 갖는 특수 구조물을 말한다.

■ 선박의 종류

• 화물선 : 화물을 수송하여 운임수익을 창출할 목적으로 항해하는 선박을 말한다. 여러종류의 화물을 실어 나르는 일반 화물선, 포장을 하지 않고 운송하는 화물들을 취급하는 산적화물선, 수출입 화물의 컨테이너만을 실어 나르는 풀 컨테이너선, 자동차운반선, 화학제품선 등이 있다.
• 여객선 : 여객만을 운송하는 선박을 말한다. 연안 페리선, 고속페리선, 로팩스 페리선, 대양 정기여객선 등이 있다.
• 어선 : 영리를 목적으로 고기를 잡거나 운박하는 선박을 말한다. 저인망어선, 안강망어선, 트롤어선, 채낚기 대형어선, 포경선 등이 있다.
• 특수업무선박 : 특수한 업무를 수행하기 위해 건조된 선박으로 해양 경찰함정, 군함, 순시선, 병원선, 소방선, 쇄빙선, 예인선, 어업지도선, 항해실습선, 수로측량선, 검역선, 해양시추선, 심해시추선, 해저전선포설선, 해저배관포설선, 준설선, 해양공급선, 구난선, 방제선 등이 있다.

(7) 선제의 명칭

■ **방형용골**

단강재나 압연강재가 사용된 선저 중앙부가 돌출한 용골을 말하는 것으로 주로 소형선이나 범선 및 어선에 사용된다.
- 장점
  - 구조가 간단하여 횡동요 감쇠 역할
  - 풍압에 의한 선체의 압류 방지
  - 좌초시 선저의 외판 보호
- 단점
  - 장방형이므로 흘수를 증가시킴
  - 입거 시 손상할 우려가 많음
  - 선저와 연결이 불완전하여 종강력이 약함

■ **평판용골**

선저가 돌출하지 않고 밑바닥이 편팡한 용골을 말하는 것으로 주로 소형선 이상의 선박에 사용된다.
- 장점
  - 선저와 연결이 완전하여 종강력이 강함
  - 건조시 결합과 수밀이 용이함
  - 평판이므로 흘수를 증가시키지 않음
- 단점
  - 선저가 돌출하는 구조가 아니기 때문에 방형 용골처럼 횡동요의 방지 효과 없음
  - 선저를 보호하기 위한 목적에는 부적합

■ **단저구조**

선저 외판의 위쪽에 횡방향으로 늑골 위치마다 배치되어 있는 즉판과 선저 내부를 종방향으로 통하여 용골과 함께 종강력의 중요한 부재를 이루고 있는 킬슨으로 조립되어 있는 구조로 대부분 소형선에 사용된다.

■ **이중저 구조**

- 상하전후좌우를 구획으로 하여 여러 개의 상자 형태로 조립되어 있는 구조로 대부분 대형선에 사용된다.
- 장점
  - 사고로 선저부에 손상을 입어도 내저판이 선내의 침수를 방지하여 화물과 선박의 안전이 담보됨
  - 이중저는 선저부를 견고히 하여 호깅과 새깅의 상태에서는 잘 견딤
  - 이중저의 내부를 구획하여 여러 가지 용도로 전용이 가능

■ **늑골**

좌우 선측을 구성하는 뼈대로서 선체의 횡강도 형성에 주체가 되어 갑판 위의 무게를 지탱하고, 외력에 선측 외판이 변형되지 않도록 지지한다.

■ 보

선체의 횡강력을 형성하는 부재로서 가로 방향의 수압과 간판 위의 무게를 지지한다.

■ 기둥

보를 지지하여 가반 위의 하중을 분담하는 부재로서 선체의 횡강재와 진동을 억제하는 역할을 담당한다.

■ 외판

종강력을 구성하는 주요 부재로 수밀을 유지하고 부력을 형성한다. 위치에 따라 현측후판, 현측외판, 선측외판, 선저외판, 용골외판 등으로 구분

■ 갑판

자연조건을 견딜 수 있는 강도와 수밀성이 요구되는 구조로서 선체의 종강도를 담당하는 기능을 한다.

■ 선수재

선수 구성재가 되는 중요한 골재로 선체 끝에 위치하여 사고시 선체를 보호하는 역할을 한다.

■ 선미골재

선미의 형태를 이루는 골재로 키와 프로펠러를 지지하는 역할을 한다

■ 선수부

파랑의 충결이나 충돌사고시 잘 견디고 선체를 보호할 수 있게 팬팅 구조로 되어 있는 부분을 말한다.

■ 선미부

키, 프로펠러, 선미늑골 등을 지지해야 하고, 키와 프로펠러의 진동을 지탱해야 하므로 견고한 팬팅 구조로 이루어진 부분을 말한다.

■ 격벽

선체를 강하게 하고, 여러 가지 기능의 탱크로 쓰기 위하여 상갑판 아래의 공간을 종횡의 방향으로 나눈 벽을 의미하는 것으로 격벽은 화재 시 방화벽의 역할을 하며, 사고로 침수될 경우 사고구역에 한정하여 침수를 방지하고 화물을 적당히 분산하여 트림을 조정할 수 있다.

■ 코퍼댐(coffer dam)

기능이 다른 두 구획 사이에 2개의 격벽이나 늑판을 설치하여 좁은 공간을 두는 이중 수밀격벽을 말하는 것으로 코퍼댐은 다른 구획으로부터 기름 등의 유입을 방지하는 기능을 한다.

■ **밸러스트 탱크(ballast tank)**

산적화물선이나 광석운반선의 화물은 다른 화물에 비하여 비중이 높지 않기 때문에 배의 안정성을 위해 해수를 가득히 채워서 배가 안정되는 깊이까지 가라앉혀야 하는 데, 이때 해수를 넣는 탱크를 말한다.

■ **안티 롤링탱크(anti-rolling tank)**

롤링을 감소시키기 위하여 배안에 특별히 설치하는 물탱크의 형상으로 이 물탱크 내부의 물을 배가 기울어지는 반대편으로 이동시킴으로써 배의 롤링을 감소시키는 원리를 말한다.

■ **핀 스테비라이저(fin stabilizer, 핀 안정기)**

배의 좌우 양현에 수중으로 뻗쳐나온 날개를 설치하여 이 날개에 생기는 부력을 이용하는 고급형의 롤링 감소장치이다.

■ **빌지 웰(bilge well)**

선창 내의 모든 오수들이 흘러 들어가 모이는 곳

■ **빌지 웨이(bilge way)**

선창 내의 있는 물을 배출시키는 통로를 말한다.

■ **불워크(bulwark)**

갑판 위에 있는 물체의 추락방지와 갑판상에 올라오는 파랑의 침입을 방비하기 위하여 상갑판 위의 양단에서 상부에 고정시킨 강판을 말한다.

■ **빌지 킬(bilge keel)**

배의 선저와 외판이 만나는 곡진 부분을 말하는 것으로 빌지 킬을 붙임으로써 배의 좌우 롤링을 20% 정도 감소시킬 수 있으며, 배외판의 구조강도를 높여주는 효과도 얻을 수 있다.

■ **헬리패드(helipad)**

헬리포트보다 조금 작은 규모의 헬기착륙장으로 인력수송 및 긴급물자수송을 위해서 갑판 위에 설치한다.

■ **바우 로딩 시스템**

선수에 설치되어 있는 선적장치

(8) 선박의 치수

■ 전장

선박의 앞쪽 끝에서 뒤쪽 끝까지의 길이를 말하는 것으로 우리가 일반적으로 말하는 배의 길이

■ 수선간장

일반적으로 통용되는 배의 길이로서 수면과 선수 전면 외판의 외측선이 만나 교점을 지나는 선인 선수수선과 축의 중심선과 만재흘수선의 교점을 지나는 선인 선미수선간의 수평거리를 말하며, 선박의 기본설계 단계에서 적용되는 길이

■ 수선장

여객을 태우거나 화물을 싣고 최대한 안전하게 항해할 수 있는 만재흘수선에서 선수재 전면 외판의 외측선 교점과 선미재 전면 외판의 외측선 교점 사이의 길이

■ 침수길이

만재흘수선 이하의 선수 쪽에서 가장 돌출된 부분과 선미 쪽에서 가장 돌출된 부분의 외측선 사이의 거리

■ 형폭

배의 폭에서 외판의 두께를 뺀 최대폭

■ 최대폭

배의 폭에서 외판의 두께를 포함한 최대폭

■ 형흘수

선저 외판의 내측 수평선이 기선부터 만재흘수선까지의 연직거리

■ 최대흘수

형흘수에 용골 두께를 더한 연직거리

■ 형깊이

용골상면의 현측외판 내측선과 갑판하면서 교점까지의 수직거리

■ 건현

- 형깊이에서 형흘수를 제외한 상태에서 갑판두께를 더한 수직거리
- 물에 젖지 않는 선체의 측면높이

■ **흘수표**

만재흘수선에서 배의 밑바닥까지의 수직깊이를 말하는 흘수선수나 선미 및 중앙에 표시하는 표로서 흘수의 치수는 선수와 선미의 외부 양측면에 선저로부터 최대흘수선 이상에 이르기까지 20cm마다 10m의 아라비아숫자로 표시하여야 하며, 이 경우 숫자의 하단은 그 숫자가 표시하는 흘수선(수면이 선체와 만나는 부분)과 일치시켜야 한다.

■ **트림(trim)**

종방향쪽으로의 경사를 말하는 것으로 선수흘수와 선미흘수의 차이로 나타내는데 선수흘수와 선미흘수가 다를 때 트림을 갖는다고 표현한다.

■ **만재흘수선**

배가 화물을 선적할 때 선체가 물밑으로 가라앉을 수 있는 최대 깊이를 만재흘수라 하는데, 이 만재흘수를 배의 외관에 표시하는 선

■ **만재흘수선표**

1996년 국제해사기구에서 만재흘수선을 계절에 따라 여름철 만재흘수선, 겨울철 만재흘수선, 겨울철 북대서양 만재흘수선, 열대 만재흘수선, 여름철 담수만재흘수선, 열대담수만재흘수선 등 6개로 표시하기로 협약

■ **선저경사**

- 선체측면선이 수선 위쪽에서 안으로 굽어든 거리
- 접선이 최대폭과 접하는 수직선의 교점에서 용골상면까지의 거리

■ **텀블홈(tumble home)**

현측선이 배의 안쪽으로 휘어진 상태

■ **플래어(flare)**

현측선이 만재흘수선 윗부분에서 갑판쪽으로 가면서 배의 안쪽으로 휘어진 상태

■ **캠버(camber)**

선체중심선에서 포물선을 그리고 있는 갑판선이 양쪽 현측에서 만나는 점을 연결한 직선에서부터 갑판선까지의 수직거리

■ **빌지(bilge)**

선체저면선과 선체측면선이 만나서 곡선을 이루는 부분

■ 쉬어

선박을 측면에서 볼 때, 갑판선의 중앙을 중심으로 선수부와 선미부로 가면서 위로 휘어져 곡선을 이루는 부분

■ 레이크

선박을 측면에서 볼 때 선수부의 윤곽선, 연돌 등이 수직선에서 벗어난 부분

■ 용적톤수

용적에 의한 톤수로는 선박의 크기를 나타내기 위하여 사용되는 총톤수, 총톤수에서 기관실, 선실, 밸러리스트탱크 등과 같은 배의 운항에 필요한 공간의 용적을 뺀 순톤수 등이 있다.

■ 중량톤수

중량에 의한 톤수로는 순수한 화물의 무게에 항해에 필요한 연료, 청수, 식량 등을 포함시킨 재화중량톤수, 배의 종류와 선형의 난이도에 따라 공사량을 동일지표로 평가하기 위한 환산톤수, 연료, 식량, 청수 및 운항에 필요한 자재나 장비 등을 제외한 선박 자체의 무게를 의미하는 경하중량톤수, 수면하부의 선체의 체적에 해당하는 물의 무게와 같은 톤수로 선박 자체의 무게인 경하중량에 재화중량을 합친 크기를 나타내는 배수톤수 등이 있다.

■ 선명

선박의 명칭은 선수양형의 외부 및 선미외부의 잘 보이는 곳에 각각 10cm 이상의 한글로 표시해야 하며, 선박의 고유번호인 선박번호는 브리지 중앙부에 게시하여야 한다.

■ 선적항

선박을 관할하는 항, 선미외부의 잘 보이는 곳에 10cm 이상의 한글로 표시하여야 한다.

■ 일반배치도

가장 기본이 되는 선체도면으로 배의 시설과 배치 등에 대해서 한 눈에 개략적을 파악할 수 있다.

■ 중앙횡단면도

배의 주요치수와 각부의 구조에 대하여 선체의 중앙부를 횡단하여 나타내는 도면

■ 강재배치도

선체에 사용된 강재에 대한 것을 기입한 배치도

■ 선도

평면도, 측면도, 반폭도의 세 도면으로 선체의 모양을 정확하게 나타내며, 배의 톤수나 소요마력, 속력 등이 산출되는 근거가 된다.

■ 외판전개도

외판과 늑골과의 관계위치, 외판의 두께와 접합방식 등을 평면으로 전개하여 나타낸 도면

(9) 선박의 주요 설비

■ 타

항해시 선박의 방향을 좌우측으로 바꾸거나 침로의 직진을 유지하는 역할하는 장치

■ 조타장치

항해중 선박의 방향을 좌우측으로 바꾸거나 일정한 침로로 선박을 유지시키기 위해 타의 작동을 제어하여 유효한 타각을 만들어 주는 장치, 조타자치에 의한 타의 회전은 타각제한장치에 의해 좌우현 35도까지만 돌아가도록 되어 있다.

■ 축계

주기관에서 발생한 동력을 추진기에 전달하는 계통의 총칭

■ 프로펠러

발전기로부터 동력을 전달바아 배를 밀어내는 추력을 발생하는 기계요소로서 고정 피치 프로펠러, 가변 피치 프로펠러, 쇼텔 리더 프로펠러, 아저멋드 프로펠러 등이 있다.

■ 앵커

선박이 정박지에 정박할 때, 좁은 수역에서 선박을 회전시킬 때, 긴급한 감속을 할 때 사용하는 보조기구를 말한다. 소형선에는 스톡앵커와 대형선에는 스톡리스 앵커가 널리 이용된다.

■ 양묘기

선박을 부두에 접안시킬 때나 앵커를 감아올릴 때, 계선줄을 감는데, 이용되는 갑판기기를 말함

■ 계선윈치

선박의 양현에 설치되어 계선줄을 감아올리거나 감아 두기 위한 장치를 말하는 것으로서 조차가 큰 항구를 드나드는 선박이나 컨테이너 운반선과 같이 큰 선박에서 주로 사용된다.

■ **캡스턴(capstan)**

앵커체인이나 계선줄을 감아올리기 위한 갑판 기기로 수직축을 중심으로 회전한다.

■ **전자해도표시시스템(ECDIS)**

선장이나 항해사가 종이해도 상에서 수행하던 모든 항로계획, 항로감시 및 선위확인을 편리하게 하면서 GPS를 통한 지속적인 본선위치를 화면상에 자동으로 표시하고, 레이더 및 자동 레이더플로팅장치 등을 연결하여 화면상에 중첩시킴으로써 주변의 타선박에 대한 움직임에 관한 정보도 나타내는 동시에 위험물의 사전경고기능도 가지는 장비

■ **레이더**

- 전파탐지기라고도 하며, 송신기에서 발사한 전파가 물체에 반사되어 다시 수신기에 돌아온 후 그 상의 거리를 브라운 관상에 나타나게 하는 전파계기
- 레이더 작동원리 : 반사되어 돌아온 전파의 세기 · 크기 · 형태를 시간차를 두고 파악하면 이동하는 물체의 방향과 속도를 계산할 수 있다.

■ **위성항법장치(GPS)**

1970년대 미국 정부가 항법 지원체계를 목적으로 개발한 항법지원 시스템으로서 인공위성을 이용하여, 1일 24시간 세계측지계상의 3차원 위치측정과 신속학 관측자료의 처리를 통하여 높은 정확도의 위치정보를 산출할 수 있는 전천후 측위장비

■ **선박자동식별장치**

선박과 관련된 모든 정보와 항해에 관한 안전정보를 자동적으로 주고받는 시스템으로 선박의 통항관리업무, 선박의 충돌예방, 해상수색과 구조활동에 광범위하게 사용

■ **항해자료기록기**

배가 항해할 때 항해와 관련된 모든 데이터를 실시간으로 기록하고 유지 및 관리하여 디지털 신호로 변환하는 장치로서 비행기의 블랙박스와 같은 기능에 해당

■ **구명정**

복원력과 부력을 갖추도록 설계된 소형보트로 선박의 침몰시에 인명구조에 사용되는 구명설비

■ **구명튜브**

선박의 침몰시 조난자가 수중에서 잡고 떠 있을 수 있는 상태가 가능하도록 하는 도넛 모양의 구명설비

■ **구명조끼**

선박의 조난시나 비상시 사람의 윗몸에 착용하는 구명설비

■ 구명부기

배가 침몰할 경우 등의 비상사태 시 여러 사람이 붙들고 수면 위에 떠 있을 수 있는 부체

■ 조난신호장비

구명부환의 위치를 적시해주는 자기점화등으로 장비 종류는 다음과 같다.
- 오렌지색 연기를 내뿜는 자기발연신호
- 점화하여 물에 투여하면 해수면에서 연기를 분출하는 발연부신호
- 손잡이를 잡고 점화하면 붉은 불꽃을 내는 신호홍염
- 로켓을 수직으로 쏘아 올리면 낙하산이 펴져 하강하면서 불꽃을 내는 로켓 낙하산 화염신호

■ 소화전

가장 기본적이 소화설비로 화재장소에 물을 분사하는 장비

■ 포말소화기

A급(일반가연물 화재) 화재와 B급(유류 및 가스화재) 화재에 효과적인 소화기로서 용기 속의 중탄산나트륨과 황산알루미늄 수용액이 섞일 때, 발생하는 이산화탄소와 거품이 산소를 차단시켜 소화하는 방식

■ 이산화탄소 소화기

액화이산화탄소를 소화재로 하는 소화기로서 B급(유류 및 가스화재) 화재와 C급(전기화재) 화재의 소화에 효과적

■ 분말소화기

탄산수소나트륨, 탄산수소칼륨 또는 인산염류의 분말을 넣고 용기의 내부 또는 외부측면에서 이산화탄소 또는 질소로 된 가압용기를 부착하여 만든 소화기

■ 자가휴대용 호흡장비

등에 부착된 산소통으로부터 직접 공기를 공급받아 화재의 현장에서 소방원을 보호하는 장구

■ 비상탈출용 자급식 호흡구

선박의 화재 시 선원들의 탈출에 사용하기 위해 비치되는 장구

■ 해양오염 방지설비

유분이 포함된 물을 선외로 배출 시 기름 성분을 물로부터 분리해 주는 유수분리장치, 유분의 규정 외 허용치가 배출되지 못하도록 감시하는 유배출감시 제어장치, 오수를 모아두었다가 항계 밖에서 배출하는 오수처리장치 등이 있다.

■ 세계해상조난 및 안전시스템(GMDSS)

선박이 어떤 해역에서 조난을 당할지라도 사고선박에서 발신하는 EPIRB를 통하여 인공위성, 구조활동선박, 해안지구국, 인근선박 등에서 수신하고 육상의 RCC(구조조정센터)에서 수색 및 구조활동을 총괄하는 전방위 시스템

■ 선위통보제도

해상안전을 위한 국제협약(SOLAS) 중 제5장에서 선박의 항해안전을 확보하고 해난사고의 발생을 미리 예방하기 위해서 당사국 정부가 필요한 조치를 취하도록 규정하고 있는데, 한국 해양경찰에서 운용하는 KOSREP가 있다.

더 알아보기

Korea Ship Peporting System

해난사고에 신속하고 효과적인 구조활동을 전개하기 위하여 해양경찰청 에서는 국제 SAR 협약에서 권장하고 있는 선위통보제도를 시행하기 위하여 「수난구조법」 제18조(선위통보)에서 규정하고 있는 선위통보해역 및 선위통보 방법, 주파수 등에 관한 고시(해양경찰청 고시 제1998-52호)를 제정하여 98.8.1부터 시행하고 있다.

법률에 의하여 강제되는 것이 아니고 임의로 참가하는 제도로 무선통신에 의해 해양경찰청의 지정해안국에 통보하면 비용은 전혀 들지 않는다. 또한 해양경찰청에 통보된 선박위치 등의 정보는 관련법령에 의하여 엄중히 보호, 다른 목적으로 이용되지 않는다.

- 대상해역 및 지정해안국 배치도
  선위통보 대상해역은 각 구조조정본부의 수난구호 관할 해역인 북위 30도 이북 및 북위 40도 이남과 동경 121도 이동 및 동경 135도 이서 해역
- 대상선박
  - 국제항해에 취항하는 여객선
  - 국제항해에 취항하는 총 톤수 300톤 이상의 선박 중 항해시간이 12시간 이상인 선박
  - 「해상교통안전법」 제2조의 규정에 의한 조종불능선, 조종제한선 및 흘수제약선
  - 예인선열의 길이가 200m를 초과하는 예인선
  - 원유, 제품류, 케미칼 등 위험물을 운송하고 있는 선박
  - 기타 대상해역을 항해하는 선박으로 세계해상조난 및 안전제도에 의한 통신설비를 설치하고 있는 선박
- 통보의 종류 및 시기
  - 종류 : 항해계획, 위치통보(선위통보), 변경통보, 최종통보
  - 항해계획 : 선박의 위치 추정 위한 기본정보. 대상해역내의 항구에서 출항 또는 대상해역내로 입역할 때 통보해야 함.
  - 위치통보 : 항해계획에서 입력된 선위가 정확한 것인지 여부 확인 위한 정보. 출항 또는 입역한 후 12시간 이내에 첫 통보, 이후 12시간 간격 통보
  - 변경통보 : 항해계획에 변경 생겼을 때 수정하기 위한 정보. 예정위치가 25마일 이상 떨어졌거나 목적지 변경했을 때 통보
  - 최종통보 : 선위통보제도 참가 끝내기 위한 정보. 대상해역내의 목적항에 도착하기 직전 또는 도착 후 통보

■ 계선줄

선박을 부두에 고정하고 유지시키기 위한 비품

(10) 선체가 받는 힘

■ 배의 흔들림

- 횡동요 : 배가 폭 방향으로 좌우로 흔들림
- 종동요 : 배의 선수와 선미가 번갈아 가며 상하로 올라갔다 내려갔다 함
- 사하요 : 배 전체가 위로 솟구쳐 올라갔다 떨어짐
- 좌우요 : 배 전체가 옆으로 미끄러지듯이 좌우로 왔다 갔다 함
- 전후요 : 배 전체가 앞뒤로 왔다 갔다 함
- 선수요 : 배의 선수가 좌우로 돔

■ 내항성

배가 파도에 의한 여러 형태의 움직임들을 견디어 내며 안전하게 항해를 할 수 있게 하는 성능

■ 항해 시 선체가 받는 저항

- 조파저항 : 선수로부터 파도를 일으킴
- 와류저항 : 선미의 방향타와 스크류 등에서 일어나는 소용돌이
- 마찰저항 : 선체 표면과 흐르는 물 사이의 마찰에 의한 저항
- 공기저항 : 수명상부의 선체 부위와 공기의 마찰로 인한 저항

■ 구상선수

선수의 수면하부가 둥근 혹처럼 되어 있고, 앞으로 돌출되어 있는 형상으로 된 부분을 말한다.

■ 호깅(hogging)

배가 파도를 타고 넘으면 항해를 할 때, 파정이 배의 중앙부에 오면 배의 전단과 후단은 중력이 크고, 중앙부는 부력이 크게 되는 상태를 말한다.

■ 새깅(sagging)

배가 파도를 타고 넘으면 항해를 할 때, 파곡이 배의 중앙부에 오면 배의 전단과 후단은 부력이 크고, 중앙부는 중력이 크게 되는 상태

■ 래킹(racking)

배가 가로방향에서 파랑을 받거나 좌우로 흔들리는 횡동요를 하면 좌우현의 흘수(물속에 잠기는 선체의 깊이)가 달라져 일시적으로 선체가 변형이 생기는 것

■ 팬팅(panting)

배가 항해 중 황천을 만나면 종동요와 횡동요가 심해지면서 파랑에 의한 충격으로 선수부와 선미부에 심한 진동이 발생하는 것

■ 복원력

- 외부의 힘에 의해 어떤 방향으로 기울 때 기울어지지 않으려 하거나 원래 위치로 되돌아가려는 성질
- 흔히 GM이라 하는데 여기서 G란 무게중심을 의미하고, M이란 메타센터 즉 경심을 말한다. 경심이란 선박이 기울기 전과 기운 후 부력작용선이 만나는 교차점이다.
- GM이 과도할 경우 외력에 의해 기울어졌을 때 되돌아오는 힘은 크지만, 롤링이 너무 심해서 승조원들에게 불쾌감을 주고, 화물이나 기기들에 손상을 주기에 적당한 GM이 중요함. GM이 0보다 크거나 같으면 안전한 상태, GM이 0보다 작으면 전복의 위험 존재

■ 복원성

- 선박이 외력에 의해 한쪽으로 경사하였을 경우 원위치로 돌아오려는 성능
- 선박은 구조적으로 폭에 비하여 길이가 길어 세로방향(종방향)으로 전복되는 경우가 거의 없다. 그러므로 주로 가로방향(횡방향)의 복원성에 대해서만 생각한다.

■ 복원력의 종류

배가 항해 중 황천을 만나면 종동요와 횡동요가 심해지면서 파랑에 의한 충격으로 선수부와 선미부에 심한 진동이 발생하는 것

- 초기 복원력
  - 15도 이내의 소각도 경사에서의 복원력(경심의 위치는 소각경사에서는 일정)
  - 초기복원력=GM× SINθ×배수량
- 정적 복원력
  - 경사에 대하여 원위치로 되돌아 갈려는 우력을 정적 복원력이라 한다. 대각도 경사시에는 M점의 위치가 일정하지 않으므로 복원력의 상태를 정적 복원력 곡선으로 판단한다.
  - 정적 복원력은 배수량×GZ
- 동적 복원력

  일정 경사각까지 배를 기울이기 위해 필요한 일의 양

(11) 선박의 조종

■ 단묘박

선수 양현묘 중의 하나를 던지고 묘박(앵커를 사용하여 해상에 배를 정박하는 것)하는 방법. 풍조에 따라서 닻을 중심으로 돌기 때문에 넓은 수역을 필요로 하고, 진동이 심하면 주묘의 우려가 있으나 투묘조작이 비교적 간단용이하고, 아주 거친 날씨인 황천 등에 있어서 응급조치를 취하기가 쉬운 이점이 있음

■ 쌍묘박

선수 양현묘를 상당한 간격을 두고 투하하고 선수가 양묘의 중간지점으로 오도록 양묘쇄를 등량으로 조여서 항내의 좁은 수역에 가능한 많은 선박을 정박시키기 위한 묘박법

■ 2묘박

양현 선수앵커를 사용하여 묘박하는 정박법 중에서 쌍묘박을 제외한 나머지 모든 묘박을 말하는 것. 폭풍 또는 강풍을 동반한 파랑이 심한 수역 또는 해류가 있는 곳에서 강력한 파주력을 얻는다든가 또는 동요를 막으면서 강한 파주력을 얻고자 할 때 사용하는 묘박법

■ 선회권

- 직진 상태로 항해하고 있는 선박에 타각을 주면 360도 회전하면서 원운동을 하게 되는데, 이 경우 선박의 무게중심이 그리는 궤적을 말하는 것
- 전심, 편각, 종거, 횡거, 심거 등으로 궤적을 그린다.

■ 킥

선박이 직진항해 중에 타를 한쪽으로 전타하면 선미가 전타의 반대 현으로 현저히 이탈하는 현상

■ 노트

해상에서 선박의 빠르기를 나타내는 속력의 단위로, 1노트는 선박이 1시간에 1마일(1,852m)을 움직이는 속도를 의미하며, 선박의 속력으로는 항해속력과 조종속력이 있다.

■ 씨소잉

두 선박이 평행하여 항주할 때 추월선이 발산파의 파정에 있을 경우 종속되고, 파곡이 있을 경우 감속되어 피추월선의 발산파곡에 순간적으로 빠져서 끌려가는 현상

■ 뱅크 쿠션

배가 좁은 수로의 한쪽 측면에 접근하여 항주할 경우, 양현수압차, 조파의 상호간섭 등에 의하여 선수부를 안벽으로부터 바깥쪽으로 급격히 밀어대는 현상

(12) 잠수상식

■ 탐색방법

- 줄이 없는 탐색 : U형 탐색, 사각확장 탐색
- 줄이 있는 탐색 : 원형 탐색, 잭스데이 탐색, 반원 탐색

■ 보일의 법칙

- 온도가 일정할 시 압력이 높을수록 기체의 부피는 작아진다.
- 수심이 깊을수록, 공기의 부피는 작아진다.

■ **헨리의 법칙**

• 어떤 온도에서 압력이 높아질수록 물속에 녹을 수 있는 기체의 양이 많아진다.
예 사이다 병을 열었을 때, 탄산가스가 갑작스러운 외부에 압력의 감소로 인해 기포를 형성하며, 외부로 나옴

■ **샤를의 법칙**

압력이 일정할 때, 온도와 부피는 비례한다.

■ **달톤의 법칙**

기체 혼합물의 총압력은 혼합물 중 각 기체 부분압의 합계와 같다는 법칙

■ **잠수 후 잠수병이 발병되었다면, 어떻게 조치하겠는가**

우선 신속히 가까운 재압챔버가 있는 곳으로 이송시키고, 이송시 100% 산소 공급을 제공하며, 이동 시 높은 곳이나 비행기는 피함

■ **첫 잠수에서 감압을 한 후에 몇 시간이 지나야만 비행기를 탈 수 있나?**

12~24시간이 지난 후

■ **수심 20m에서 스쿠바 잠수 중 공기통 속에 공기가 모두 소모되어 있을 때 대처 방법은 무엇인가?**

당황하지 말고 침착하게 생각하겠습니다. 동료가 옆에 있을 때에는 짝호흡을 하거나 비상호흡기를 이용해 상승, 만약 동료가 없다면, 고개를 뒤로 젖히고 팽창된 공기가 나가도록 "아~"하고 작은 소리를 내면서 천천히 상승하겠습니다.

■ **감압을 해야 되는 이유는?**

감압병을 예방하고, 각종 질병을 방지할 수 있으므로 갑압을 해야 한다.

■ **잠수병을 예방하려면?**

잠수 계획을 확실하게 정하고, 상승속도 분당 8~9m를 지키고 안전감압정지(수심 5m 3~5분) 생활화해야 한다. 잠수 후 충분한 휴식과 12~24시간이 지난 후에 비행기를 타거나 고도에 올라가는 것이 좋다.

■ **감압병이란?**

환경 기압의 저하에 따라 생기는 신체 증상의 총칭. 정상 환경에서 고지나 고공의 저압 환경으로의 이동, 또는 물 속 등의 고압 환경에서 정상 환경으로의 이동시에 일어난다.

■ 감압병 주요 원인

수심 10m 이상 잠수 시 감압병이 생길 수 있고, 개인의 차이, 비만, 적응도 등 다양하며, 특히 급상승을 하거나 반복적으로 잠수, 여러 차례 상승시 걸릴 수 있다.

- 체내에 폐쇄되어 있는 가스(중이강, 소화관, 부비강, 충치 속의 가스)의 팽창에 의해 일어나는 통증을 주로 하는 증상으로, 각각 귀의 통증, 복통, 치통 등을 일으킨다. 귀 통증은 다시 감압성 중이염(中耳炎)으로 발전하는 수도 있다.
- 체액이나 조직에 용해되어 있는 질소 가스 등의 기화(氣化)에 의해 일어나는 것으로, 주요 관절 부근의 말초신경을 자극해서 일어나는 관절통(벤즈 : bends), 핏속에 생긴 기포(氣泡)의 폐전색(肺栓塞)에 의한 흉통(胸痛)과 호흡 곤란을 주요증상으로 하는 초크스(chokes), 말초신경의 자극에 의해 일어난다고 하는 피부 홍반, 그리고 중추신경의 마비 증상을 주로 하는 잠수병(潛水病) 등이 있다.
- 초고공(超高空)에 있어서 체액이 비등(沸騰)함으로써, 극히 단시간 내에 사망하게 되는 체액비등증(體液沸騰症 : ebullism).
- 산소 분압 저하에 따른 증상도 일어나는데 이것은 저산소증(低酸素症)으로서 별도 취급되는 수가 많다. 이와 같은 증상 발생과 고도(高度)와의 관계는, ①은 비교적 저고도에서도 일어나고, ②는 8,000m 이상에서 많고, ③은 21,000m 이상에서 일어난다. 잠수병은 10m 이하의 깊이에서 급히 물 위로 떠오르면 일어난다.

■ 감압병 증상?

피곤해 보이며, 전신에 힘이 없다거나 불안해하며 심한 경우 쇼크나 사망에 이를 수 있다.

■ 질소마취

깊은 수심에서 압축된 공기로 호흡하면, 고압의 질소가 인체에 마취작용을 일으키는 것

■ 질소마취 증상과 예방

- 증상 : 엉뚱한 행동을 한다거나 판단능력이 떨어짐
- 예방 : 깊은 수심 다이빙을 안 하는 것이 중요. 다이빙 전 멀미약, 감기약 피함

■ 공기색전증

수중에서 상승 시 호흡을 참게 되면, 폐가 팽창되어 기포들로 인해 인체의 혈관을 막아 혈액의 흐름이 막히는 것

■ 저체온증 발생했을 시 조치 방법

- 신속히 의식을 확인하고, 마른 옷으로 갈아입힌 후 보온을 유지
- 의식이 있다면 따뜻한 설탕물을 먹이고, 병원으로 이송

■ 팀장으로서 안전장비가 부족한데 잠수를 해야 한다면?

팀원들의 안전을 우선적으로 생각하고, 잠수의 형태부터 파악한 후에 장비에 맞춰 잠수한다.

■ **헬기레펠시 지상에서 하는 것과 바다에서 하는 것 차이**

지상레펠시 착지범위와 유동이 없고, 해양경찰특공대 레펠시 착지범위가 좁고, 배의 유동이 있어 보다 더 훈련이 필요함

■ **팀장 직위 시 챔버 없는 악조건 속에서 잠수를 지시받았다. 어떻게 할래?**

잠수의 형태를 파악하고 결정하겠다. 만약 위급한 상황이라면, 짝과 함께 잠수를 실시하거나 감압이 요구되는 잠수 시에는 감압표 기준에 따라 잠수하겠다.

03 | 해경상식

(1) 해양 경찰 관련 상식

■ **해양경찰을 영문으로 표시해보세요.**

KOREA COAST GUARD

■ **해양경찰의 미션은 무엇인가요?**

안전하고 깨끗한 희망의 바다

■ **해양경찰의 비전은 무엇인가요?**

현장에 강한, 신뢰받는 경찰

■ **해양경찰 조직도 말해보세요.**

- 본청 : 청장, 차장, 2관 5국 25과
- 소속기관 : 1차 8개(지방해양경찰청 5개, 부속기관 3개), 2차 42개

더 알아보기

해양경찰 조직도

해양경찰은 조직도는 다음과 같습니다.

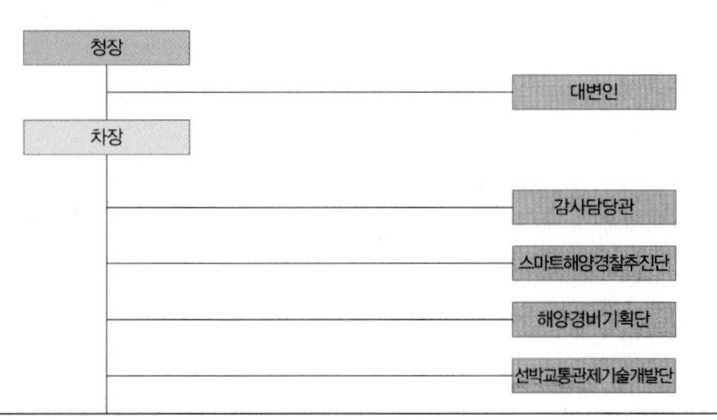

기획조정관	기획조정관	경비국	구조안전국	수사국	국제정보국	해양오염방제국
	기획재정담당관	경비과	해양안전과	수사기획과	정보과	방제기획과
	혁신행정법무담당관	종합상황실	수색구조과	수사과	외사과	기동방제과
	인사담당관	해상교통관제과	수상레저과	형사과	보안과	해양오염예방과
	교육훈련담당관			과학수사과	국제협력과	장비기술국
						장비기획과
						장비관리과
						항공과
						정보통신과

해양경찰교육원	중앙해양특수구조단	해양경찰정비창	중부지방해양경찰청	서해지방해양경찰청	남해지방해양경찰청	동해지방해양경찰청
해양경찰연구센터	서해해양특수구조대		인천해양경찰서	군산해양경찰서	통영해양경찰서	포항해양경찰서
	동해해양특수구조대		평택해양경찰서	부안해양경찰서	창원해양경찰서	울진해양경찰서
			태안해양경찰서	목포해양경찰서	부산해양경찰서	동해해양경찰서
			보령해양경찰서	완도해양경찰서	울산해양경찰서	속초해양경찰서
			서해5도특별경비단	여수해양경찰서	제주지방해양경찰청	
					제주해양경찰서	
					서귀포해양경찰서	

(출처 : 해양경찰청 홈페이지)

■ **본청 청사 앞에 적혀 있는 문구는 무엇인가요?**

안전한 바다, 행복한 국민

■ **해양경찰청 홈페이지 주소는 무엇인가요?**

www.kcg.go.kr

■ **해양경찰의 심볼 마크는 무엇인가요?**

흰꼬리수리와 전통 원형방패로 형상화

더 알아보기

대한민국 해양안전의 수호자 해양경찰청

- 오늘날 대한민국 해양의 수호자로서의 역할을 다하고 있는 해양경찰의 모습을 천연기념물 제243호 흰꼬리수리와 전통 원형방패로 형상화 하였습니다.
- 전통 방패와 흰꼬리수리의 넓은 날개는 대한민국의 해양과 국민을 보호하는 의미를 담고 있으며 역동적으로 비상하는 흰꼬리수리를 통해 보다 적극적으로 국민에게 봉사하겠다는 해양경찰의 다짐을 표명하였습니다.

❶ 흰꼬리수리는 몸길이의 2배가 넘는 큰 길이의 날개를 가진 독수리로 신속한 구조로 대한민국 해상을 관할한다는 점, 오랜 비행은 오랜 시간 떠 있는 함정, 또는 우리나라 해안가에서 서식하는 텃새로 해경의 역할을 대변하는 독수리입니다.
❷ 전통 방패 안의 삼태극 문양은 대한민국과 국민을 상징하며, 이를 감싸고 있는 팔괘는 충(忠), 신(信), 용(勇), 인(仁), 의(義), 예(禮), 지(知), 덕(德)의 해양경찰이 지향하는 가치 개념을 상징합니다.
❸ 독수리 꼬리의 나누어진 6면은 해양경찰의 주요업무인 해양주권 수호와 해양자원 보호, 해상 안전망 개선으로 안전한 해양활동의 강화, 범죄 없는 바다를 위한 해양치안 확보, 깨끗한 바다를 위한 해양보호 활동, 창의적 업무 수행으로 선도하는 해양경찰 구현, 효율적 운영자원으로 해양경찰 역량 강화 등을 의미합니다.
❹ 꼬리와 선체 사이에는 해양을 상징하는 닻을 간접적으로 표현하고 있습니다.
❺ 독수리 꼬리 부분의 삼각형은 3면의 바다로 둘러싸여 있는 대한민국 해양을 힘차게 전진하는 함정의 선수를 나타내고 있습니다.

(출처: 해양경찰청 홈페이지)

■ **해양경찰 색깔은 무엇인가요?**

해양경찰 다크블루, 해양경찰 옐로우, 해양경찰 레드

더 알아보기

해양경찰에 대한 국민의 신뢰와 권위

기존 이미지를 계승하면서 좀 더 새로운 비젼과 미션에 맞추어 미래지향적이면서 전통성 계승을 고려하여 태극에 쓰이는 컬러와 기존 독수리에 사용하던 옐로우 컬러를 현대적인 시각에 맞추어 재조정하였으며, 해양안전의 수호자를 의미할 수 있는 해양을 상징하는 블루를 조화시켜 완성하였습니다.

❶ 해양경찰 다크블루 : Dark Blue
밝고 푸른 대한민국의 안전한 해양

❷ 해양경찰 옐로우 : Yellow
해양 안전의 든든한 동반자

❸ 해양경찰 레드 : Red
안전한 해상 활동에 대한 해양경찰청의 열정과 의지

❹ 해양경찰 블루 : Blue
해양경찰에 대한 국민의 신뢰와 권위

❺ 전통 방패의 중심에 위치한 적, 청, 황색의 삼태극은 하늘, 땅, 사람의 조화를 의미하며, 국민의 안전을 최우선으로 하는 해양경찰의 의지와 신념을 나타냅니다.

(출처 : 해양경찰청 홈페이지)

■ **해양경찰의 계급체계에 대해서 말해보세요.**

순경－경장－경사－경위－경감－경정－총경－경무관－치안감－치안정감－치안총감

■ **해양경찰 주요업무는 무엇인가요?**

바다에서의 국민 생명과 안전 보호, 빈틈없는 해양영토 주권 수호, 공정한 해양 치안 질서 확립, 깨끗한 해양 환경 보전, 현장중심 조직역량 강화

■ **해양경찰의 날은 언제인가요?**

9월 10일로 이날은 배타적 경제수역법 발효일이기도 하다.

■ **바다의 날은 언제인가요?**

5월 31일

■ **해양경찰청장님 성함과 임기는 몇 대 인가요?**

김홍희 청장님, 17대, 2020년 3월 5일부터

■ **해양경찰청장 자격요건에 대해 말해보세요.**

해양경찰청장은 해양경찰에서 15년 이상 경찰공무원으로 재직한 자로서 치안감 이상 경찰공무원으로 재직중이거나 재직했던 사람 중에서 임명한다.

■ **해양경찰 출신 역대 청장님 성함 말해보세요.**

• 김영삼 정부
  - 초대 조성빈(曺聖彬) 치안정감으로 임기는 1996년 8월 12일부터 1998년 3월 1일까지

• 김대중 정부
  - 2대 김대원(金大圓)으로 임기는 1998년 3월 1일부터 1999년 12월 1일까지
  - 3대 김종우(金宗佑)으로 임기는 1999년 12월 3일부터 2000년 12월 6일까지
  - 4대 이규식(李奎植)으로 임기는 2000년 12월 7일부터 2001년 11월 1일까지
  - 5대 박봉태(朴奉泰)으로 임기는 2001년 11월 1일부터 2003년 3월 2일까지

• 노무현 정부
  - 6대 서재관(徐載寬)으로 임기는 2003년 3월 3일부터 2004년 1월 7일까지
  - 7대 이승재(李承栽)으로 임기는 2004년 1월 7일부터 2006년 8월 9일까지
  - 8대 권동옥(權東玉)으로 임기는 2006년 8월 9일부터 2008년 3월 5일까지

• 이명박 정부
  - 9대 강희락(姜熙洛)으로 임기는 2008년 3월 6일부터 2009년 3월 9일까지
  - 10대 이길범(李吉範)으로 임기는 2009년 3월 9일부터 2010년 9월 8일까지
  - 11대 모강인(牟康仁)으로 임기는 2010년 9월 8일부터 2012년 5월 7일까지
  - 12대 이강덕(李康德)으로 임기는 2012년 5월 7일부터 2013년 3월 18일까지

• 박근혜 정부
  - 13대 김석균(金錫均)으로 임기는 2013년 3월 18일부터 2014년 11월 18일까지

• 문재인 정부
  - 15대 박경민(朴敬暋)으로 임기는 2017년 7월 26일부터 2018년 6월 24일까지
  - 16대 조현배(調現培)으로 임기는 2018년 6월 25일부터 2020년 3월 5일까지
  - 17대 김홍희(金洪熙)으로 임기는 2020년 3월 5일부터 2021년 진행중(2021년 6월 기준)

더 알아보기

역대 해양경찰청장

정부	대수	이름	계급	임기	비고
김영삼 정부	초대	조성빈(曺聖彬)	치안정감	1996년 8월 12일~1998년 3월 1일	
	2대	김대원(金大圓)		1998년 3월 1일~1999년 12월 1일	
	3대	김종우(金宗佑)		1999년 12월 3일~2000년 12월 6일	
	4대	이규식(李奎植)		2000년 12월 7일~2001년 11월 1일	
	5대	박봉태(朴奉泰)		2001년 11월 1일~2003년 3월 2일	
노무현 정부	6대	서재관(徐載寬)		2003년 3월 3일~2004년 1월 7일	
	7대	이승재(李承栽)	치안총감	2004년 1월 7일~2006년 8월 9일	재임 중 차관으로 격상
	8대	권동옥(權東玉)		2006년 8월 9일~2008년 3월 5일	최초의 해양경찰관 출신
이명박 정부	9대	강희락(姜熙洛)		2008년 3월 6일~2009년 3월 9일	경찰청장 역임
	10대	이길범(李吉範)		2009년 3월 9일~2010년 9월 8일	
	11대	모강인(牟康仁)		2010년 9월 8일~2012년 5월 7일	
	12대	이강덕(李康德)		2012년 5월 7일~2013년 3월 18일	
박근혜 정부	13대	김석균(金錫均)		2013년 3월 18일~2014년 11월 18일	
문재인 정부	15대	박경민(朴敬暋)		2017년 7월 26일~2018년 6월 24일	
	16대	조현배(調現培)		2018년 6월 25일~2020년 3월 5일	
	17대	김홍희(金洪熙)		2020년 3월 5일 부터	

■ 해양경찰청에 가장 큰 함정과 그 톤수는 얼마인가요?

5001함 상봉호, 5천 톤급

■ 해양경찰청 전화번호는 몇 번인가요?

032-835-2000

■ 해양사고발생 시 신고전화번호는 몇 번인가요?

122

■ 해양경찰 캐릭터에 대해 말해보세요.

- 해우리는 바다 '해'와 '우리'의 합성어로 해양경찰이 바다 가족의 친구로 봉사한다는 의미
- 해누리는 바다 '해'와 세상이라는 뜻의 '누리'의 합성어로 해양경찰이 완벽한 임무수행으로 세계화 국제화시대 모든 해양 종사자들의 바다 안녕과 번영에 기여하겠다는 의미

더 알아보기

해양경찰 캐릭터 해누리, 해우리

해우리 해누리는 해양경찰을 대표하는 마스코트로, 국민친화적이며 단정한 이미지를 담은 캐릭터로 개발되었습니다. 둥근 얼굴과 편안한 미소로 국민 곁에 다가가 국민과 함께 하고자 하는 해양경찰의 의지를 담고 있습니다.

해누리 해우리

(출처 : 해양경찰청 홈페이지)

■ 구조거점 파출소란?

- 영흥도 낚시 어선사고 후속대책으로 해양사고가 자주 발생하거나 구조대와 멀리 떨어져 있는 곳에 잠수사가 배치된 구조거점 파출소를 운영하기로 발표함
- 해양사고 구조역량을 키우기 위해 사고가 자주 발생하거나 구조대와 멀리 떨어져 있는 해경파출소에 잠수가 가능한 구조사를 배치하는 내용
- 이미 시설을 갖춘 23곳을 포함해 전국 95개 모든 해경 파출소에 구조정 전용 선착장도 만들기로 함

■ 해양경찰 관련법 말해보세요.

- 해양경찰 소관법률에는 총 6개가 있으며 다음과 같습니다.
- 「해양경찰법」, 「해양경비법」, 「수상에서의 수색 · 구조에 관한 법률」, 「연안사고 예방에 관한 법률」, 「선박교통관제에 관한 법률」, 「수상레저안전법」

■ 「해양경찰법」의 의의 및 제정목적

- 「해양경찰법」의 의의 : 해양경찰의 책무, 해양경찰위원회의 설치, 해양경찰청의 조직과 직무, 해양안전 확보를 위한 협력과 참여, 해양경찰 직무수행의 기반 조성 등에 관한 법제도적 기반을 마련한 것
- 「해양경찰법」 제정목적 : 해양주권을 수호하고, 해양 안전과 치안 확립을 위하여 해양경찰의 직무와 민주적이고 효율적인 운영에 필요한 사항을 규정함을 목적으로 함

CHAPTER 04

합격전략 4. 시사이슈

이루다쌤의 응원 한마디! 

시사이슈 질문은 해양경찰면접 집단 및 개별에서 골고루 출제되고 있습니다. 특히 최근에는 해양경찰 관련 이슈뿐만 아니라 시사이슈에 대한 개념을 묻거나 수험생의 생각을 묻는 질문도 자주 출제되고 있습니다. 따라서 사회적으로 중요시되는 이슈가 있다면, 이에 대한 꼼꼼한 준비도 필요합니다.

01 | 공무원&행정

(1) 공무원 관련

■ 공무원의 6대 의무는 무엇인가요?

청렴의 의무, 성실의 의무, 복종의 의무, 친절공정의 의무, 품위유지의 의무, 비밀엄수의 의무가 있습니다.

■ 공무원 4대비리 말해보세요.

성비위, 음주운전, 금품수수, 갑질행위를 말합니다.

■ 공무원 행동강령이란 무엇인가요?

「부패방지법」에 근거하여 대통령령으로 제정, 법적 구속력을 갖춘 공무원 윤리규범을 말합니다. 정식 명칭은 '공무원의 청렴유지 등을 위한 행동강령'이며, 주요 내용으로는 공정한 직무 수행, 부당이득의 수수 금지, 건전한 공직풍토의 조성 등이 있습니다.

■ **적극행정과 소극행정은 무엇인가요?**

적극행정이란, 공무원이 불합리한 규제의 개선 등 공공의 이익을 위하여 창의성과 전문성을 바탕으로 적극적으로 업무를 처리하는 행위를 말하며, 소극행정이란, 공무원의 부작위 또는 직무태만 등으로 국민의 권익을 침해하거나 국가 재정상 손실을 발생하게 하는 행위를 말합니다.

■ **내부고발제도에 대해 말해보세요.**

개인이나 단체가 그 소속기업의 위법사항 또는 비리행위를 인지하고 그러한 위법 비리행위가 공익에 반해 발생시킬 수 있는 위해를 방지하기 위하여 당해 사실을 상급자, 공공기관 등 대외적으로 폭로하는 행위를 말합니다. 기업의 투명경영과 윤리경영의 기여를 할 수 있지만 고발내용과 신고자의 신원을 보장받기가 어렵다는 점이 있습니다.

■ **직장 내 괴롭힘 방지법이란 무엇인가요?**

직장 내 괴롭힘 방지법은 직장에서 지위등을 이용해 근로자에게 신체적 정신적 고통을 주는 것을 금지하는 법입니다. 직장 내 괴롭힘 종류로는 폭행 및 폭언, 모욕 및 명예훼손, 따돌림 및 차별, 강요, 부당한 지시 등이 있습니다.

■ **공무원(혹은 해경) 자살율이 높은 이유와 해결방안에 대해 말해보세요.**

자살율이 높은 이유는 업무과다와 직장 내 괴롭힘 등 다양한 이유가 있다고 생각합니다. 이를 해결하기 위해서는 더 많은 직원 채용을 통해서 업무분장을 할 수 있도록 하는 방법이 있습니다. 또한 직장 내 괴롭힘에 대해 말할 수 있는 환경을 만들었으면 합니다.

■ **해양경찰청 출범으로 달라진 점은 무엇인가요?**

국민들의 생명과 재산을 지키기 위하여 더욱 노력하고 있다는 점입니다. 국민들의 생명을 보호가 위하여 구조 능력향상 훈련을 하고 있습니다. 또한 해양순찰, 구조활동, 해양오염 방제에 힘쓰고 있습니다. 마지막으로 불법조업 중국어선을 단속을 통해서 어민들의 자원 보호를 위해 노력하고 있습니다

(2) 행정 및 법 관련

■ **김영란법이란 무엇인가요?**

「청탁금지법」으로 정식명칭은 「부정청탁 및 금품 등 수수의 금지에 관한 법률」입니다. 공무원이 직무 관련성이 없는 사람에게 일정 금액 이상의 금품이나 향응을 받으면 대가성에 상관없이 형사처벌을 받는 것입니다. 식사는 3만 원, 선물은 5만 원, 부조금 및 경조사비는 5만 원으로 상한액을 설정했습니다.

■ **「이해충돌방지법」이란 무엇인가요?**

2021년 3월 한국토지주택공사(LH) 직원들의 신도시 땅 투기 의혹이 제기된 후 법추진이 빠르게 진행돼 2021년 4월 13일 국회 정무위원회 법안심사소위원회에서 「이해충돌방지법」 제정안에 잠정 합의되었습니다.
「이해충돌방지법」은 공직자는 퇴직 후 3년까지 직무 수행 중 알게 된 비밀을 활용해 재산상 이득을 얻는 행위가 금지되며, 이를 위반하면 형사처벌을 받게 됩니다.

■ 문재인 정부가 설정한 4대악과 설정이유에 대해 설명해보세요.

- 4대악은 성폭력, 학교폭력, 가정폭력, 불량식품 척결입니다.
- 4대악은 각종 사회 안전, 안전 위협요소에 대한 관리를 위하여 만들어졌습니다.

■ 공수처란 무엇인가요?

공수처는 고위공직자범죄수사처의 줄임말입니다. 고위공직자들의 범죄 행위를 수사하고 죄를 따져서 물을 수 있는 기관입니다.

■ 수사권 조정에 대해서 말해보세요.

검찰이 수사 기소 영장청구 권한을 독점하고 있는 구조에서 경찰과 수사권한을 나누는 방향으로 조정한다는 것을 뜻합니다. 검찰 권력의 비대화와 이에 대한 견제를 실행하기 위한 것으로 경찰은 사건을 송치하기 전까지 검사의 수사지휘를 받지 않는 등 모든 사건에 대한 1차적 수사뿐만 아니라 종결권을 갖도록 했습니다.

■ 노동3권이 무엇인가요?

단결권, 단체교섭권, 단체행동권을 말하고 근로자의 인간다운 생활을 보장하기 위해 만들어졌습니다.

■ 공무원노조와 직장협의회 차이는 무엇인가요?

공무원노조와 직장협의회는 법적의 보장을 받는 차이가 있습니다. 노동조합은 「노동관련법」에 의해 결성되고 단체 교섭 및 협약 체결권이 인정이 됩니다. 하지만 직장협의회는 법적의 보장이 없고, 단체교섭등에 대한 협의만 가능합니다.

■ ‘윤창호법’에 대해 말해보세요.

‘윤창호법’은 음주운전으로 인명피해를 낸 운전에 대한 처벌 수위를 높이고 음주운전 기준을 강화하는 내용 등을 담은 「특정범죄 가중처벌 등에 관한 법률 개정안」, 「도로교통법 개정안」을 뜻합니다. 음주운전 사고로 숨진 윤창호 씨 사망사건을 계기로 만들어진 법률입니다. 음주운전 3회 이상 적발 시 징역 1~3년, 또는 벌금 500만 원~1000만 원에 처해지며, 음주운전으로 인한 사망사고 발생 시 최고 무기징역, 최저 3년 이상 징역으로 개정되었습니다.

■ ‘민식이법’이란 무엇인가요?

2019년 충남아산의 한 어린이보호구역에서 교통사고로 사망한 김민식 군의 사고 이후로 발의된 법안입니다. 어린이보호구역 내 과속단속카메라 설치를 의무화하고 해당 지방자치단체장이 신호등 등을 우선 설치하도록 하는 「도로교통법」 일부 개정안입니다. 또한 어린이 보호구역 내 안전 의무 부주의로 사망이나 상해사고를 일으킨 가해자를 가중처벌하는 「특정범죄 가중처벌」 등에 관한 법률입니다.

■ 「국가보안법」 폐지에 대해 어떻게 생각하나요?

「국가보안법」은 국가의 안전을 위태롭게 하는 반국가활동을 규제함으로써 국가의 안전과 국민의 생존 및 자유를 확보함을 목적으로 합니다.

더 알아보기

「국가보안법」 찬반 의견

• 찬성
 -「국가보안법」은 법의 적용에 있어서 자의적 해석이 가능하다.
 -「국가보안법」으로 북한의 정보를 국민들이 접하는 데 한계가 있는데, 이를 폐지함으로써 북한정권과 체제에 대한 공개적인 담론을 할 수 있기 때문에 오히려 국가안보에 장애물이 될 수 있다.
 -4.27 판문점 선언의 조항을 이행하려면 「국가보안법」 폐지는 필요하다.

• 반대
 -「헌법」 제3조에 의하면, 대한민국의 영토는 한반도와 그 부속도서로 한다고 되어 있다. 북한은 한반도에 위치했기 때문에 적국으로 간주할 수 없다. 따라서 「국가보안법」은 전시 대한민국 군인들이 북한 정권과 그 동조자들에게 무력을 행사할 수 있는 유일한 법 조항이다.
 -대한민국은 전시중인 상황에서 안보와 관련된 법을 폐지하는 것은 주적의 사상적 침입을 무방비로 허용하는 것과 다를 바 없다.
 -세계 다수의 국가가 테러방지나 국가안보를 위한 관련 법을 제정하고 있기에 대한민국도 현 상황을 고려한 「국가보안법」이 필요하다.

■ **「테러방지법」**

2016년 3월 2일 국회 본회의를 통과한 법안. 정식 명칭은 「국민보호와 공공안전을 위한 테러방지법에 대한 수정안」으로, 테러 방지를 위해 국가정보원에 정보수집 및 추적권을 부여하고 테러인물을 감시 · 관리할 수 있는 법적 근거를 담고 있습니다. 국가정보원은 테러 위험인물의 ▲개인정보(사상 · 신념 · 건강 등 민감정보 포함) · 위치정보 · 통신이용 정보수집 ▲출입국 · 금융거래 기록 추적 조회 ▲금융 거래 정지 등을 요청할 수 있습니다. 다만, 테러위험인물에 대한 추적을 할 경우 국무총리인 대책위원회 위원장에게 사전 또는 사후에 보고하도록 하며, 대테러 업무 수행 과정에서 기본권 침해가 발생하지 않도록 인권보호관 1명을 대책위 밑에 두기로 했습니다.

■ **지금의 「헌법」은 언제 최종적으로 확정됐나요?**

「헌법」은 1948년 제정돼 1987년까지 모두 9차례 개정된 것으로 알고 있습니다.

■ **정부조직구성에 대해 말해보세요.**

18부 4처 15청으로 구성되어 있습니다.

02 | 사회문화 전반

(1) 사회문화

■ **선별적 복지와 보편적 복지에 대해 말해보세요.**

선별적복지는 필요한 사람에게만 자원을 지원하는 것입니다. 대표적인 예로는 국민기초생활보장제도가 있습니다. 반면 보편적 복지는 모든 사람에게 지원하는 것으로 자원이 많이 들어갑니다. 대표적으로 코로나19 1차 재난지원금이 있습니다.

■ **언택트란 무엇인가요?**

언택트는 접촉하다라는 의미의 콘택트와 부정적 의미인 '언(un)'을 합성한 말입니다. 기술발전을 통해서 접촉없이 외부와 연결하는 형태로 비대면이라는 말로도 표현됩니다.

■ **안전속도 5030이란 무엇인가요?**

주거, 상업, 공업 지역 등 보행자 통행이 잦은 도심부 일반도로의 제한 속도를 기존 시속 60km에서 50km 이내로, 이면도로는 30km로 하향함으로써 보행자 교통사고 감소 및 안전 강화를 위함을 목적으로 합니다.

■ **디지털 뉴딜이란 무엇인가요?**

코로나19 사태 이후 경기회복을 위해 마련한 국가 프로젝트 중 하나입니다. 디지털 뉴딜은 세계 최고 수준의 전자정부 인프라 서비스 등 우리 강점인 ICT 기반으로 디지털 초격차를 확대하는 것입니다.

■ **탄소중립이란 무엇인가요?**

이산화탄소를 배출한 만큼 이산화탄소를 흡수하는 대책을 세워 이산화탄소의 실질적인 배출량을 0으로 만드는 것을 뜻합니다.

■ **미투운동에 대해서 말해보세요.**

성범죄 피해 사실을 사회적으로 고발하고 피해사실을 밝히며 심각성을 알리는 캠페인입니다. 이는 미국에서 시작되었고 소셜미디어에 해시태그를 달면서 대중화 되었습니다.

■ **코로나블루란 무엇인가요?**

코로나19와 우울감을 뜻하는 블루가 합쳐진 신조어입니다. 코로나19의 확산으로 일상의 변화가 생기면서 발생한 우울감 또는 무기력증을 뜻합니다.

■ **사이버범죄에 대해 말해보세요.**

인터넷 등 정보통신망에서 이를 악용하여 사이버 공간에서 행하는 범죄를 뜻합니다. 그 예로는 해킹, 불법사이트 개설, 디지털 저작권 침해 등이 있습니다.

■ **실업율 원인 및 해결방안에 대해 말해보세요.**

제가 생각하는 실업율의 원인은 대기업쏠림 현상이라고 생각합니다. 그래서 대기업만을 목표로 하기보다는 자신의 역량을 발휘할 수 있는 기업을 선택하고, 국가에서도 대기업 이외의 기업들에게 지원정책을 펼쳤으면 합니다.

■ **저출산 원인 및 해결방안에 대해 말해보세요.**

교육비, 생활비 등 경제적인 부담이 크기 때문에 저출산으로 이어진다고 생각합니다. 이에 대한 해결방안으로는 경제지원 등의 정책을 통해서 경제적 부담을 덜 수 있었으면 합니다.

■ **아동학대에 대한 해결방안 말해보세요.**

부모들의 학대 경험, 부모 역할에 대한 지식 부족 등으로 아동학대가 일어난다고 생각합니다. 이를 위한 해결방안으로는 부모님들을 위한 역할 교육 및 인식개선 교육이 이뤄지면 좋겠습니다.

■ **학교폭력에 대한 해결방안 말해보세요.**

학교폭력은 폭력 행위에 대한 심각성과 범죄의식 부족이라고 생각합니다. 또한 입시 위주의 교육시스템에서 타인에 대한 배려 부족 때문입니다. 따라서 체육활동 등 협동심을 배울 수 있는 교육프로그램을 강화하고, 신고의식 강화를 위한 다양한 캠페인과 교육이 필요합니다.

■ **부정부패를 없애기 위한 방안 말해보세요.**

공무원 개인의 윤리의식을 제고하기 위한 노력이 계속적으로 이뤄져야 합니다. 또한 제도적 장치를 마련해서 청렴한 문화로 이어나갈 수 있도록 해야 합니다.

■ **동성애(결혼)에 대한 생각을 말해보세요.**

개인의 선택을 존중해 주어야 한다고 생각합니다. 하지만 아직까지는 동성애(결혼)에 대한 사회 전반적인 인식이 부족합니다. 따라서 인식 개선과 다양한 문화 알림을 통해서 변화되어야 합니다.

■ **공권력이 약해지는 이유가 무엇이라고 생각하나요?**

독재정권 시절 억눌려 있던 국민들이 공권력에 대한 반감을 강력하게 표출하면서 신뢰가 떨어졌다고 생각합니다. 공권력 경시풍조와 공무집행방해 행위에 대해서는 엄정하게 대응하되, 경찰도 법절차와 인권을 존중해야 한다고 생각합니다.

■ **공권력 강화에 필요한 것은 무엇인가요?**

공권력 경시풍조와 공무집행방해 행위에 대해서는 엄정하게 대응해야 한다고 생각합니다.

■ **공권력과 인권에 대해 말해보세요.**

공권력은 국가나 공공단체가 국민에 대하여 우월한 의사주체로서 명령, 강제하는 권력을 행사하는 것입니다. 인권은 사람이 개인 또는 나라의 구성원으로서 마땅히 누리고 행사하는 기본적인 자유와 권리입니다.

■ 기국주의의 정의 말해보세요.

공해상의 선박이나 항공기는 국적을 가진 국가의 배타적 관할권에 속한다는 국제법상의 원칙을 말합니다.

■ 4차 산업혁명이란 무엇인가요?

AI, IoT, VR 등이 주도하는 차세대 산업혁명입니다.

■ CCTV 설치에 대해 어떻게 생각하나요?

범죄예방과 증거물확보 차원에서 필요합니다. 사생활 침해의 문제가 발생하나 범죄예방과 범죄의 사각지대 축소를 위해 필요하다고 생각합니다.

■ 확증편향이란 무엇인가요?

자신의 의견과 일치하는 정보는 쉽게 받아들이지만, 자신의 의견과 일치하지 않는 정보를 접하게 되면 그 정보를 그대로 받아들이지 않고 자신의 의견에 맞게 왜곡하거나 무시해버리는 경향을 지칭하는 단어입니다.

■ 양성평등

사람이 살아가는 모든 영역에서 남자와 여자를 서로 차별하지 않고 동등하게 대우하여 똑같은 참여 기회를 주고, 똑같은 권리와 의무, 자격을 누릴 수 있는 것을 말합니다.

■ 빅데이터란 무엇인가요?

빅데이터란 디지털 환경에서 생성되는 데이터로 그 규모가 방대하고, 생성 주기도 짧고, 형태도 수치 데이터뿐 아니라 문자와 영상 데이터를 포함하는 대규모 데이터를 말합니다. 빅데이터 환경은 과거에 비해 데이터의 양이 폭증했다는 점과 함께 데이터의 종류도 다양해져 사람들의 행동은 물론 위치정보와 SNS를 통해 생각과 의견까지 분석하고 예측할 수 있는 특징이 있습니다.

■ 블록체인이란 무엇인가요?

누구나 열람할 수 있는 장부에 거래 내역을 투명하게 기록하고, 여러 대의 컴퓨터에 이를 복제해 저장하는 분산형 데이터 저장기술을 말합니다. 여러 대의 컴퓨터가 기록을 검증하여 해킹을 막을 수 있습니다.

■ 워라밸이란 무엇인가요?

'일과 삶의 균형'이라는 의미인 'Work–life balance'의 준말을 말합니다.

■ BTS가 세계적으로 인기 있는 이유가 무엇일까요?

BTS는 지금 이 시대의 사람들에게 힘과 꿈을 주는 선한 영향력을 펼친다고 생각하기 때문입니다. 노래 가사부터 팬들과의 소통 등을 통해서 튼튼한 팬덤 형성을 하고 있습니다.

■ **사형제도에 대한 견해를 말해보세요.**

우리나라는 사형제도가 존재하지만, 1997년 이후로 사형집행이 이루어지지 않고 있습니다.
- 찬성 : 범죄에 대한 경각심을 심어줄 수 있다. 또한, 유죄자 필벌이라는 실체적 진실주의에 따라서, 사형을 집행해야 한다. 범죄를 저지른 사람을 위해 세금을 낭비할 수 없다.
- 반대 : 오판의 가능성이 존재하며, 인간의 존엄성에 위배된다. 또한, 사형제는 범죄예방 효과가 미비하며, 사형제보다는 가석방 없는 종신형으로도 충분히 처벌할 수 있다.

■ **군가산점에 대해 어떻게 생각하나요?**

군가산점제도는 군 복무기간에 대한 적절한 보상을 해주기 위해 취업시 과목별로 시험 득점에 5% 가산점을 부여하는 것을 말합니다. 1999년 헌법재판소가 군가산점제도가 공무담임권, 평등권, 직업 선택의 자유를 침해한다고 위헌 판결을 내리면서 폐지됐습니다.

더 알아보기

군가산점 찬반 의견
- 찬성
  - 군 복무기간에 대한 국가차원의 적절한 보상이 필요하다.
  - 군기피현상을 막을 수 있다.
- 반대
  - 군가산점제도가 적용되는 기관은 군필자의 약 0.4%만 혜택을 받는 구조이다.
  - 여성 또는 군복무를 하지 못하는 사람들에 대한 역차별 문제 발생한다.

■ **모병제 도입 및 여성 징병제에 대해 어떻게 생각하나요?**

- 모병제 찬성 : 전문성을 높여 국방력을 강화하기 위해 필요하며, 인구감소를 대비한 병력 구조개편이 필요하다.
- 모병제 반대 : 남북대치 휴전상황에서 시기상조이며, 지원자가 많지 않아 모집이 어려울 것이다.

더 알아보기

여성징병 찬반 의견
- 찬성
  - 인구감소로 인한 병력부족문제를 해소할 수 있다.
  - 여성도 국민으로서 국방의 의무를 다해야 한다.
  - 군가산점제도에서 여성의 역차별을 해소할 수 있다.
- 반대
  - 군병영문화 개선을 위한 해결책이 아니라 젠더갈등을 위한 근시안적인 해결책일 뿐이다.
  - 여군을 사병으로 징집할 경우 시설이나 설비 측면에서 많이 부족하며, 막대한 예산이 발생한다.
  - 여성징병제보다는 여군 간부 비율을 확대하는 것이 더 좋은 방안이 될 수 있다.

더 알아보기

낙태죄 찬반 의견

- 찬성
  - 미성년자의 임신 등을 비롯한 원치 않는 출산은 비극이다.
  - 여성에게도 자기결정권이 있다.
  - 낙태죄를 여성에게만 책임을 묻는 것은 옳지 않다.

- 반대
  - 태아도 엄연한 생명이다.
  - 낙태를 하는 것은 생명윤리에 위반된다.
  - 낙태죄가 사라지면, 생명을 경시하는 죄책감 없는 사회 분위기를 조장할 수 있다.

■ **동북공정에 대해 아는대로 말해보세요.**

중국 국경 안에서 전개된 모든 역사를 중국 역사로 만들기 위해 2002년부터 중국이 추진한 동북쪽 변경지역의 역사와 현상에 관한 연구 프로젝트입니다. 동북공정에서 다루고 있는 내용들이 고구려를 비롯해서 고조선, 발해의 역사를 크게 왜곡하고 있는 상황인 것으로 알고 있습니다.

■ **가스라이팅이 무엇인가요?**

타인의 심리나 상황을 교묘하게 조작해 그 사람이 스스로를 의심하게 만듦으로써 타인에 대한 지배력을 강화하는 행위로, 〈가스등(Gas Light)〉(1938)이란 연극에서 유래한 용어입니다.

■ **사회적 약자란 무엇입니까?**

노인, 장애인, 여성, 어린이, 임산부 등 사회나 제도적으로 불리함이나 차별을 경험하는 사회 구성원 집단으로 알고 있습니다.

(3) 경제

■ **가상(암호)화폐는 무엇인가요?**

지폐나 동전과 같은 실물은 없지만 가상공간에서 전자 형태로 사용되는 전자화폐로, 대표적으로 비트코인이 있습니다. 2019년 국제회계기준(IFRS) 해석위원회가 가상(암호)화폐는 화폐나 금융자산으로 분류될 수 없으며, 재고자산이나 무형자산으로 분류해야 한다고 밝힌 바 있습니다.

■ **ESG 경영이란 무엇인가요?**

'Environment', 'Social', 'Governance'의 머리글자를 딴 단어로 기업 활동에 친환경, 사적 책임 경영, 지배구조 개선 등 투명 경영을 고려해야 지속 가능한 발전을 할 수 있다는 철학을 담고 있습니다. ESG는 개별 기업을 넘어 자본시장과 한 국가의 성패를 가를 키워드로 부상하고 있습니다.

■ 사회적 가치란 무엇인가요?

사회, 경제, 환경, 문화 등 모든 영역에서 공공의 이익과 공동체 발전에 기여할 수 있는 가치를 말합니다. 기존 성장 및 효율 위주의 사회에서 공공성 및 공동체를 추구하는 일명, 다 함께 잘 사는 나라를 만들기 위한 정부와 공직사회의 공공성을 회복하기 위한 핵심가치입니다.

■ 윤리적 소비란 무엇인가요?

공정무역(fair trade) 운동을 포함한 소비자 운동으로 인간, 동물, 환경에 해를 끼치는 상품을 사지 않고, 공정무역에 의한 상품을 구입하는 것을 말합니다. 조금 더 비싸고 조금 귀찮더라도 소비행위에서 윤리를 찾는 소비자들이 늘어나고 있습니다.

■ 공동인증서와 금융인증서는 어떤 차이가 있나요?

2020년 12월 공인인증서 폐지로 공동인증서라는 명칭은 이전 공인인증서에서 변경된 명칭입니다. 금융인증서는 금융사에서 발급하는 인증서로 서로 다른 인증서입니다. 네이버, 카카오, 패스 어플로 발급 한 공동인증서는 민간업체 인증서입니다

■ 최저임금제도란 무엇인가요?

국가가 임금의 최저 수준을 정하고, 사용자에게 이 수준 이상의 임금을 지급하도록 강제함으로써 저임금 근로자를 보호하는 제도입니다. 2021년 기준 8,720원으로 알고 있습니다.

■ 공유경제란 무엇인가요?

물품을 소유의 개념이 아닌 서로 대여해 주고 차용해 쓰는 개념으로 인식하여 경제활동을 하는 것을 뜻합니다. 예로는 승차공유 서비스인 카풀이 있습니다.

■ IMF란 무엇인가요?

국제통화기금으로 세계무역 안정을 목적으로 설립한 국제금융기구입니다.

■ WTO란 무엇입니까?

무역 자유화를 통한 전 세계적인 경제 발전을 목적으로 하는 국제기구로, 1995년 1월 1일 정식으로 출범됐습니다. 우리나라는 1995년 1월 1일 WTO 출범과 함께 회원국으로 가입했습니다.

■ FTA(자유무역)에 대해 설명해보세요.

국가 간 상품의 자유로운 이동을 위해 모든 무역 장벽을 완화하거나 제거하는 협정을 말합니다.

■ 보호무역에 대해 설명해보세요.

국가가 관세 또는 수입할당제 및 그 밖의 수단으로 외국의 무역에 간섭하여 외국과의 경쟁에서 국내산업을 보호할 목적으로 하는 무역정책입니다.

(4) 기타

■ **온실효과에 대해 말해보세요.**

온실효과를 일으키는 가스 입자에 의해서 지구표면과 대류권이 더워지는 효과를 의미합니다. 온실효과를 일으키는 가스 중 가장 대표적인 것이 이산화탄소입니다.

■ **스톡홀름 효과란 무엇인가요?**

공포심으로 인해 극한 상황을 유발한 대상에게 긍정적인 감정을 가지는 현상입니다. 범죄심리학 용어로, 인질이 인질범에게 동화 혹은 동조하는 비합리적인 현상을 뜻합니다.

■ **정정보도와 반론보도의 차이가 무엇인가요?**

둘 다 보도로 인한 피해를 또 다른 보도를 통해 회복한다는 점에서 공통점이 있습니다. 다만, 정정보도는 원문보도가 사실과 다름이 명백히 밝혀질 경우 이를 진실에 맞게 바로잡는 보도인 반면, 반론보도는 원문보도의 내용에 반하는 당사자의 주장을 보도하도록 한다는 점에서 차이가 있습니다.

■ **엠바고란 무엇인가요?**

엠바고(embargo)의 본래 뜻은 '선박의 억류 혹은 통상금지'이나, 언론에서는 '어떤 뉴스 기사의 보도를 일정 시간까지 유보하는 것'을 말합니다.

■ **비정부기구(NGO)란 무엇입니까?**

어떠한 종류의 정부도 간섭하지 않고, 시민 개개인 또는 민간 단체들에 의해 조직되는 단체를 의미합니다. 따라서 민간단체라고도 불립니다. 비정부기구는 그들의 목표에 맞게 관리, 공공 정책, 사회, 인권, 환경 등의 분야에 영향을 미치기도 합니다.

■ **미국대통령 당선인은 누구인가요?**

46대 미국대통령은 조 바이든(Joe Biden)입니다.

■ **스크린쿼터에 대해 말해보세요.**

극장으로 하여금 특정 영화를 정한 비율만큼 상영하도록 하는 제도입니다. 보통은 자국 영화를 일정 기준 이상 상영하도록 하는 법적 조치로 '자국 영화 의무 상영 제도'를 말하는 것으로, 우리나라는 연간 상영 일수의 5분의 2 이상 즉 연간 146일 이상 국내 영화를 상영하도록 법에 명시되어 있습니다.

■ 스미싱과 파밍이 무엇인지 아는가?

전자금융사기의 종류입니다.
스미싱은 SMS와 피싱(Phishing)의 합성어로 문자메시지를 이용한 새로운 휴대폰 해킹 기법입니다. 휴대폰 사용자에게 웹사이트 링크를 포함하는 문자메시지를 보내 휴대폰 사용자가 웹사이트에 접속하면 트로이목마를 주입해 휴대폰을 통제하며 개인정보를 빼내가는 수법입니다. 이에 대한 예방법으로는 출처가 확인되지 않은 문자메시지의 인터넷주소 클릭을 금지하고, 미확인 앱이 함부로 설치되지 않도록 스마트폰의 보안설정을 강화하는 것입니다.
파밍은 합법적으로 소유하고 있던 사용자의 도메인을 탈취하거나 도메인 네임 시스템(DNS) 또는 프락시 서버의 주소를 변조함으로써 사용자들로 하여금 진짜 사이트로 오인하여 접속하도록 유도한 뒤에 개인정보를 훔치는 새로운 컴퓨터 범죄 수법입니다.
예방법으로는 OTP(일회성 비밀번호생성기), 보안토큰(비밀정보 복사방지) 사용하고, 컴퓨터 · 이메일 등에 공인인증서, 보안카드 사진, 비밀번호 저장을 금지하는 것이 필요합니다.

■ 미세먼지에 대해 말해보세요.

미세먼지는 지름이 10㎛(마이크로미터, 1㎛=1000분의 1㎜) 이하의 먼지를 말합니다. 주로 자동차 배출가스나 공장 굴뚝 등을 통해 배출되며 중국의 황사나 심한 스모그 때 날아오는 크기가 작은 먼지를 말합니다. 미세먼지 중 입자의 크기가 더 작은 미세먼지를 초미세먼지라 부르며 지름 2.5㎛ 이하의 먼지로서 PM2.5라고 한다. 주로 자동차 배출가스 등을 통해 직접 배출됩니다.

■ 해양오염 원인과 해결방안

가장 큰 원인은 미세플라스틱 사용으로 알고 있습니다. 실제로 현재 최소 1,200만 톤 이상의 미세플라스틱이 대서양을 떠다니고 있는 것으로 나타났습니다. 따라서 일상생활에서 많이 사용하는 플라스틱 사용을 줄이고, 재활용 분리를 철저히 하여, 바다로 유입되는 것을 막아야 한다고 생각합니다. 또한, 미세플라스틱 분해기술 개발이 된다면, 환경오염문제 해소에도 도움이 될 것이라 생각합니다.

■ 남성의 육아휴직제도에 대해 어떻게 생각하나요?

저는 남성의 육아휴직제도에 대해 찬성합니다. 최근 양육에 대한 부담이 커지면서 저출산 문제가 심각해지고 있습니다. 부부 공동육아로 여성의 경력단절 문제를 해소할 수 있고, 이로 인해 출산률 증가에도 도움을 줄 수 있다고 생각합니다.
하지만, 아직까지는 직장에서 육아휴직제도를 사용하면 눈치를 보는 등 어려움이 있는 것으로 알고 있습니다. 따라서 육아휴직제도를 장려하는 문화를 통해 제도의 안정적인 정착이 필요하다고 생각합니다.

CHAPTER 05

합격전략 5.
면접 이미지

이루다쌤의 응원 한마디! 

아무리 좋은 답변도 자신감 있게 표현해야 좋은 점수로 이어질 수 있습니다. 면접관의 눈과 귀를 사로잡을 수 있도록 자신감 있고 당당한 이미지로 표현하시기 바랍니다. 해양경찰 면접은 수험생과 면접관 사이의 거리가 매우 가깝기 때문에 더욱 긴장될 수 있습니다. 따라서 반복적인 모의면접을 통해 실전감각을 익히시기 바랍니다.

01 | 입실부터 퇴실까지 당당한 자세

(1) 입실 전 준비사항

① 담당 직원의 안내에 따라 면접실로 이동합니다.
② 면접실 앞에 예비대기실이 있다면 앉아 있다가 앞의 면접자가 나오면 순서대로 입실합니다(칸막이일 경우, 앞 면접자 나오면 입실).
③ 2:2 집단면접의 경우 같이 입실하는 수험생과 인사순서를 맞춰보면 좋습니다.
④ 입실 전 마지막으로 옷 매무새를 확인합니다.
⑤ 심호흡을 하면서 긴장된 마음가짐을 가라 앉히고, '할 수 있다!'는 긍정적인 자세를 갖습니다.

(2) 면접장 입실

① 노크를 2~3번 한 후, 안에서 들어오라는 이야기를 하면, 면접실로 입실합니다.
② 면접실에 들어서면 문 앞에서 목례를 하고 의자에 앉기 전 개별면접의 경우 "안녕하십니까. 수험번호 ○번 ○○○입니다." 집단면접의 경우 "안녕하십니까"라고 말을 한 후 45도 정도 허리를 굽혀 인사를 합니다. 인사를 할 때, 남성의 경우 두 손은 가볍게 주먹을 쥐고 바지선 옆에 두도록 합니다. 또한, 여성의 경우 공수자세로 배꼽 아랫부분에 가지런히 두고 인사합니다.

③ 최근에는 블라인드 채용이 확대되면서 이름도 말하지 말라는 경우가 있으니, 그럴 때는 이름은 생략합니다. 또한, 면접에서 인사를 생략하는 경우가 많습니다. 입실 후 면접관이 바로 "앉으세요."라고 하면, 45도 인사만 하고, 자리에 앉도록 합니다.

(3) 면접 자세

① 의자 깊숙이 앉되, 등을 의자 등받이에 기대지 않도록 허리를 세워 앉습니다.
② 구부정한 자세가 되지 않도록, 등과 어깨를 펴서 당당한 자세를 유지합니다.
③ 남성의 경우 두 손을 살짝 주먹 쥐고 허벅지 위에 올려놔 두 팔이 너무 긴장되지 않도록 합니다. 무릎과 다리는 어깨넓이만큼 벌려서 어깨가 좁아지지 않도록 합니다.
④ 여성의 경우 두 손을 포개어 허벅지 위에 올려두고 무릎과 다리는 붙이도록 합니다.
⑤ 면접진행 중 제스처를 하지 않는 것이 좋습니다. 따라서 허벅지 위에 있는 손이 움직이지 않도록 고정하도록 합니다.

(4) 면접장 퇴실

① 면접관의 퇴실 지시에 따라 자리에서 일어나 인사합니다.
② "감사합니다."라고 말한 후 45도 정도 허리를 굽혀 정중하게 인사를 합니다. 이때, 남성의 경우 입실 인사처럼 두 손은 가볍게 주먹을 쥐고 바지선 옆에 두도록 합니다. 또한, 여성의 경우 공수자세로 배꼽 아래부분에 가지런히 두고 인사합니다.
③ 문 앞에서 다시 한 번 목례를 하고 퇴실합니다.
④ 면접은 문을 열고 나갈 때까지 면접중이라는 것을 잊지 말고, 흐트러짐 없도록 합니다.

02 | 자신감 있는 목소리

(1) 말끝 흐리지 않기

① 면접에서 가장 자신 없어 보이는 1순위가 바로, 말끝 흐리는 사람입니다. 수험생 입장에서는 답변에 자신이 없거나 말이 꼬인다고 생각했을 때, 순간 자신감이 떨어지기 마련인데요. 하지만, 면접관은 말끝이 흐려질 때, 자신감이 없다는 것을 알 수 있습니다. 따라서 준비한 답변과 그렇지 않은 답변에서 목소리 톤 차이가 없도록 신경 쓰기 바랍니다.
② 해양경찰 면접은 면접관과 수험생의 거리가 매우 가까운 편입니다. 따라서 너무 경직되게 소리를 크게 지르거나 인위적으로 딱딱하게 목소리를 표현하는 것은 좋지 않습니다. 그러다 보면, 수험생 입장에서 목소리 톤이 작아지기 쉬운데요. 자연스럽게 말을 하되, 말끝 힘이 떨어지지 않도록 노력합시다.

> 예 제 이야기를 들어주셔서 감사합니다. (○)
> 이번 면접을 준비하면서 한 번 에 얻을 수 있는 것은 없다는 것을 몸소 느꼈습니다.
> 지금의 초심을 잃지 않고, 어떤 임무든 성실히 수행하는
> 해양경찰의 자랑스러운 후배가 되겠습니다. 감사합니다.

(2) 천천히 또박또박 말하기

① 긴장이 되면, 평소보다 말 속도가 더 빨라지기 마련입니다. 답변을 빨리 하면, 성격이 조급하게 보일 수도 있고, 전달력이 떨어질 수도 있습니다. 또한, 수험생 입장에서는 생각 정리할 시간이 부족해지기 때문에 자신의 의도와 다른 답변을 할 수도 있습니다. 따라서 면접관의 질문에 빨리 대답하기보다는 1초 정도 쉼을 두고 "네!"하고 답변을 하는 것이 좋습니다.

② 또한, 질문을 듣고 생각을 하다 보면, "어~", "음~"과 같은 군더더기가 붙을 수 있는데요. 이때는 차라리 침묵하고 생각을 정돈한 뒤 "네!"하고 답변하는 연습을 해보시기 바랍니다.

③ 말이 빠른 수험생은 의도적으로 문장 안에서 끊어 말하기 연습을 하면 좋습니다. 한 호흡으로 한 문장을 빠르게 말하기보다는 한 문장 안에서 의미 단위로 멈춤구간을 두어 말이 빨라지지 않게 노력해보시기 바랍니다. 그렇게 된다면, 말이 꼬일 확률도 적고, 발음도 더 또렷하게 들려 좀 더 스마트한 이미지로 표현할 수 있습니다.

> 저는/ 스트레스 해소법으로/ 헬스장 가서/ 운동하는 것입니다./
> 헬스장에서/ 무거운 무게를 들고 나면/ 앞으로 뭐든지 할 수 있을 것 같은/
> 자신감이 생기고/ 땀을 흘리고 나면, / 스트레스가 해소되는 것 같아/
> 시간이 날 때마다/ 헬스장을 가곤 합니다./

(3) 말투 정돈하기

① 공식적인 자리인 면접에서는 평소 자신의 말투보다는 면접에 잘 맞는 말투를 구사하는 것이 좋습니다. 어린아이처럼 말끝(어미)를 길게 끈다거나 '~요'체를 쓰는 것은 삼가는 것이 좋습니다.

② 생각을 오래 해야 할 때는 면접관에게 "잠시만 생각할 시간을 주시겠습니까?" 혹은 "잠시 생각해보겠습니다."라고 말해야 면접관 입장에서 답변을 할 수 있는 기회를 줄 수 있습니다. 또한, 답이 정해져 있는 전공개념이나 이론, 시사이슈에 대해서 답변을 모를 경우에는 "죄송합니다. 그 부분은 미처 준비하지 못했습니다. 반드시 숙지하겠습니다."라던가 "죄송합니다. 그 부분은 잘 모르겠습니다. 면접이 끝난 후 공부하겠습니다."처럼 모른다는 말도 자신감 있게 표현할 수 있도록 합니다. 이런 답변도 연습을 해두지 않으면, 얼버무리거나 위축되게 표현될 수 있으니, 면접에서는 자신감이 중요한 만큼 다양한 상황을 시뮬레이션 해보는 것이 중요합니다.

(4) 핵심 있고 간결하게

① 자신감 있는 사람은 한 문장을 길게 표현하지 않습니다. 학창시절을 떠올려 볼까요? 숙제를 했을 때, 선생님의 "숙제 했나요?"라는 질문에 "네~ 했습니다"라고 간결하게 표현했겠죠? 하지만, 숙제를 안 했다면 "숙제 안 했습니다."라고 표현하는 사람은 드물 겁니다. "숙제를 하려고 했는데, 몸이 아파서"처럼 길게 말을 해서 숙제를 안 했다는 메시지를 숨기기 위해 노력하는데요. 면접도 마찬가지입니다. 면접은 자신감 있게 표현해야 하는 자리이죠. 따라서 한 문장이 너무 길면, 마치 변명하는 것처럼 장황하게 들릴 수 있습니다. 따라서 한 문장에 하나의 의미를 담는다는 생각으로 핵심 있게 간결하게 표현하시기 바랍니다.

② 한 질문에 답변 시간은 30~40초를 넘지 않도록 합니다. 면접시간이 매우 짧기 때문에 답변을 만들 때, 5문장을 넘기지 않도록 간결하게 준비하시기 바랍니다. 간결하게 말하고, 면접관의 후속 질문을 받는 것이 더 좋습니다.

더 알아보기

본인이 뽑혀야 하는 이유는 무엇인가요?

[장황한 답변]

A.

조직생활에 잘 적응하고 사람들로부터 신뢰를 두텁게 얻어왔습니다. 대학생 시절 음악동아리에서 신입부원으로 시작할 때에는, 선배들로부터 여러 악기들을 배우면서 무대경험을 착실히 쌓아 동아리회장을 했고, 워킹홀리데이를 떠나기 위해 영어 회화학원에서 공부할 때에는 6개월이라는 시간동안 단 한 번도 수업에 늦거나 학원에 머무르기로 스스로 다짐한 시간보다 일찍 떠난 적도 없었습니다. 덕분에 스터디장으로 추천받아 그룹원들을 도와 즐겁게 영어공부도 하였고 마지막 날에는 기수를 대표하여 거의 100여 명의 학생 중 2명에게만 주어지는 졸업연설도 하게 할 수 있었습니다. 이처럼 제가 어떤 일을 할 때면 주변사람들의 신뢰와 믿음을 두텁게 얻고, 좋은 본보기가 되어주곤 하였습니다. 때문에 제가 해양경찰이 된다면 신임순경으로서 업무를 수행하면서 경력을 쌓고 선임이 되어서는 후배뿐만 아니라 국민에게도 모범이 되어 믿을 수 있는 신뢰가는 해양경찰이 될 수 있도록 하겠습니다.

[간결한 답변]

A.

저는 성실함 하나만큼은 자신 있습니다. 대학생 시절 음악동아리활동을 한 적이 있습니다. 선배들로부터 여러 악기들을 배우면서 무대경험을 쌓아 동아리회장을 할 수 있었습니다. 또한, 영어회화 학원을 다닐때는 수업에 성실히 임해 스터디장으로 추천받기도 했습니다. 이러한 성실함을 발휘하여, 신뢰받는 해양경찰이 되겠습니다.

03 | 표정 및 시선처리

(1) 굳이 웃을 필요 없다

① 수험생들 중에는 면접에서 웃어야 된다는 생각을 하는 사람들이 많이 있습니다. 미소를 띠어야 좋은 이미지를 심어서 합격을 할 수 있다고 생각하는 사람들이 많은데요. 면접에서 표정은 자연스러운 것이 좋습니다. 잘 웃지 못하는데 미소에 너무 집중하다 보면, 면접관 입장에서 어색하거나 부자연스러워 보여서 오히려 오해를 살 수도 있습니다. 따라서 미소를 굳이 띠려고 하기보다는 면접에 성실한 자세로 집중하는 모습을 보이는 것이 중요합니다. 또한, 실소를 하는 것은 면접관 입장에서 매우 불쾌할 수 있습니다. 면접을 가볍게 생각하거나 진지하지 못하다고 오해할 수 있으니, 절대 실소를 하지 않도록 합니다.

(2) 시선은 골고루보다는 집중

① 시선 처리 역시 면접관을 골고루 봐야 한다고 생각하는 수험생이 많은데요. 시선 옮김을 너무 많이 하다 보면, 불안하게 보일 수 있고, 면접관 역시 수험생의 답변에 집중하기 어려울 수 있습니다. 또한, 수험생도 여러 면접관을 봐야 한다는 압박감에 자신의 답변에 집중하지 못할 때가 있습니다. 가장 이상적인 시선처리는 '질문한 면접관을 보는 것'입니다. 질문한 면접관만 보고 답변을 해도 충분하니 이점을 꼭 유념하시기 바랍니다. 만약, 질문한 면접관이 질문만 하고, 나를 보지 않는다면, 나를 보는 면접관이 있다면, 그쪽으로 시선을 옮겨 집중하기 바랍니다.

② 시선 처리에서 중요한 것은 눈만 움직이는 것이 아니라 '고개'와 같이 시선을 옮기는 것이 중요합니다. 따라서 고개와 함께 시선을 움직여서 면접관과 정면으로 아이컨택 할 수 있도록 하시기 바랍니다.

③ 면접관의 질문을 받고 생각할 때는 눈동자가 위 또는 옆으로, 또는 눈동자를 굴리는 등 불안한 시선처리가 나올 수 있습니다. 따라서 생각을 해야 한다면, 시선을 살짝 아래로 내려 생각을 한 뒤, 정리가 됐다면, 그때, 면접관과 눈맞춤을 하면서 답변을 하면 좋습니다. 생각할 때도 면접관을 빤히 쳐다보는 것은 예의 없게 보일 수 있습니다.

시선 처리에서 또 중요한 것은 면접관의 눈을 봐도 되는가 인데요. 예전에는 눈을 보지 말고, 인중을 봐라, 미간을 봐라, 넥타이를 봐라 등 다양한 솔루션이 있었던 것으로 알고 있습니다. 이는 시선을 잘 맞추지 못하는 사람에게 차선책으로 말할 수 있는 솔루션입니다. 면접시 아이컨택은 면접관과 눈을 맞추고 이야기하는 것입니다. 따라서 면접관의 눈을 보면서 자신감 있게 답변하시기 바랍니다.

04 | 헤어 및 복장

(1) 헤어스타일

① 면접은 낯선 사람과의 첫 만남입니다. 따라서 보이는 이미지가 면접점수로 이어질 수 있기 때문에 첫인상에 신경을 쓰는 것이 좋습니다. 너무 튀지는 않더라고 깔끔하고 정돈된 이미지를 보이는 것이 중요합니다.

② 앞머리를 내리면 다소 답답해 보일 수 있으니 눈썹이 보이거나 한쪽 이마가 보일 수 있도록 앞머리를 정돈하는 것이 좋습니다. 또한, 머리색이 밝은색이라면 어둡게 염색하는 것이 좋습니다. 남성의 경우 사기업 면접처럼 무조건 머리를 올려서 이마를 보일 필요는 없지만, 얼굴이 살아 보일 수 있도록 면접 보기 전 약 일주일 전에 머리를 단정하게 정돈하는 것이 필요합니다. 여성의 경우 짧은 단발 또는 포니테일 스타일로 하나로 묶어 연출하고, 특히 잔머리나 앞머리가 인사할 때 앞으로 흐르지 않도록 고정시키는 것이 좋습니다.

(2) 복장

① 면접용 정장을 갖춰 입는 것이 좋습니다. 남성의 경우 검은색 또는 남색 계통의 정장을 입는 것이 좋으며, 여성은 검은색 투피스정장 또는 바지정장을 입는 것이 좋습니다.

② 정장 안에 입는 셔츠나 블라우스는 흰색을 추천하며, 남성의 경우 넥타이는 스트라이프가 가장 깔끔합니다. 넥타이 길이는 벨트 중간까지 오도록 하여, 너무 짧지 않게 매도록 합니다.
남성의 경우 일어섰을 때, 바지밑단이 구두를 살짝 덮는 정도가 좋으며, 여성의 경우 치마 길이는 앉았을 때, 무릎 살짝 위로 올라가는 정도가 좋습니다.

③ 구두는 검정색이 무난하며, 여성의 경우 굽 7cm를 넘지 않도록 하고 최대한 장식이 없는 것을 선택합니다.

④ 반지, 목걸이, 팔찌, 귀걸이 등 액세서리는 피하되, 여성의 경우 진주 귀걸이처럼 정돈된 귀걸이 정도는 괜찮습니다. 남성의 경우 시계를 차는 것은 좋습니다.

⑤ 손톱을 정돈하고, 여성의 경우 매니큐어나 네일아트 등은 피하는 것이 좋습니다.

⑥ 남성은 정장용 검은색 양말을 착용하고, 여성의 경우 살색 또는 커피색 스타킹을 신는 것이 좋습니다.

PART 03

빈출 기출질문 & 후기

CHAPTER 01

빈출 기출질문

이루다쌤의 응원 한마디! 

다음 기출질문들은 실제 해양경찰 면접을 보았던 수험생들의 후기로 정리한 질문목록입니다. 해양경찰뿐 아니라 순경, 경찰간부 등 다양한 시험의 기출질문들이 있으니 자신이 꼭 시험 볼 분야는 아니지만 다양한 분야의 질문과 분위기를 익혀 볼 수 있습니다. 수험생들이 받았던 질문과 답변에 대한 출제위원들의 추가 질문이나 반응들도 담겨 있는 생생한 기출질문이니 면접을 준비하는 독자분들께도 도움이 되리라 봅니다. 수험생 분들이 실제로 받았던 질문인 만큼 질문을 숙지하고, 그게 알맞은 자신만의 답변을 만들어보기 바랍니다.

01 | 경찰 간부

(1) 2:2 면접 후기

■ 2:2 면접 ❶

- 해방 전 해양경찰 활동 : 장보고, 고려 조선
- 해양경찰법 의의 및 제정목적
- 해경의 날
- 4차 산업혁명
- 특정해역, 서해5도, 특정금지수역
- 해양경찰의 날
- 해양경찰청장 자격요건
- 해양경찰 고유 브랜드 확립 어떻게 할 것인지? 아이템 뭐가 좋을까?
- 해양경찰 하면 생각나는 단어
- 해양경찰 색깔
- 불법조업어선 나포 근거법률
- 해경 하면 생각나는 사건
- 해양경찰 출신 역대 청장
- 레이더 작동원리

(2) 2:1 면접 후기

■ 2:1 면접 ❶

프로파일러 질문은 인적성 기반으로 질문을 하는데, 사람마다 모두 다른 것 같아요. 저희는 꼬리질문이나 압박이 별로 없었는데 질문에 대한 답이 조금 추상적이거나 인적성 체크사항과 조금 다르다면 압박이나 꼬리질문을 많이 받게 되는 것 같았습니다.

- 자기소개 해보라.
- 자기 소개에서 말한 강점 말고 또 다른 강점 있음 말해보라.
- 과거로 돌아가면 언제로 돌아가고 싶나?
- 힘들었을 때는 어떻게 해결했는가?
- 직장 내 괴롭힘에 대해 말해보라.

02 | 순경채용

(1) 2:2 면접 후기

■ 2:2 면접 ❶

마스크 벗고 얼굴 한 번씩 보자고 하면서 기분 좋게 진행함

- 경찰관으로서 가져야 하는 덕목 뭐라 생각하냐?
- 해양경찰에 대해 아는 거 말해봐라.
- 공해가 뭐냐?
- VTS가 뭐냐?
- 공수처가 뭐냐?
- 마지막 할 말

■ 2:2 면접 ❷

- 좌절했던 경험 말해봐라.
- 배타적 경제수역이란 무엇인가?
- 최근 살인사건, 묻지마 범죄 등 이러한 사회적 범죄가 일어나는 이유와 해결방안을 말해봐라.
- 공해란 무엇인가?
- 검경 수사권 조정에 대해 어떻게 생각하나?
- 해양에서 사용되는 선박장치 중 아는 것 말해봐라.
- 본인이 리더였던 경험 있나, 그 경험에서 이끌었던 경험은 무엇인가?
- 해양범죄와 해상범죄의 차이 말해봐라.
- VTS란?
- 내수와 집속수역의 차이는?
- AIS가 뭐냐?
- 내수 영해 접속수역의 차이 말해봐라.
- 사법경찰과 행정경찰에 대해 말하라.
- 마지막으로 하고 싶은 말 해봐라.

■ 2:2 면접 ❸

- 식사는 하셨어요?
- 현행범이 무엇이죠?
- 본인이 경찰이라고 생각하고 현행범을 체포한 순간부터 구속하는 과정까지 쭉 이어서 말해보세요.
- 해양경찰 함정과 항공기에 대해서 아는 대로 말해보세요.
- 그럼 비행기 종류에 대해서 말해보세요.
- 4차 산업혁명이 무엇이죠? (4차 산업혁명에서 해경이 나아갈 방향까지 말하니까, 나는 4차 산업혁명이 무엇인지만 물어봤는데? 라며 압박)
- 그동안 했던 질문 중에 보완할 것 있으면 1분씩 해보세요.
- 해양경찰임무는 무엇인가요?
- 해양주권수호란?

■ 2:2 면접 ❹

- 소형선박기준 말해보라.
- 사람이 물에 빠졌다 어떻게 할 것인가?
- 해양오염이 일어나면 어떤 조치를 취해야 하는지 순서대로 말해보라.
- 동료가 본인에게 뒷담화를 한다면 어떻게 할 건지
- 「해양경비법」상 경비수역

■ 2:2 면접 ❺

전문지식 위주로 많이 물어봄

- 긴급추적권이란
- 경미한 범죄는 어떻게 처벌하는가?
- 방공식별구역이란?
- 해양경찰 소관법률 말해봐라.
- 윤창호법이란?
- 특정금지구역이란?
- 취소와 철회 차이는 무엇?
- 정당방위를 어린아이에게 설명해보라.
- 해양경찰청장의 자격은 무엇인가?

■ 2:2 면접 ❻

- 기국주의란?
- 윤창호법이란?
- 해양경찰의 문제점은?
- 스트레스 정의와 자신만의 스트레스 해소법
- 「수상레저안정법」상 결격사유는?
- 배타적 경제수역과 대륙붕의 차이에 대해 말해보세요.
- 민식이법에 대해 말해보세요.
- 작살에 꽂힌 밍크고래발견 대처방안(추가질문 : 고래유통 과정까지)
- 공직생활에서 가장 중요하다고 생각하는 것은?
- 자신을 동물로 표현해보라.

■ 2:2 면접 ❼

- 법규명령과 행정규칙에 대해 말해봐라.
- 미필적 고의가 뭐냐?
- 이어도와 독도의 국제법상 지위는?
- 동료가 업무를 자꾸 떠넘긴다 어떻게 하겠는가?

■ 2:2 면접 ❽

- 해양정비창에 대해 말해보라.
- 해양경찰에 국이 있는데 설명해보라.
- 본인이 대형 유조선의 기름유출을 방지하기 위해 유조선을 해상에서 폭파시켰을 때 면책하게 되는 특권이 뭔지 말해보세요.
- 본인이 근무 중 동료가 불법조업 어선에서 중국어민들에게 10대 1로 맞고 있는 상황에서 본인은 실탄 30발과 총기를 휴대하고 있다면 어떻게 할 것인가?
- 마지막 하고 싶은 말

■ 2:2 면접 ❾

- 수사권 조정에 관한 나의 생각, 논쟁이 이루어지고 있는 이유, 그에 대한 해결방안
- 가고 싶은 부서?
- 함정근무라 하니 큰 배 말고 작은 배 타 본 적 있느냐 멀미하면 어떻게 대처할 건지
- 바다가 네 구역으로 나뉘는데 혹시 알고 있느냐(배타적 경제수역, 영해, 공해, 접속수역). 그 네 가지 중에서 자신 있게 대답할 수 있는 거 말해보라.
- 해경이 하는 업무에 대해서 간단히 설명해보아라.
- 해양경찰 전속법령에 대해 말해보라.
- 해양주권에 대해서 설명해보아라.
- 본인이 지금까지 이 면접에서 생각이 나지 않거나 미처 하지 못했던 내용 말해보라.

■ 2:2 면접 ❿

- 자기소개
- 동아리는 무슨 동아리?
- 동아리를 세 개씩이나? 가능해요? (연극부는 영어영문학과생활 중 필수요건이었고 나머지는 운동동아리라 문제 없었다 함. 운동을 좋아하셨네요 라며 끝)
- 해경에 몇 번 지원했는지?
- 머리색이 노란 빛이 도는데?
- 주위 사람들로부터 어떤 평가 듣는지. (성실, 약속을 어긴 적이 없다 하니) 한 번도 없냐?
- 왜 해경이 되려하는 건지
- 군생활에서 배운 게 많은 거 같은데 무엇을 배웠어요?
- 희망하는 계급은 어디까지
- 마지막 하고 싶은 말

(2) 2:1 면접 후기

■ 2:1 면접 ❶

10분이 채 안 걸린 것 같음
- 오늘 첫날 시험 보는데, 왜 사람들이 공유한다고 생각하냐?
- 다음 날 보는 다른 사람들은 다 알 건 알지 않냐? 불합리하지 않냐?
- 본인은 공유할 거냐?
- 어떻게 믿냐? (계속 압박질문)
- 동료가 성추행 가해자고 다른 동료가 피해자다. 어떻게 할 거냐?
- 본인이 가해자라면 어떻게 할래?
- 성매매 여성들이 성매매가 직업이라 하는데 어떻게 생각하냐?
- 최근에 비정규직을 정규직으로 전환했는데 어떻게 생각하냐?

■ 2:1 면접 ❷

- 본인이 본 재난영화와 느낀 점은?
- 수험생활 몇 년?
- 수험생활 동안 다른 직렬 시험 친 적 있냐?
- NGO란?
- 동양문화권이 서양문화권에게 배울 점은 무엇인가?
- 동북공정이란?
- 엠바고란?
- IMF/WTO/FTA에 대해 말해봐라.
- BTS가 세계적으로 인기 있는 이유는?
- 공유경제에 대해 우리 대한민국이 취하고 있는 정책 아는 것 있나?
- 상사가 부당한 지시를 한다면 어떻게 할 건가?
- 온실효과에 대해 아는가?
- 스크린쿼터란?
- 본인이 생각하는 국가관과 해양경찰 업무의 연관해서 설명해봐라.
- 친한 친구 몇 명 있나?
- 스트레스 해소 어떻게 하나?
- 언어능력과 수리능력 중 탁월하다 생각하는 부분, 그능력을 해양경찰업무에 활용 어떻게 할 것인지 말해봐라.
- 국가가 부당한 지시를 한다면?
- 국가에 대해서 평소에 어떻게 생각하는지, 경험을 들어서 얘기해봐라.

■ 2:1면접 ❸

- 자신의 장 · 단점을 말해보세요. (꼬리 질문 많이)
- 존경하는 인물을 소개하고 그 이유를 직무에 적용해보세요.
- 마지막으로 하고 싶은 말이나 앞으로의 포부
- 수험생활을 제외하고 어떠한 계획을 세우는 등 노력을 하여 목표를 달성한 경험이 있으면 말해보세요.
- 싫어 하는 사람과 일을 해본 경험이 있으면 말해보세요.
- 자신의 공로를 남에게 양보한 경험이 있으면 말해보세요.
- 남들 모르게 누군가를 도와준 경험이 있나요?

■ 2:1 면접 ❹

- 회식자리에서 상관이 동료에게 성추행시 어떻게 할 건가?
- 성공한 삶이란 어떤 것인가?
- 버스에서 성추행 당하는 사람을 목격했다 어떻게 할 것인가?
- 해양경찰이 되고 싶은 이유
- 워라밸 어떻게 생각하냐?
- 내부고발자에 대해서 어떻게 생각하냐?
- 여자를 구조했는데 성희롱으로 신고했다 어떻게 대처할 것인가?

■ 2:1 면접 ❺

- 왜 해양경찰이냐?
- 현실적으로 말해봐라.
- 다시 묻는다. 진짜 이유가 뭐냐?
- 단점 이야기해봐라.
- 준비한 거 말고 나쁜 버릇 말해봐라.
- 싫어 하는 사람 유형 3가지
- 말하는 것이 진짜냐?
- 마지막 한마디

■ 2:1 면접 ❻

- 내 장점이 무엇이냐? 그럼 부족한 점은 무엇이냐? 왜 부족하다고 느끼는가?
- 스트레스 극복 방법? (운동한다고 하다니까 배 타면 운동 못 하는데 스트레스 어떻게 극복할 것인지)
- 최근 화났던 경험 (화났던 경험 말하면서 어떻게 극복했는지 말하였습니다)
- 마지막 할말

■ 2:1 면접 ❼

- 수험기간 얼마? 육경 준비한 적 있나?
- 육경과 해경 중에 육경 붙으면 갈 거냐?
- 해경이 되기 위해 한 노력이 있다면?
- 최근 해양경찰에 관한 시사 알고 있느냐?
- (여성) 약해 보이는데 경비함정 근무 할 수 있겠느냐?
- 해경배 톤수
- 일하는데 못해서 상사가 욕하는 경우도 있는데 어떻게 대처할 거냐? 그래도 계속 욕하면 어떻게 할 거냐? (여기서 계속 꼬리질문 하셨습니다)
- 해경이 하는 일이 뭐냐?

■ **2:1면접 ❽**

- 자기소개
- 리더십 발휘경험
- 사회이슈 설명해보라.
- 「직장 내 괴롭힘 방지법」 아냐?
- 직장 내에서 동료가 성추행을 당했을 때 동료가 창피함 때문에 말하지 말아달라면 어떻게 도와줄 건지
- 이성에게 고백했을 때 차이게 된다면 몇 번까지 고백할 건지

■ **2:1 면접 ❾**

여기까지 오느라 고생했다며 긴장 풀으라해주심
- 살면서 갈등을 해결해본 경험이 있을 거 같은데 있어요? (구체적으로 말해달라기에 구체적으로 소통을 통해 해결한 점을 말했더니 오~라고 해줌)
- 살면서 아쉬웠던 점을 물음
- 희생을 해본 적 있나?
- 도덕이 뭐라 생각하나? 법은? 그럼 본인은 무엇을 더 중시하나?
- 현재 기분은 어떤가?
- 긴장하셨다는데 몇 점?
- 주위 사람들에게 어떤 평가
- 그럼 본인을 ○○○이다 표현하면?
- 본인을 동물로 표현해봐라.
- 스트레스는 어떻게 푸냐?
- 그럼 화가 나면 어떻게 푸냐?
- 본인의 기쁨과 슬픔을 함께 할 사람이 있는가?
- 친구랑 보통 뭐하고 노냐
- 술은 못 마시냐?

03 | 함정채용

(1) 함정요원/항해/중부

① 2:2 면접 후기

■ **2:2 면접 ❶**

직무만 물어봄
- 육분의 정의
- 평균수면 기본수준면 정의
- 조난신호(장비) 말해봐라.

■ **2:2 면접 ❷**

면접관이 얼마나 많이 아느냐를 평가하는 게 아니라 자신의 대답에 대해 얼마나 자신 있는지, 어떤 근거를 가지고 있는지를 보니까 틀려도 자신 있게 하라고 얘기해주셨습니다.

- 날씨는 춥지 않았는가? 면접장까지 어떻게 왔는가? 어느 지역에서 전경으로 근무하였는가?
- 유선과 낚시어선의 차이점은 무엇인가?
- MB가 구속되면서 포토라인에 섰다고 언론에 보도되었는데, 포토라인이란 무엇인가?
- 해수욕장의 관리주체는 어느 기관인가? 관련 법령은 무엇인가? 그렇다면 해수욕장에서 해양경찰의 역할은 무엇인가?
- 해양경찰 파출소와 육지경찰 파출소의 하는 일의 차이점은 무엇인가?
- 당신은 지금 함정을 타고 있다. 그런데 함정의 전원이 꺼져 레이더가 작동이 안 된다. 이럴 경우, 상대선박과의 충돌 위험성을 확인할 수 있는 방법은 무엇이 있는가?
- 해양경찰에 3,000톤 이상의 함정은 몇 척 있는가?
- 해양에서 중간기착지는 어떤 의미인가?

■ **2:2 면접 ❸**

- 배타적 경제수역에서 외국인 어업활동 허가권자/허가내용/처벌법 및 방법
- 소득주도 성장이란
- 지원동기
- 레이더의 x밴드, s밴드 설명
- 항해 지원 이유

■ **2:2 면접 ❹**

- 영해 및 접속수역
- 독도와 이어도에 대해 말해봐라.
- 독도 헬기 수색방법
- 확대정방형 수색방법
- 레이더
- gmdss
- 법규명령과 행정규칙

■ **2:2 면접 ❺**

- 영해는 몇 해리이고, 1해리는 몇 미터(m)인가
- 이어도에서부터 1,000m 떨어진 곳은 영해로 볼 수 있는가?
- 불법밀입국자의 어머니가 신장이식수술을 해야 하는 상황이다. 보내 줄 것인가?
- 본인이 면허가 없는 상황인데, 사람의 목숨이 위급한 사고가 발생했다. 본인밖에 갈 사람이 없는 상황이라면 차 타고 운전해서 갈 것인지?
- 굳이 해경에 지원한 이유가 무엇인가?
- 성격의 장점 및 단점, 그 사례를 말해보라.
- 남자 6명한테 여성이 둘러싸여 폭행을 당하고 있다. 어떻게 할 것인가?

■ 2:2 면접 ❻

- 감정조절 잘 하는 편인가?
- 다른 시험 어디어디 준비했는가?
- 경찰과 해경의 차이가 무엇인가
- 다른 일 해본 적은? 왜 그만둔 건가?
- 본인이 면접관이라면 본인을 합격시킬 것인가?
- 만약 떨어지면 어떻게 할 것인가?
- 합격하면 누구에게 먼저 알릴 것이고, 무슨 말을 할 것인가?
- 마지막 하고 싶은 말

■ 2:2 면접 ❼

- 자기소개
- 영장실질심사에 대해 말해보라.
- 상사와 동료 마찰이 발생한 경우 어떻게 할 것인가
- 주량이 어떻게 되나?
- 해양경찰 가장 중요한 업무가 무엇인가?
- 해양경찰 덕목에 대해 아는 대로 말해보라.
- 가장 잘하는 운동이 무엇인가?
- 본인에게 행복이란 무엇인가?
- '나눔'을 정의해보라.
- 가장 최근 봉사경험에 대해 말해보라.

■ 2:2 면접 ❽

- 정부조직구성에 대해 말해보라.
- 우리나라에서 제일 큰 배는 무엇인가?
- 본인의 이름의 뜻을 풀어서 말해보시오.
- VTS에 대해서 아는 만큼 설명해 보시오.
- 해양에 관련된 기관 혹은 단체에 대해 아는 대로 말하고 각 기관이 어떤 일을 하는지 말해보시오.
- 빅데이터와 인공지능에 대해 설명하고 실제 활용사례를 말해보시오.
- 어떤 사회경험이 있고 무엇을 배웠는지?
- 주변으로부터 가장 크게 받았던 비판은 무엇입니까
- 자신을 한 단어나 사물로 표현한다면 무엇인가?
- 다시 태어난다면 무엇으로 태어나고 싶고, 어떤 능력을 갖고 싶은가?
- 타인의 불법행위를 막은 적이 있다면 언제인가?

■ **2:2 면접 ❾**

- 한강이 내수면인지, 해수면인지
- 해양경찰이 한강에 있는 이유
- 출동해야 하는데 아기를 맡길 곳이 없다면 어떻게 할래?
- 타이타닉 말고 아는 배 사건 뭐 있냐?
- VTS
- 세월호 전후 변화
- 리더십 경험
- 면접관이면 어떤 질문으로 변별력 줄 것인가?
- 면접관이면 몇 점 줄래?
- 스터디했는가?
- 몇 번째 시험인가?
- 당신은 진보적인지 보수적인지
- 어버이날 선물 뭐했냐?

■ **2:2 면접 ❿**

- 해양범죄와 육상범죄의 차이는?
- 공해란?
- 최근 범죄가 많이 일어나는데 왜 일어나는 것 같나? 해결방안은?
- 검경수사권 해양경찰이 어떻게 해야 할까?
- 힘들었던 경험
- 육경 준비했냐? (네) 왜 해경 지원했냐?
- NGO
- 파킨슨
- 수니파
- 해양경찰의 날
- 국가의 3요소
- 엠바고
- 국가와 해경의 관계
- 국가가 부당한 지시를 내리면 따를 건가?
- 국어와 수학 중 어떤 능력이 우수한 것 같냐? 그것을 해경에 들어와서 어떻게 적용시킬래?
- 스트레스나 화 어떻게 푸냐?

② 2:1 면접 후기

■ **2:1 면접 ❶**

- 자기소개
- 전에 무슨 일했나?
- 왜 해경지원했나?
- 본인이 생각하는 사명감은?
- 해양경찰 덕목
- 그 덕목 없는 사람은 해경 되면 안 되나?

■ 2:1 면접 ❷

프로파일러 면접은 기존 인성검사 결과를 매 질문마다 비교해보며 신뢰성 여부를 체크하는 듯 보였음

- 넥타이가 멋진데 어떤 의미에서 그 넥타이를 매었는가?
- 다른 회사를 다니고 있는가? 어떤 회사를 다니는가?
- 빅데이터 관련 회사라면, 당신이 하는 일은 무엇이고 당신이 생각하는 빅데이터란 무엇인가?
- 회사를 다니고 있다면 왜 처음부터 해경을 지원하지 않았나?
- 지금 연봉이 얼마인가? 해양경찰은 현재 직장보다 연봉이 적을 텐데 만족할 수 있겠는가?
- 당신이 다른 지원자보다 뛰어난 역량은 무엇이라고 생각하나?
- 용기 있는 사람인가? 사례는?
- 당신을 색깔로 표현해봐라.
- 공무원의 덕목 중 가장 중요한 것은 무엇이라 생각하나?
- 직업을 고를 때 직업의 안정성과 직업을 통해 얻는 행복감 중 어떤 것을 가치에 두고 있는가?
- 충동, 불안, 공포…(부정적인 6개의 단어) 이 중 당신이 지금 당장 가깝다고 여기는 단어를 하나 선택해보고 그 이유를 말해봐라.

■ 2:1 면접 ❸

- 남들보다 잘할 수 있는 것이 무엇인가
- 스미싱과 파밍이 무엇인지 아는가?
- 해양경찰만의 장점이 있다면 무엇인가?
- 성공하는 것과 가정 중 무엇이 먼저인가?
- 학창시절에 대해 짧게 설명해봐라.
- 공부기간 동안 본인의 멘토가 있었다면 누구인가
- 집에 현재 손을 벌리고 있는 상태인가? 왜 그런가?
- 이전에 이성친구와 헤어진 이유가 무엇이었나?
- 조직과 개인 중 어떤 역량이 더 중요하다고 생각하는가?
- 상사가 돈을 빌렸는데 갚지 않는다면?
- 가난한 사람이 물건을 훔치는 것을 목격했다면 어떻게 하겠나?
- 해경 부족한 점 무엇인가, 홍보방안과 인원증가 빼고 이야기해보시오.

■ 2:1 면접 ❹

- 기관으로 전과를 하라고 한다. 어떻게 하겠는가?
- 상급자가 부적절한 명령을 한다. 어떻게 하겠는가?
- 화는 어떻게 푸는가?
- 해경에 수험생이 필요한 이유는 무엇인가?

■ **2:1 면접 ❺**

- 기다리면서 무슨 생각?
- 최근에 행복했던 기억?
- 동력수상조종면허 2급 왜 땄나?
- 개인의 역량과 조직의 역량 중 무엇이 더 중요?
- 본인은 팀을 이끌거나 리더십을 발휘한 경험이 있는 것 같은데
- 그럼 경찰 조직에서 윗분들과 어떻게 지낼 거냐?
- 상사가 부당한 지시 내린다면?
- 왜 해경하려고 하냐?
- 본인의 취약점은 무엇인가? (이에 대한 계속 꼬리질문)

(2) 함정요원/항해/동해

① 2:2 면접 후기

■ **2:2 면접 ❶**

- 리더십 발휘해봤냐?
- 갈등해결해 봤냐?
- 스텔라데이지호
- 무해
- 통과통항권

■ **2:2 면접 ❷**

- 어떻게 왔는가?
- 자기가 최고로 잘하는 것 2가지만 말해보라.
- 국가가 너에게 죽음의 임무를 지시한다고 생각하는가?
- 연평도 포격이 다시 일어난다면 어떻게 해야 한다고 생각하나?
- 타임머신이 있다면 어디로 돌아가겠는가.
- 어로제한선에 대해서 말해보라.
- 담배 피는가? 술 먹는가? 주사는 있는지?

■ **2:2 면접 ❸**

- 정정보도와 반론보도의 차이가 무엇인가?
- 이안류에 대해 설명해 보시오. 익수자 구조방법
- 정부조직에 대해 말하시오.
- 본인의 좌우명이나 가치관은 무엇인가?
- 해류가 생기는 이유에 대해 설명해보라.
- 해상항공기 아는 데로 말해보시오.
- 과태료와 과료의 차이에 대해서 이야기해보세요.
- 해양오염의 원인과 대책은 무엇인가?
- 초미세먼지에 대한 본인의 생각은?

■ **2:2 면접 ❹**

- 해양경찰청 독립에 대한 본인의 생각 말하라.
- 남성의 육아휴직제도에 대한 본인의 의견은 무엇인가?
- 해경에 있어서 전문성과 다양성 중 중요한 것은 무엇인가?
- 수사권 조정에 대한 본인의 의견은 무엇인가?
- 가장 최근에 본 신문기사는 무엇이고, 종이신문으로 보는가? 스마트폰으로 보는가? 그 이유는 무엇인가?
- 나의 생명과 동료의 생명, 조난자 중 가장 중요한 것은 무엇인가?
- 상사의 부당한 지시를 받는 경우 어떻게 대처할 것인가?
- 성실했던 경험과 성실하지 못했던 경험에 대해 말해보라.
- 능력 없는 상사를 만날 시 어떻게 대처하겠는가?
- 마지막으로 하고싶은 말

② 2:1 면접 후기

■ **2:1 면접 ❶**

- 삼권분립 말해봐라.
- 국회가 뭐냐?
- 그럼 행정부도 법안 발의할 수 있냐?
- 지원동기
- 공과 사가 무엇이냐?
- 무엇이 더 중요한가?
- 부모님 중 더 좋은 사람 한 명 꼭 말해봐라.
- 출동 나가야 되는 상황, 너는 책임장이다. 그런데, 부인이 출산하게 되었다. 어떡할래? (출동 나간다 했더니) 부인이랑 너랑 둘 다 친인척 없다 그래도?
- 화 났을 때랑 대처법
- 힘들었을 때랑 대처법
- 부모님은 어떤 분

■ **2:1 면접 ❷**

- 수험생활 중 가장 힘들었던 것은 언제인가?
- 친구 돈 200만 원 빌린 것과 은행 돈 300만 원 빌린 것 중 무엇을 먼저 갚을 것인가?
- 엄마와 딸이 둘 다 물에 빠져 있다면 누구를 구하겠나?
- 30초간 본인의 단점 말해봐라.

(3) 함정요원/항해/서해

① 2:2 면접 후기

■ 2:2 면접 ❶

- 점심 먹고 왔냐?
- 자기소개 30초로 짧게
- 당직 올라가기 전 인수 받을 때, 가장 고려해야 할 것 3가지
- 연안항해 중 선위 구할 수 있는 방법
- 지문항법으로 구체적으로 어떻게 구하는가?
- 그럼 위치를 구할 때 몇 분 안에 구해야 하는가?
- 문재인 정부가 공무원에게 요구하는 4가지
- 경찰은 법을 집행하는데 법을 배워 본적이 있는가?
- 판례 찾아본 적 있는가?
- 그러면 어디서 판례를 찾았는가?
- 행정규칙에는 무엇이 있는가?
- 권리와 권한의 차이?
- 해양경찰의 권한에는 무엇이 있는가?
- 방공식별구역과 비행식별구역의 차이
- 마지막 하고 싶은 말

(4) 함정요원/항해/남해

① 2:2 면접 후기

■ 2:2 면접 ❶

- 양심적 병역거부에 대한 자신의 생각을 말해보시오.
- V-PASS에 대해서 설명해보시오.
- 현재 인공위성에는 어떤 것이 있는가?
- 가장 스트레스 받을 때는 언제이고, 어떻게 대처하는가?
- 가장 감명 깊게 읽은 책은?
- 가장 갖고 싶은 초능력은 무엇인가?
- 상사의 부당한 지시가 있다면 어떻게 할 것인가?
- 상사가 본인의 업무를 떠넘긴다면?
- 가장 같이 일하기 싫은 스타일에 대해서 말해보세요.

■ 2:2 면접 ❷

- 자기소개
- 콜레그 마주치는 상황, 횡단상태일 때 대처
- 권리와 권한의 차이
- 문재인 정부가 앞세우는 공무원 4대 비위
- 영해, 접속수역, 배타적 경제수역
- 이어도는 섬인가?

- 중국어선 단속이나 인명구조 시 힘들고 겁이 많이 날 때도 있을 텐데 어떻게 이겨낼 것인가?
- 법에 대해 많이 알고 있는가? 접할 기회가 있었나?
- 경찰의 권한

■ 2:2 면접 ❸

- 성장배경에 대해
- 항해 혈중 알콜 농도 면허취소 수치 아느냐?
- VTS에 대해 말해봐라.
- 출항시 신고 수속에 대해 말해보시오?
- 전경 생활에서 배 얼마나 타봤느냐?
- 원래 있던 직원을 추천안하고 새로 온 상사가 데려온 직원승급심사에 점수 몰아준다면?
- 안좋은 일인데도? 불합리한데도? (꼬리질문 엄청 많이 함)
- 내 면접 점수 몇 점 줄 수 있겠냐?

■ 2:2 면접 ❹

- 자기소개
- 자기소개 유도 질문
- 기관 전공 폭발력 전달 순서
- 바우 쓰러스터 목적과 이유
- 바우 추가 아는 것
- 지금 계속 웃고 있는 데 여유인가? 면접관이 우스운가?
- 화재 종류
- 진입방법
- 1기사 출신인데 순경생활하겠냐?
- 화재 진입 상황실 VS 본선상황 (인성인 듯 여수 실제 사례)
- 해기사 출신이면 바로 투입되겠냐?
- 함정요원 말고 가고 싶은 부서는?
- 마지막 하고 싶은 말

■ 2:2 면접 ❺

- 자기소개
- 승선 경험 있냐?
- 선박에서 묘박 방법
- 후진투묘법 어떨 때 하냐?
- 외력 중에 뭐가 제일 중요한 것 같냐?
- 경찰이 가진 권한이 뭔지 아냐?
- 여경에 대해 국민들이 신뢰를 하지 못하는데 어떻게 생각하냐?
- 문재인 정부가 설정한 4대악, 이유
- 공무원과 일반기업의 차이

② 2:1 면접 후기

■ **2:1 면접 ❶**

- 오늘 컨디션은?
- 방금 면접은 잘 봤는가?
- 수험생활 얼마나?
- 단체생활 해봤나?
- 사회경험 한 적 있는가?
- 주량이 어떻게?
- 술자리에서 갈등이 생긴다면?
- 술자리에서 술을 따른다고 한다면? (따른 적 있다고 하니까) 그러면 여성 운동을 하는 분도 있는 데 권리를 찾아야 하는 것 아닌가?
- 마지막 하고 싶은 말

■ **2:1 면접 ❷**

인적성 결과 보면서 물어보심
- 주량
- 상사가 술자리에서 옆자리로 불러 술 권하면?
- 현재 한국은 자신이 느끼기에 불편하면 성폭행성추행 신고가 가능한데 상사로부터 불편함을 느끼면 어떻게 할래?
- 내가 왜 해경으로 뽑혀야 하는지
- 인성과 근무능력 중 뭐가 더 중요
- 리더십 관련 경험
- 상사 갑질 시 어떻게 할래?
- 마지막 하고 싶은 말
- 시험 얼마나 준비
- 자신은 인적성 중 어떤 부분이 해경과 더 적합하다고 생각하는지
- 스트레스 해결방법
- 마지막 하고 싶은 말

■ **2:1 면접 ❸**

대화하듯이 편하게 면접. 인성질문이 많았음
- 전경생활에서 애들 때려봤냐? 크게 혼내봤냐? (늦게 와서 혼낸 적 있다고 대답하니) 어떻게 혼냈나?
- 살면서 가장 좌절했던 순간
- 과거로 돌아간다면 언제로 돌아가고 싶냐?
- 일제강점기에 태어났으면 뭐 했을 거 같냐?
- 전경생활하면서 가장 힘들었던 일
- 전경생활하면서 불합리하다고 생각했던 것 고친 것이 있는지
- 오늘 면접 잘 진행하고 있다고 생각하냐?
- 삶에서 가장 중요하게 생각하는 가치 (정직함이다)
- 본인은 정직한가?
- 회사 왜 그만뒀나?
- 파도상황이 엄청 안 좋은데 시민이 물에 빠졌을 때 동료가 말리는데도 들어갈 거냐?
- 만약에 그 사람이랑 같이 죽을 수도 있는데 다른 사람을 더 살릴 수 있지 않겠냐?

• 살면서 가장 힘들었던 것
• 10년 뒤 어떤 해경이 되어 있을 것 같냐?
• 발령을 받았는데 발령지에 사람들이 사이도 안 좋고 분위기가 완전 안 좋은데 어떻게 하겠냐?
• 가장 행복했던 순간, 가장 후회하는 일

■ 2:1 면접 ❹

• 앞에 일 뭐하다 왔냐?
• 상선근무 잘했냐?
• 주량이 얼마나?
• 윤창호법 아냐? (아는 척 어필하니 안 물어봄)
• 음주운전 안 할 이유 말해보라.
• 자신을 한 단어로 표현해봐라.
• 경찰인권
• 해경 최근시사 및 보도자료
• 인성과 능력 중 무엇이 더 중요한가?
• 현재 기분은? (꼬리질문 계속)
• 화날 때 푸는 법
• 인상 좋아 보인다.
• 마지막 하고 싶은 말

■ 2:1 면접 ❺

• 승선 시에 갑질 당한 거 있냐?
• 해경 하면 뭐가 떠오르냐?
• 자신을 한 단어로 표현하면?
• 주량이 어떻게 되냐?
• 사회에서 술자리 갖게 됐을 대 성희롱 어떻게 대처할 거냐?
• 본인의 성실도를 점수로 매긴다면? 이유는?
• 하고 싶은 말

프로파일러

• 스트레스를 주로 어떨 때 받냐?
• 자신이 통제가 안 될 때가 언제냐? (먹고 싶은 거 못 먹을 때라고 하니까 웃으면서 공감하심)
• 자기 장점
• 나를 뽑아야 하는 이유
• 해경이 돼서 자신이 부족한 점이 뭐고 어떻게 극복할 것인지

(5) 함정요원/기관/남해

① 2:2 면접 후기

■ **2:2 면접 ❶**

- 지원동기와 자기소개 함께 해보세요.
- 해양주권에 대해서 말해보시오.
- 해경 덕목에 대해서 말해보시오.
- 살면서 가장 힘들었던 때와 이를 극복한 방법은?
- 업무 시간에 담배 심부름 시키는 선배가 있다. 어떻게 할 것인가?
- 교육받고 발령받은 후 여객선을 타고 가는 중에 여객선이 전복되었다. 본인이 해경이란 사실은 사람들이 모르는 상황이다. 어떻게 행동할 것인지 구체적으로 말해보시오.
- 긴급체포의 요건에 대해서 말해보시오.
- 외딴 섬에 가야 하는 상황에서 1명만 함께 갈 수 있다면 누구를 데리고 갈 것인가? 그렇게 선택한 이유에 대해서 말해보세요.
- 마지막 하고 싶은 말

■ **2:2 면접 ❷**

- 안개의 종류에 대해 설명해보라.
- 응급익수자구조법에 대해 말해보라.
- 조석과 조류에 대해 설명해보시오.
- 바다에 빠진 사람 구조하기 어려울 것 같은 상황인데도 불구하고 상부에서 구조하라고 한다면 어떻게 할 것인가?
- 가장 하고 싶지 않은 일은 무엇인가?
- 어떤 상사와 가장 일하기 싫을 것 같은가?

(6) 함정요원/기관/중부

① 2:2 면접 후기

■ **2:2 면접 ❶**

- 취득한 자격증과 취득한 이유는?
- 30초 내로 간략한 성장과정과 가족소개 해보라.
- 성희롱의 기준을 말해보아라.
- 다른 사람의 실수를 남모르게 덮어준 경험 있는가? 그 이유는?
- 승선 경험 있는가?
- 본인의 가장 큰 장점과 단점에 대해서 말해보고, 그러한 부분이 해경에서 어떤 영향을 끼칠지 말해보시오.
- 해양오염에 대해서 아는 대로 말해보시오.
- 같이 임용된 동기가 나태한 모습을 보이면 어떻게 대처할 것인가?
- 해양경찰청 조직도에 대해서 말해보라.
- 마지막으로 하고 싶은 말

■ 2:2 면접 ❷

- 앞 사람들이 질문 알려줬냐?
- 섬이라고 지칭하는 기준이 뭐냐?
- 해양경찰청 어디 소속이냐?
- 해양경찰이 경찰이냐?
- 그럼 해양경찰이 경찰이라는 법적근거가 뭐냐?
- 기관실 순찰할 때, 중점적으로 해야 하는 거 뭐냐?
- 연료유 계통 아냐?

■ 2:2 면접 ❸

조곤조곤한 분위기. 꼬리질문이 많았음
- 스터디했어요?
- 크로스헤드 피스톤 기관의 차이
- 헌법이 제정됐는데 최종적으로 언제 확정된 지 아느냐?
- 공용화기 사용에 대한 의견
- 중국어선에 해경이 어떻게 대처해야 하느냐?

■ 2:2 면접 ❹

- 지원동기는 무엇인가?
- 가장 최근 한 봉사활동은 언제이고, 현재도 하는 봉사가 있는가?
- 우리 직렬에서 하는 일은 무엇이고, 그와 관련해 본인이 가진 역량은?
- 본인이 꼭 공무원이 되어야 하는 이유는 무엇인가?
- 교대근무에 대한 본인의 생각은 어떻고, 살면서 가장 힘들었던 때는 언제인가?
- 어민과 해경의 관계는 무엇이라고 생각하며, 본인은 어떤 자세로 임하겠는가?
- 육지와 바다 중 본인이 선호하는 근무지역은 어디인가?

② 2:1 면접 후기

■ 2:1 면접 ❶

- 봉사한 경험 있냐?
- 군대에서 어디 근무했냐?
- 공기부양정 몇 대인지 아냐?
- 공기부양정이 왜 중부지방에 있는 지 아냐?
- 너가 계장이다. 서장이 밥 먹자고 해서 같이 나갔더니 웬 사업체 사장이 술을 서장에게 줬는데 서장이 너에게 술을 맡겼다 어떻게 하겠는가?
- 다시 태어난다면 어떤 능력을 갖고 싶냐? 그 능력으로 무엇을 하고 싶냐? 그런 지금 너가 갖고 있는 능력은 뭐냐?
- 필기시험 중 컨닝 하는 친구를 목격한다면? (자수하라 하겠다 했더니) 그 친구 5년간 시험 못 본다. 그래도? 그 친구가 가장이다 5년간 가족 다 굶어죽는다 그래도? (계속 압박)

■ **2:1 면접 ❷**

- 다이빙 벨이 뭔지 아냐 어떤 역할을 하는지 아냐?
- 우리 청에 공기 부양정 몇 대 있나?

프로파일러

- 한 가지 능력을 가질 수 있다면 무엇을 가지겠느냐?
- 친구가 시험을 보는데 부정 행위하는데 어떻게?

(7) 함정요원/기관/동해

① 2:2 면접 후기

■ **2:2 면접 ❶**

- 몇 번째 시험?
- 승선 경험 있나?
- 정비작업한 경험 있나? (펌프작업 했다고 하니) 펌프 종류는? 원심펌프 단점은?
- 배는 교류인가 직류인가?
- 해양경찰이 갖춰야 할 덕목
- 중국과 우리나라는 EEZ 구분되어 있나?
- 잠정조치수역
- 중국어선 나포 절차
- 함정 개수
- 리더십이란? 리더십 경험?
- 봉사해본 경험?
- 봉사는 얼마나 자주하는지
- 부모님에게 주로 듣는 잔소리는?
- 친한 친구 있나?
- 친한 친구가 컨닝 하는 걸 봤다면 어떻게 할래?

04 | 구조 및 구급함정채용

(1) 해양구조

① 2:2 면접 후기

■ 2:2 면접 ❶

- 계기압, 대기압?
- 잠수병에 대해 말해봐라.
- 기체색전증이란?
- 잠수 경력 얼마나?
- 잠수 시 고려사항은 무엇?
- 질소마취에 대해 말해봐라.
- 구조영법과 잠수방법, 잠수탐색법 아는 대로 말해봐라.

■ 2:2 면접 ❷

- 민정경찰
- IMO
- WMD
- PSI 해양경찰법
- 「형법」
- 「형사법」
- 알고 있는 해양법 다 말해봐라.
- 마지막으로 하고 싶은 말

■ 2:2 면접 ❸

- 선박의 부력의 정의
- 세월호 때 구조 어떻게 했어야 했다고 생각하나?
- 독도가 일본 땅이라고 하는데 일본이 주장하는 근거가 무엇이냐?
- 인명구조경험 얘기해봐라.

② 2:1 면접 후기

■ 2:1 면접 ❶

- 시험 몇 번 봤어요?
- 왜 그렇게 많이 떨어졌어요?
- 상사가 부당, 위법한 지시 내렸을 때 어떻게 할 건가요?
- 공무원의 자질 중 가장 중요한 것은? 그 이유는?
- 사자성어 아는 것 말해봐라.
- 본인한테 다독이는 말을 해준다면 어떤 말을 해줄 수 있나?
- 가라앉는 배에 노약자 10명과 부모님 2명 타고 있는 상황 구명선에는 4명밖에 탈 수 없는 상황인데 자신이 담당 경찰이라면 누구를 태울 것인가? (부모님 빼고 답변하니 압박 들어옴) 부모님은 안 태울 거냐? 본인은 어떡 하냐? 거기는 나도 있는데 안 구할 거냐?

- 면접 끝나고 뭐할 건가?
- 이전 면접들 중 말을 못 해서 꼭 말해야 할 것 같은 마지막으로 하고 싶은 말 있으면 해라.

■ **2:1 면접 ❷**

- 역량 중 해경에 가장 적합한 것
- 포부
- 지금 기분 어떤가?

■ **2:1 면접 ❸**

- 나이가 많은데 잘할 수 있겠냐?
- 구조로서 역량이 뭐가 있냐?
- 중국어선 단속 바로 투입될 텐데 괜찮겠냐?
- 지원동기
- 전 직장 몇 년도에서 몇 년까지 다녔냐?
- 그다음 무슨 일했냐? 몇 년도부터 몇 년도까지 일했냐?
- 근무시기를 살펴보니 해경을 하기 위해 그만둔 게 아니지 않나?
- 생활비 어떻게 충당했느냐?
- 와이프는 반대 안 했냐?
- 어떤 해경이 되고 싶냐? (팀을 위하는 해경이 되겠다 했더니) 업무가 더 중요한 것 아니냐?
- 후배가 본인 앞에서 잘못했을 때 어떻게 하겠냐?
- 마지막 하고 싶은 말

(2) 해경 특임(구급)

① 2:2 면접 후기

■ **2:2 면접 ❶**

인성은 하나도 안 물어보고, 직렬 관련한 상황대처만 물어봄. 면접관들은 무뚝뚝했음

- 무슨 일했냐? 거기서 무슨 처치했냐? (길게 말하니까) 그러니까 본인이 뭘 했냐고요?
- 익수자 3명이 발생했는데, 응급구조사는 본인 1명이고, 일반직원이 1명 있다. 어떻게 할래? (일반직에게 도움 요청하고, 일반시민에게 도움 요청해서 알려주면서 3명 다 구조하겠다고 함)
- 선박에서 화재가 발생했는데, 환자 15명이 있는 상황이다. 일반직원 한 명이 같이 있는 상황이다. 어떻게 할래?
- 근데, 긴급환자(심정지 환자)가 발생했다 어떻게 할래?
- (옆에 있는 수험생에게는) 상사가 커피 타오라고 하면 어떻게 할래?

■ 2:2 면접 ❷

- 해양경찰에 관해 제일 잘 아는 것 말해봐라.
- 해양경찰 업무에 대해 말해봐라.
- 해경 비전 아는가?
- 해경 가치는 무엇?
- 조직도 봤냐?
- 해경 비행기나 헬기 몇 대 있나?
- 배 몇 척이나 되는가?
- 해경 홈페이지 느낌이 어떤가?
- 접속수역이란?
- 긴급체포란?
- 긴급체포 성립하려면?
- 영해란?
- 기선이란?
- 기선의 종류
- 반의사불벌죄
- 도청, 감청 차이
- 고소, 고발 차이
- 해양경찰 소관법률
- 구조, 구급 차이
- 액사, 교사 차이
- 가거도 사건?
- 구난이란?
- 어디서 근무했나?
- 무슨 업무했냐?
- 경력 살려서 자기소개해봐라.
- 김영란법에서 경조사비 얼마까지 가능하냐?
- 헬기 타 봤냐?
- 합격하고 교육원 들어가면 배우고 싶은 것 있나?
- 외상환자 많은데 괜찮냐?

② 2:1 면접 후기

■ 2:1 면접 ❶

면접관이 이야기를 아주 잘 들어주셨음

- 자기소개
- 살면서 이룬 것
- 성격의 장 · 단점
- (단점 느리다 했더니) 구조는 빨라야 되지 않나?

■ 2:1 면접 ❷

- 경찰 업무하다 만난 사람이 맘에 든다고 대쉬한다면?
- 헬기 타봤냐?
- 헬기레펠 타봤냐?
- 왜 해양경찰 하고 싶냐?
- 소방이랑 해경 다른 점
- 좋은 곳 많이 갈 수 있겠다. 그 거대한 의견?
- 함정 잘 탈 수 있냐?
- 도서지역 사는데 괜찮겠냐?
- 왜 바다가 좋냐?
- 물에 빠진 아이 부모님한테 어찌해야 하는가?
- 해양경찰에게 가장 필요한 덕목 3가지

05 | 수사직

(1) 2:2 면접 후기

■ 2:2 면접 ❶

- 친고죄 종류
- 반의사불벌죄 종류
- 해양경찰에서 하는 일
- 해양경찰 업무 많은데 물에 빠진 사람 어떻게 할 건지 팀원이라고 생각하고 말해봐라.
- 법 조항(객관적, 주관적 불가분의 법칙)
- 범죄 종류 뭔지

(2) 2:1 면접 후기

■ 2:1 면접 ❶

- 왔을 때 긴장도 1~10까지 골라봐라. (7이라고 말하자) 생각보다 긴장 안 했네?
- 지원동기
- 온화해보이는데 수사직 왜 했냐?
- 갈등 해결 방법
- 인권이 뭐냐?
- 사회적 약자가 뭐냐?
- 외국인 노동자 도와줄 수 있는 방법
- 본인을 어필할 수 있는 더 말하지 못한 것 말해봐라.

06 | 항공직렬

(1) 2:2 면접 후기

■ 2:2 면접 ❶

- 보조연료가 무엇인가?
- 술, 담배가 비행에 어떤 영향을 주는가?
- 카디즈(KADIZ)란?
- 임의동행이란 무엇인가

(2) 2:1 면접 후기

■ 2:1 면접 ❶

- 연속으로 이어서 면접을 보니 괜찮나? (거의 첫 번째로 면접을 보는 상황이라 쉼없이 보았다고 함, 괜찮다고 답을 하니) 이어서 보는 게 뭐가 괜찮으냐? 구체적으로 이야기해보라.
- 지원동기
- 정부가 적극행정을 추진할 때 어떻게 할 것인가?
- 본인에게 성공의 기준이 무엇인가?
- 본인이 추락하는 비행기에 있다. 하지만 낙하산은 1개이다. 이때 기장, 부기장 중 한 명만 탈출해야 하는 상황이다. 어떻게 할 것인가?
- 지원자 자기 자신에게 하고 싶은 말 한마디 해보라.

CHAPTER 02

수험생 후기

01 | 수험생 후기

[수험생 수강후기1]

안녕하세요. 해양경찰 특임분야 최종합격했습니다.
같이 합격했던 형님과 둘이 면접을 준비하기에는 부족함을 느꼈고 면접에 최선을 다하고 싶어 인터넷을 통해 알아보다가 이루다스피치를 알게 되었고 평도 좋고해서 형님과 함께 학원에 방문하여 상담을 한 후 많은 도움이 될 것이라 생각하고 등록을 하게 되었습니다.
스피치학원을 다니면서 제가 말주변이 진짜 없구나 하는 부족함을 느꼈는데 단어선택이라던지 표현하는 데 있어서 부족함을 많이 채울 수 있었습니다.
발성법이라던지 면접에 임하는 자세 등을 배우고 모의면접을 통해 피드백을 그때그때 받아서 자신감도 많이 얻었던 거 같아요.
이번 면접은 인성에 대해 많이 물어봤는데 학원에서도 인성 부분에서 많은 도움을 얻어서 면접관님에게도 자신 있게 말할 수 있었습니다.
이루다스피치 모든 선생님께 감사드립니다.

[수험생 수강후기2]

안녕하세요 이루다스피치에서 면접을 준비한 김ㅇㅇ학생입니다.
해양경찰에 대한 지식이 하나도 없어 도움을 받고자 등록하게 되었습니다. 수업을 통해 자신 있게만 말하면 되지 않나라고 해양지식만 알아가고자 한 저의 자세가 잘못됐음을 알게 되었습니다. 꿀 먹은 벙아리처럼 첫 수업에 기본적인 자기소개도 안 되고 지원동기에 대해 말도 할 수 없을 정도로 기본도 안 되어 있고 합격의지도 부족하구나를 느꼈습니다.
하지만 이루다스피치에서 그런 저에게 반복적인 합격에 대해 간절함을 일깨워주셔서 합격에 대한 강한 의지를 가지게 해주셨고 열정적인 가르침으로 면접준비에 흥미를 가지게 해주셨습니다.
또한 감기로 인해 학원을 못 나가게 되었는데 따로 보충수업을 잡아주어 잘못된 답변을 하나하나 고쳐 주셨고 정규수업 외에도 부족한 저희 팀을 위해 시간을 내주어 완벽하게 면접장까지 갈 수 있게끔 최선을 다하여 주셨습니다.
무엇보다 모의면접수업을 통해 나올 수 있는 질문들을 물음으로써 기출문제에 대해 200퍼센트를 준비한 거 같습니다.
그로 인해 실제 면접시 학원에서 다 준비한 질문들만 나와 기분좋게 면접을 마무리할 수 있었습니다.
필기 체력이 좋은 점수가 아니라 면접을 잘 봐도 붙을 수 있을까 최선을 다 하고 있지 않는 저에게 합격의지를 계속 불어넣어 준 선생님들께 다시 한 번 감사의 말씀 드리며 제 주변인들에게도 추천해주고 싶을 정도로 도움이 많이 되었던 학원이었습니다.
이루다스피치 화이팅!

02 | 이루다스피치학원 해양경찰면접대비반 커리큘럼

1회 2시간, 총 10회[최대 6명 정원]

1 STEP	개별면접 답변정리	자기소개, 지원동기 등 예상질문별 답변 구성법 개인별 차별화된 답변 스토리 계발 두괄식으로 간결하고 핵심있는 답변 스킬
2 STEP	면접스피치집중지도	입실에서부터 퇴실까지 면접 동선 별 트레이닝 인사/면접자세/시선 등 자세 집중 트레이닝 자신감 있고 당당한 목소리&말투 훈련하기
3 STEP	집단면접 훈련	집단면접 해양경찰이슈 대비 집단면접 답변요령 및 훈련개인별 실습 및 피드백
4 STEP	집단면접 훈련	직렬전공 및 해양상식 대비 집단면접 답변요령 및 훈련 개인별 실습 및 피드백
5 STEP	프로파일러면접훈련	개별면접 및 프로파일러 대비 Q. 가장 화가 났을 때 Q. 수험기간 외 열정을 다한 경험 개인별 실습 및 피드백
6 STEP	상황질문 집중지도	상황질문 답변 요령 Q. 상사가 부당한 지시 내린다면? Q. 섬에서 응급환자 발생한다면? 예상치 못한 질문 및 꼬리질문 대처훈련
7 STEP	면접스피치 집중지도	입실에서부터 퇴실까지 면접 동선 별 트레이닝 목소리&시선 집중 트레이닝 비디오 촬영 및 피드백
8 STEP	개별면접 최종점검	개별 및 프로파일러 꼬리질문 대비 개인별 부족한 점 보완 및 트레이닝 비디오 촬영 및 피드백
9 STEP	집단면접 최종점검	예상 질문 및 최신이슈 집중대비 집단면접 이후 꼬리질문 완벽대비 자신감 있는 집단면접 완성하기
10 STEP	실전 시뮬레이션 〈드레스 리허설〉	집단면접/개별면접 최종 점검 실전 모의 면접&비디오 피드백 복장, 머리, 화장 등 이미지 최종 점검

MEMO

좋은 책을 만드는 길
독자님과 함께하겠습니다.

도서나 동영상에 궁금한 점, 아쉬운 점, 만족스러운 점이
있으시다면 어떤 의견이라도 말씀해 주세요.
시대고시기획은 독자님의 의견을 모아 더 좋은 책으로 보답하겠습니다.

www.sidaegosi.com

2022 마이턴(my turn) 해양경찰 공무원 면접

초 판 발 행	2021년 07월 30일 (인쇄 2021년 06월 29일)
발 행 인	박영일
책 임 편 집	이해욱
편 저	이루다스피치학원
편 집 진 행	정은진
표지디자인	박종우
편집디자인	이민지 · 박서희
발 행 처	(주)시대교육
공 급 처	(주)시대고시기획
출 판 등 록	제 10-1521호
주 소	서울시 마포구 큰우물로 75 [도화동 538 성지 B/D] 9F
전 화	1600-3600
팩 스	02-701-8823
홈 페 이 지	www.edusd.co.kr
I S B N	979-11-383-0071-1 (13350)
정 가	19,000원